集人文社科之思　刊专业学术之声

集 刊 名：复旦马克思主义评论
主　　办：复旦大学马克思主义研究院
主　　编：李　冉

FUDAN MARXIST REVIEW

2024年第2辑　总第2辑

集刊序列号：PIJ-2023-489
集刊主页：www.jikan.com.cn/ 复旦马克思主义评论
集刊投约稿平台：www.iedol.cn

复旦马克思主义评论

FUDAN MARXIST REVIEW

2024 年第 2 辑　总第 2 辑

复旦大学马克思主义研究院 / 主办
李　冉 / 主编

目　录

特　稿

当代中国马克思主义研究

马克思主义基本原理研究

党史党建论苑

强国论坛

国外马克思主义研究

特　稿

从三个视角深刻领悟中国式现代化理论

尹汉宁*

【摘　要】概括提出并深入阐述中国式现代化理论，是党的二十大的重大理论创新和科学社会主义的最新重大成果。中国式现代化及其理论体系的产生是历史和实践的结果，是中国共产党带领中国人民在中国大地上创造出来的。从历史、现实、比较的三个视角回顾中国走向现代化的发展进程，可以得出这样的基本事实：中国现代化的真正启动需要根本的政治前提和制度基础。经过长期探索，党成功在中国特色社会主义新时代推进和拓展了中国式现代化，为开创人类文明新形态和世界实现现代化提供了全新的道路和方案。

【关键词】中国式现代化；科学社会主义；马克思主义

习近平总书记对中国式现代化的理论阐述，比较集中地体现在党的二十大报告以及2023年初在新进中央委员会的委员、候补委员和省部级主要领导干部学习贯彻习近平新时代中国特色社会主义思想和党的二十大精神研讨班开班式上的重要讲话中。习近平总书记指出："概括提出并深入阐述中国式现代化理论，是党的二十大的一个重大理论创新，是科学社会主义的最新重大成果。"①习近平总书记在党的二十大报告中对中国式现代化理论进行了系统阐述，涉及五个方面的内容。一是根本性质。中国式现代化是中国共产党领导的社会主义现代化。二是中国特色。中国式现代化具有人口规模巨大、全体人民共同富裕、物质文明和精神文明相协调、人与自然和谐共生、走和平发展道路这五个重要特征。三是本质要求。总共是九句话：坚持中国共产党领导、坚持中国特色社会主义、实现高质量发展、发展全过程人民民主、丰富人民精神世界、实现全体人民共同富裕、促进人与自然和谐共生、推动构建人类命运共同体、创造人类文明新形态。四是战略安排。即分两步走：从2020年到2035年，基本实现

---

* 尹汉宁，管理学博士，研究员，中央马克思主义理论研究和建设工程咨询委员会委员，主要研究方向为政治经济学、马克思主义中国化。

① 《二十大以来重要文献选编》（上），中央文献出版社，2024，第225页。

社会主义现代化；从2035年到21世纪中叶，把我国建成富强民主文明和谐美丽的社会主义现代化强国。五是重大原则。也就是五个坚持：坚持和加强党的全面领导、坚持中国特色社会主义道路、坚持以人民为中心的发展思想、坚持改革开放、坚持发扬斗争精神。

本文从历史、现实、比较的三个视角，分析中国式现代化理论及其实践的发展逻辑。

一　近代现代化被延误的基本事实充分说明，中国现代化真正启动需要根本政治前提

1. 关于现代化的概念

笔者比较倾向性地认为，现代化是一个动态概念，是指近代以来人类社会已经发生和正在发生的深刻变化，包括由传统经济向现代经济、传统社会向现代社会、传统政治向现代政治、传统文明向现代文明的转变。现代化是近代以来人类文明演进的动态过程，是近代以来人类文明进步的前沿。西方学者通常将现代化与工业化、民主化、市场化、资本主义化联系在一起，所以他们认为，现代化是从工业革命，或者从文艺复兴、资产阶级革命开始的，并认为英美等西方国家早已实现了现代化，现在所面临的问题是后现代问题。他们还认为，后发国家要实现现代化，必须仿照西方模式，实现市场化、民主化、私有化。

中国研究现代化理论的学者多为历史学者，特别是研究近代史的学者。早期也有将近代化与现代化两个概念通用的。

有学者（黄兴涛、陈鹏）做过专门研究并认为，清末民初，有些通晓英文的学人开始使用现代化的概念。1933年，上海《申报月刊》开展的“中国现代化问题”讨论，对“现代化”概念的推广和运用具有标志性意义。工业化与机械化是民国时期国人把握“现代化”概念时较为一致，也更具基础意义的内涵。1933年，经济学家张素民认为从国家社会层面来说，现代化即工业化，“至于政治上是不是要民主，宗教上是不是要耶稣，这与现代化无必然的关系”①。

当时，中国共产党人在关注国家民族前途命运和展望国家发展前景的时候，也使用了“现代化”的概念。以往学界认为，毛泽东最早使用现代化话语，是在1945年赴重庆谈判时。他在参政员茶话会上提出要建设现代化的新中国。实际上早在1938年5月，毛泽东在《论持久战》中就提出“革新军制

① 参见黄兴涛、陈鹏《民国时期“现代化”概念的流播、认知与运用》，《历史研究》2018年第6期。

离不开现代化"[①]。1939 年，周恩来从经济社会整体发达意义上使用近代化即现代化概念，认为中国东部人口众多、交通便利、土地肥沃、经济发达、文化程度高，"代表了中国走向近代化的最有力的地区"[②]。1945 年，更是将"中国的工业化和农业近代化"明确写入了党的七大报告中。[③]

2. 清朝末年中国民族工业发展的三次小高潮

中国近代工业的兴起，走的并非资本主义发展的一般道路。其主体并非从工场手工业的基础上发展而来，在某种程度上是外国资本主义入侵的产物。鸦片战争后，由于外国资本主义入侵的刺激和自然经济结构的松动，人们逐渐看到新式工业有利可图，从 19 世纪 70 年代起，在中国东南沿海的通商口岸，一些原来的买办、商人、官僚、地主开始投资新式工业。

中国民族工业发展的第一次高潮发生在甲午战争结束后不久。19 世纪最后 5 年设立的商办厂矿数量和资本总额比以往 20 多年的总和要多得多。第二次高潮发生在 20 世纪初，其发展速度和规模超过了第一次高潮。第三次高潮则发生在 1905 年至辛亥革命，这 7 年的投资总额与前 30 年相等。

然而，当时民族资产阶级的力量还很弱小。一方面，为了生存，他们与官僚和外国资本保持密切联系；另一方面，其中很多人也不愿意放弃封建土地关系。因此，一方面他们不愿意改变现状；另一方面也不能放手发展民族工业。而且从社会环境和氛围来看，投资办实业的这些人社会地位并不高。在功名等级分明的社会里，按照士农工商的顺序，他们也常常被看不起。

3. 孙中山的实业计划

辛亥革命胜利后，1912 年 1 月 1 日，中华民国临时政府在南京成立，孙中山当选为临时大总统。临时政府成立后，鼓励民间兴办实业，减免厘金，取消了清政府的一些苛政，社会上掀起了兴办实业的热潮，大量实业团体涌现出来。但很快，辛亥革命胜利的果实就被北洋军阀首领袁世凯所窃取，随后出现了北洋军阀割据混战的局面。军阀统治是半殖民地半封建社会封建统治的变种。在这种条件下，工业化、现代化不仅难以发展，而且由于战争和盘剥，生产力水平还在倒退。

自 1917 年 2 月起，孙中山在勤读细思、多方考察的基础上开始撰写《实业计划》，历时 3 年 5 个月，至 1920 年 7 月才最终完稿。在撰写过程中，部分章节先期发表于 1919 年《远东时报》的 6 月号。1920 年，上海商务印书馆首先出版了英文版，并于 1921 年 10 月由上海民智书局出版了由朱执信、廖仲恺等翻译的中文版，定名为《实业计划》，后编为《建国方略》之二（物质建设）。

---

① 《毛泽东选集》第 2 卷，人民出版社，1991，第 511 页。

② 《周恩来选集》（上），人民出版社，1980，第 102 页。

③ 参见黄兴涛、陈鹏《民国时期"现代化"概念的流播、认知与运用》，《历史研究》2018 年第 6 期。

《实业计划》实际上是孙中山关于中国工业化、现代化的十年规划。其中铁路、港口等重大项目的规划是富有远见的。他还提出“中国如一后至之人”，可选择“最直捷之途径”，一步走完西方国家两步才达到的水平。[①] 他也知道中国当时搞工业化和现代化，最大的问题是缺钱。所以他主张利用外资、外才，而且外资在中国办的实业都应该归国家所有。孙中山的《实业计划》在当时的中国，只是良好的愿望、美好的理想。一方面，当时中国处于半殖民地半封建格局当中，美西方国家不可能按孙中山的设想，组成经营团为中国办实业，并交由中国国家所有，盈利再归还借款；另一方面，当时的军阀统治和后来的国民党统治集团，也不可能有效地推进工业化和现代化。前些年，台湾前国民党主席连战来大陆时说，孙中山先生的实业计划，国民党没有能付诸实施，共产党做到了。

4. 帝国主义与中国工业化现代化

有一种观点认为，帝国主义国家侵略中国，有利于中国的工业化和现代化。这种观点是不符合事实的。

从20世纪初列强掠夺和控制对华投资路矿的目的看，列强采取借款或强行承租的方式，控制中国铁路的建设和运营，着眼点是要把他们的商品大量地运送到中国内地，而把中国内地的原料运送出去，并获得一定年限内对某些铁路事业的管理权，获得优厚的借款手续费、利息和红利，凡是铁路通过的区域也成为他们的势力范围。这绝对不同于美国的西部大开发，是不利于中国民族工业发展的。

在矿业控制中，特别是从中国的煤矿掠夺利益。其中有两个案例特别典型。一是英国借八国联军进攻中国的机会，以欺诈手段霸占中国经营多年的开平煤矿，随后又兼并滦州煤矿，1911年成立英国控制下的开滦矿物总局。二是日本在1906年成立满洲铁道株式会社，以经营南满铁路及开发沿线煤矿资源为中心，其日后成为日本侵占中国东北地区的急先锋。其间，外国资本的投资，是在享有垄断权利的不平等背景下的所谓投资。正如胡绳先生所说，帝国主义到中国来，虽然没有完全灭亡中国，中国还是半独立的，但帝国主义实际上也是中国的统治者。帝国主义到一个落后国家来，总是维护这个国家的落后势力，不肯轻易地去掉它、改变它，以便利用其进行侵略和压迫。[②]

5. 民国政府与工业化现代化

1927~1937年，民国政府完成了形式上的统一，有了时间和精力进行一些建设，有人将此称为“黄金十年”。有的甚至认为，如果没有日本七七事变爆

① 孙中山：《建国方略》，中华书局，2011，第230页。

② 参见石仲泉《胡绳提出的这三个问题，是研究近代史最后30年很难回避的》，《北京日报》2021年4月12日。

发全面侵华战争，中国有可能走资本主义道路并实现现代化。然而，这种观点显然是不正确的。

一是1937年之前，中国已沦为半殖民地半封建社会。不仅1931年日本侵占了东三省，而且西方列强在中国也有殖民利益存在。胡绳先生认为，民族独立是中国现代化的前提。这十年实为无穷阴影所笼罩，东北沦亡，华北告急，使得这十年中的后五年黯然失色。他说，就经济而言，很难说这十年有多大成绩。

二是1927~1937年，国民党不仅把枪口对准了共产党，而且内部出现了新军阀割据。胡绳先生说："国民党内各派系、各地方实力派互争雄长，甚且导致大规模内战。"[①] 在这样内忧外患的环境中，实现现代化几乎是不可能的。金冲及先生在《二十世纪中国史纲》中，引用了台北出版的《中华民国建国史》的有关数据：1928年，岁出4.97亿元，主要项目所占百分比中，军务占49.7%，债务占33.3%，建设仅占0.6%；1929年，岁出6.1875亿元，军务所占比例为40.9%，债务占33.4%，建设为0.4%；1930年，岁出7.12亿元，军务占43.8%，债务占39%，建设只占0.2%。[②]

三是民族资产阶级的软弱性使其不可能完成旧民主主义革命的任务。毛泽东在《新民主主义论》中指出："由于他们是殖民地半殖民地的资产阶级，他们在经济上和政治上是异常软弱的，他们又保存了另一种性质，即对于革命敌人的妥协性。中国的民族资产阶级，即使在革命时，也不愿意同帝国主义完全分裂，并且他们同农村中的地租剥削有密切联系，因此，他们就不愿和不能彻底推翻帝国主义，更加不愿和更加不能彻底推翻封建势力。这样，中国资产阶级民主革命的两个基本问题，两大基本任务，中国民族资产阶级都不能解决。"[③] 当国家命运还没有掌握在中国人自己手里的时候，当统治中国的反动势力拒绝一切根本社会变革的时候，进行大规模的现代化建设，只能是一句空话。

四是中国的仁人志士确曾寄希望于将西方的政治制度运用到中国，以改变中国当时的悲惨命运。但是从外部环境看，列强不愿意放弃在华利益，不允许中国实现真正的独立；从内部条件看，资产阶级很弱小，难以担当起历史重任。胡绳先生说，蒋介石上台后，资本家、中间派大多持支持态度，对他寄予厚望，以为可以走资本主义道路。然而，蒋介石既不触动帝国主义，也不触动封建主义，在抗战时期既反对共产党，又反对民主主义，因此他不可能真正推行资本主义。

---

① 《胡绳全书》第3卷，人民出版社，1998，第402页。

② 金冲及：《二十世纪中国史纲》（增订版）第1册，生活·读书·新知三联书店，2021，第348页。

③ 《毛泽东选集》第2卷，人民出版社，1991，第673~674页。

6. 关于非西方现代化模式的讨论

实际上在第一次世界大战之后，特别是20世纪30年代经济大危机之后，中国知识界对西方资本主义以及中国走资本主义道路的看法发生了转变。1933年7月，《申报月刊》组织了关于中国现代化道路问题的讨论，总共发表了26篇文章，其中10篇是短论，没有涉及中国现代化的道路问题，16篇为专论，涉及了中国现代化的道路问题。在16篇专论中，只有1篇主张走资本主义道路，余下15篇则主张走社会主义或非资本主义道路。就连蒋介石在1941年《改进》杂志上所发的长文《中国经济学说》，也批判西洋的经济学说以欲望尤其是个人小己的欲望——私欲为出发点。他主张，在工业的建设方面，必须采取计划经济制度。他还引用了孙中山的两段话："近代经济之趋势，即以经济集中代自由竞争是也。""于中国两种革命，必须同时并举，既废手工采机器，又统一而国有之。"这说明当时在中国，非资本主义的道路选择已成为大势所趋。尽管蒋介石在某些文章中批判了西洋的经济学说，并表达出对经济集中和计划经济的倾向，但他既反对西洋自由竞争的资本主义，又反对阶级斗争和社会主义。实际上所走的是官僚、买办的资本主义道路，这与他所倡导的经济学理论存在显著的矛盾。在离开大陆前的日记中，蒋介石自己也认识到了其执政期间的社会问题与民众福利的不足。蒋介石离开大陆时在日记中写道："昨游览城乡，可说乡村一切与40余年以前毫无改革，甚感当政20年党政守旧与腐化自私，对于社会与民众福利毫未着手。"①

综观近代被延误的现代化，我们可以深刻认识到，中国式现代化要真正实现，必须有新的政治力量、有民族独立的新国家和社会主义的新制度作为支撑。

二 回顾新中国成立以来的长期探索和实践，深刻领悟中国式现代化的内容内涵

习近平总书记在新进中央委员会的委员、候补委员和省部级主要领导干部学习贯彻习近平新时代中国特色社会主义思想和党的二十大精神研讨班开班式上的讲话中，分四个历史时期对中国式现代化的探索和实践进行了全面回顾。我这里想从三个方面谈一点学习体会。

1. 从三大战略看，现代化是中国当代经济发展的主题

新中国成立之后，把现代化作为国家发展战略提出来的最早时间是1954年，也就是在经过三年经济恢复后，在社会主义改造的过程中提出的。现代

① 金冲及：《二十世纪中国史纲》（增订版）第1册，生活·读书·新知三联书店，2021，第335页。

化的战略大体上有前后衔接的三个提法，也可以说是三大战略，同时对应三个阶段。

一是“四个现代化”。1954 年，在全国人大第一次会议上，首次提出建设“四个现代化”的目标，当时提出的是工业、农业、交通运输业、国防四个方面。1963 年，第二届全国人民代表大会第四次会议将“四个现代化”调整为现代农业、现代工业、现代国防、现代科学技术。1975 年，在第四届全国人民代表大会第一次会议上，周恩来总理在《政府工作报告》中重申了第三届全国人民代表大会第一次会议上提出的分两步走、全面实现四个现代化的战略。宣布从第三个五年计划开始，我国国民经济的发展可以按两步来设想：第一步，用 15 年时间，即在 1980 年以前建成一个独立的比较完整的工业体系和国民经济体系；第二步，在 20 世纪内全面实现农业、工业、国防和科学技术的现代化，使我国国民经济走在世界的前列。

二是“小康社会”。1979 年，邓小平在会见日本首相大平正芳时说：“我们要实现的四个现代化，是中国式的四个现代化。我们的四个现代化的概念，不是像你们那样的现代化的概念，而是‘小康之家’。到 20 世纪末，中国的‘四个现代化’即使达到了某种目标，我们的国民生产总值人均水平也还是很低的。”① 1987 年，党的十三大提出到 20 世纪末“人民生活达到小康水平”②的奋斗目标。1997 年，党的十五大提出新的“三步走”发展战略，明确到 2010 年“使人民的小康生活更加宽裕”③。2002 年，党的十六大针对当时小康低水平、不全面、发展很不平衡的实际，提出“全面建设小康社会”④ 目标。即在 21 世纪头 20 年，集中力量，全面建设惠及十几亿人口的更高水平的小康社会。2012 年，党的十八大提出“在中国共产党成立一百年时全面建成小康社会”⑤。

三是全面建成社会主义现代化强国。党的十九大报告从 2020 年到 21 世纪中叶，分两个阶段提出了现代化的战略目标。第一阶段，从 2020 年到 2035 年，在全面建成小康社会的基础上，再奋斗 15 年，基本实现社会主义现代化。第二阶段，从 2035 年到 21 世纪中叶，在基本实现现代化的基础上，再奋斗 15 年，把我国建成富强民主文明和谐美丽的社会主义现代化强国。⑥ 党的二十大重申了党的十九大提出的分两步走、全面建成社会主义现代化强国的战略安排，强调：“从现在起，中国共产党的中心任务就是团结带领全国各族人民全面建成社会主

① 《邓小平文选》第 2 卷，人民出版社，1994，第 237 页。
② 《十三大以来重要文献选编》（上），人民出版社，1991，第 16 页。
③ 《十五大以来重要文献选编》（上），人民出版社，2000，第 4 页。
④ 《十六大以来重要文献选编》（上），人民出版社，2005，第 14 页。
⑤ 《十八大以来重要文献选编》（上），人民出版社，2014，第 13 页。
⑥ 《十九大以来重要文献选编》（上），中央文献出版社，2019，第 20 页。

义现代化强国、实现第二个百年奋斗目标，以中国式现代化全面推进中华民族伟大复兴。"[①] 党的二十大概括提出并深入阐述了中国式现代化理论，使中国式现代化更加清晰、更加科学、更加可感可行。

实现"四个现代化"、全面建成小康社会、全面建成社会主义现代化强国，这三个战略目标，在时间上客观地形成了三个阶段。"四个现代化"的战略目标，是指20世纪50年代到20世纪末；"小康社会"的战略目标在21世纪前20年；全面建成社会主义现代化强国，是指建党一百周年到新中国成立一百周年之间的近30年。三个阶段的现代化战略目标前后衔接，符合像中国这样的落后大国现代化建设的演进逻辑。首先是重点领域的现代化，目标是建立独立的比较完整的工业体系和国民经济体系。其次是全面小康，全面建成小康社会不仅有经济发展目标，还有社会进步的目标和文化发展的目标。最后是全面建成社会主义现代化强国。社会主义现代化强国建设的目标是全面的，包括富强、民主、文明、和谐、美丽五个关键词，富强既涉及经济也涉及国防，民主涉及政治，文明与文化相联系，和谐体现社会进步，美丽是生态文明的结果。

2. 中国现代化取得的巨大成就和广阔前景来之不易

中国是在极端落后和困难的条件下启动现代化建设的。1949年新中国成立时，经济发展的基础很差。机器大工业产值仅占工业总产值的17%，而农业和手工业则占83%，工业弱小落后，是一个典型的农业国。由于半殖民地半封建社会的影响，工业部门结构、布局畸形发展，生产资料产值占比不到30%，消费资料工业产值占比70%以上。工业中很多是修配型工厂。70%以上的工业集中于国土面积不到20%的东部沿海狭长地带，且大部分集中于少数城市。[②] 日本侵华战争和国民党政府的财政经济总崩溃，还使原本十分落后的工农业生产水平大大倒退。李富春同志说过："1949年的生产量与历史上最高年产量比较，煤减少了一半以上，铁和钢减少了80%以上，纺织品减少了1/4以上。总的来讲，工业生产平均减产近一半。"[③]

1954年，毛泽东描述中国当时工业状况时说："现在我们能造什么？能造桌子椅子，能造茶碗茶壶，能种粮食，还能磨成面粉，还能造纸，但是，一辆汽车、一架飞机、一辆坦克、一辆拖拉机都不能造。"[④] 费正清在《剑桥中华人民共和国史》中也说："没有其他国家在全力向现代工业化冲击之前，具有人

① 习近平：《高举中国特色社会主义伟大旗帜　为全面建设社会主义现代化国家而团结奋斗——在中国共产党第二十次全国代表大会上的报告》，人民出版社，2022，第21页。

② 孙岩：《中国工业现代化进程》，中国经济出版社，1999，第5页。

③ 《李富春选集》，中国计划出版社，1992，第96页。

④ 《毛泽东文集》第6卷，人民出版社，1999，第329页。

数通常为它两三倍的如此众多和稠密的农村人口。”①

正是由于工业化起步的基础很差，以毛泽东同志为主要代表的中国共产党人曾设想，在新民主主义阶段实现工业化，先发展轻工业。毛泽东在党的七大报告和与美国驻重庆外交官谢伟思的谈话中，都是讲在新民主主义发展阶段实现工业化，并且由轻工业发展起步。刘少奇在新中国成立前夕的 1949 年 4 月，赴天津调研时说：“向社会主义过渡要等到工业发展到产品出现过剩时，他当时估计这需要几十年的时间才能完成。”② 首先，当然是由于生产力水平低、现代化工业化起点低。按照马克思主义的基本原理，是要在资本主义高度发达的基础上向新的社会形态过渡的。而且从轻工业起步，也是英国等西欧国家工业化的基本路径。其次，也有回应私人工商业者的担心和顾虑的需要。当时经济面临全面崩溃，又有严重的战争创伤，需要稳定人心和预期，需要重建秩序。最后，后来新民主主义经济形态形成后，所有制构成很快自发地发生变化，加上国际环境的恶化，才使社会主义改造成为紧迫的历史任务。

现在我们来看新中国成立 70 多年来，包括改革开放 40 多年来现代化建设的成就，可能会对习近平总书记所讲的一段话有更加深刻和生动的理解。习近平总书记指出：“中国式现代化是我们党领导全国各族人民在长期探索和实践中历经千辛万苦、付出巨大代价取得的重大成果，我们必须倍加珍惜、始终坚持、不断拓展和深化。”③

3. 现代化的核心是工业化，现代化工业化的主线是建立独立的完整的产业体系和经济体系

从经济的角度讲，现代化的核心是工业化。从 20 世纪 30 年代开始，理论界就把工业化作为现代化的核心和基础，与中国当代经济发展的主题——现代化相适应，也有前后衔接的工业化战略。在新中国成立之初，领导人先强调工业化，后强调现代化，往往领导人在强调现代化的同时也强调工业化。后来的领导人也继承了这个传统。

1949 年 3 月，毛泽东在党的七届二中全会上指出：“在革命胜利以后，迅速地恢复和发展生产，对付国外的帝国主义，使中国稳步地由农业国转变为工业国，把中国建设成一个伟大的社会主义国家。”④ 这一年 9 月通过的《共同纲

① 〔美〕R·麦克法夸尔、费正清编《剑桥中华人民共和国史》（上），谢亮生等译，中国社会科学出版社，1990，第 20 页。

② 《刘少奇论新中国经济建设》，中央文献出版社，1993，第 104 页。为了回应私人工商业者的担心和顾虑，1949 年 4 月 10 日刘少奇根据毛泽东的要求，从香山赶赴天津，进行了为期 20 多天的调查。

③ 《习近平在学习贯彻党的二十大精神研讨班开班式上发表重要讲话强调 正确理解和大力推进中国式现代化》，《人民日报》2023 年 2 月 8 日。

④ 《毛泽东选集》第 4 卷，人民出版社，1991，第 1437 页。

领》的表述是："发展新民主主义的人民经济，稳步地变农业国为工业国。"[①]在这之后，中央在提出现代化战略目标的同时，也在组织实施工业化建设。1953年《人民日报》发表元旦社论说："工业化——这是我国人民百年来梦寐以求的理想，这是我国人民不再受帝国主义欺负、不再过贫困生活的基本保证，因此这是全国人民的最高利益。全国人民必须同心同德，为这个最高利益而积极奋斗。"[②] 从那个时候开始，中国工业化的战略大体有两个，一个是建立独立的比较完整的工业体系和国民经济体系，另一个是实现新型工业化和建立现代化产业体系和经济体系。1979年，叶剑英在庆祝中华人民共和国成立三十周年大会上宣布，已经建立了独立的比较完整的工业体系和国民经济体系。"十四五"规划建议提出，到2035年，基本实现新型工业化，建成现代化经济体系。[③]

为什么要建立现代化产业体系和经济体系呢？

第一，这是农业国向工业国转变的内在要求。第二，中国半殖民地半封建社会经济形态的深刻烙印，决定了必须建立独立的完整的产业体系和经济体系。在半殖民地半封建社会里，虽然中国的政府还在，但是帝国主义实际上控制了中国的经济命脉。新中国成立后，苏联以"社会主义大家庭"为由，主张在社会主义阵营内进行产业分工，反对其他社会主义国家建立独立的完整的工业体系。中国必须建立自己独立的比较完整的工业体系和国民经济体系，只有这样才能实现经济上的独立，从而保障政治上的独立。像中国这样的发展中大国，肯定不能简单地按照西方经济学中的比较优势理论来进行国家层面的战略选择。比较优势理论是西方古典经济学基于个体个量分析的理论，如果简单地应用到中国的国家战略选择上，那么新中国成立之初，我们的比较优势就是农业和手工业，然而，我们肯定不能把发展的重点放在农业和手工业上；在改革开放以来的一段时间里，我国也有劳动力成本低的比较优势，然而，我们也不能把发展的重点长期放在简单加工业上。如果一定要这样做，那我们就会永远处在国际分工的产业链的低端。第三，新中国成立之初，西方资本主义世界对社会主义国家采取封锁和围堵政策，而且很快就发动了朝鲜战争，中国的边境安全和国家安全受到严重威胁，必须尽快建立包括重工业、军事工业在内的独立的比较完整的工业体系和国民经济体系，才能真正维护国家的独立和安全。第四，中国是个大国，国内市场的潜力很大，经济发展的回旋余地也比较大，在积极参与经济全球化的背景下，建立现代化工业体系、产业体系、经济体系也具备条件。这样做有利于保障供应链的安全和整个经济的安全。从这个视角也容易

① 《建国以来重要文献选编》第1册，中央文献出版社，1992，第2页。

② 《迎接一九五三年的伟大任务》，《人民日报》1953年1月1日。

③ 《中国共产党第十九届中央委员会第五次全体会议公报》，人民网，http://finance.people.com.cn/n1/2020/1029/c1004-31911522.html。

理解构建新发展格局的极端重要性。

三　在国际比较中深刻理解作为人类文明新形态的中国式现代化

1. 通过美国两个代表人物及其理论，观察他们向发展中国家推销的所谓现代化的出发点

一个是沃尔特·罗斯托。他的现代化理论是冷战思维在经济学理论中的集中反映。沃尔特·罗斯托是美国的经济史学家，我国经济学界比较熟悉他的经济发展阶段理论。实际上，他的经济发展阶段理论即现代化理论，具有鲜明的冷战背景，具有浓烈的意识形态色彩。第二次世界大战结束之后，由于以苏联为首的社会主义阵营的形成，美苏关系由战时盟友转变为冷战对手。加上西方殖民体系的崩溃，一批亚非拉国家实现了民族独立。美国联邦政府和私人基金会开始关注“地区研究”，他们与社会科学家一齐致力于“生产”能直接用于冷战的“知识武器”。1950 年，福特基金会启动了一个大型地区研究项目，1953～1966 年，共向 34 所大学投入了 2.7 亿美元科研基金。[①] 1950～1952 年，在美国国务院的资助下，以麻省理工学院为主的社会科学家与工程师完成了以“扩大和加强对苏东政治战”为研究主题的特洛伊计划（Project TROY）。作为麻省理工学院教授的罗斯托参加了这个计划，承担了关于苏联社会的研究项目，此间还结识了后来成为艾森豪威尔总统的心理战特别助理的 C. D. 杰克逊。这样，罗斯托实际上成为美国白宫的“策士”。1961 年，罗斯托的代表作《经济增长的阶段：非共产党宣言》出版，罗斯托的现代化理论脱颖而出，很快就被肯尼迪政府采纳，成为 20 世纪 60 年代美国对第三世界政策的理论基础和表达方式，成为美国对第三世界发展政策的指南。同时，罗斯托本人也在 60 年代历任总统国家安全事务副特别助理、国务院政策设计办公室主任及总统国家安全事务特别助理等职，成为美国对外政策的重要决策人。

罗斯托认为，美国必须加强对第三世界国家的发展援助，引导这些国家效仿西方工业化道路从而成为符合西方标准的民主国家。这是罗斯托现代化理论的根本出发点。对于共产主义，罗斯托将其视为“过渡时期的一种病症”。他认为，共产主义能够使一个国家在没有产生为数众多的有企业精神的商业中产阶级、领导人，在未达成政治共识的前提下，推动和维持增长过程。“病症”

---

① Bruce Cumings, “Boundary Displacement: Area Studies and International Studies during and after the Cold War”, *Bulletin of Concerned Asian Scholars*, Vol. 29, No. 1, 1997, p. 10.

最容易出现在大多数亚非拉国家的过渡社会时期（“起飞的前提条件阶段”）和“起飞阶段”尚未巩固之前的时期。①

另一个是塞缪尔·亨廷顿。他的文明冲突论（实际上也是现代化理论）及其深层逻辑无法掩饰其在方法论上的根本缺陷。塞缪尔·亨廷顿的代表性著作《文明的冲突与世界秩序的重建》在1996年出版后，几乎触动了世界上所有文明的神经。事实上，不同文明之间在本质上并不存在冲突，冲突的主体是以文明为旗帜的政治实体。亨廷顿把文明的冲突作为分析框架，旨在说明美国实施的“普世文明”战略是失败的，应该重回英国认同、欧洲认同，真正当好西方文明的领袖，以应对其他文明的挑战。他认为美国所推崇的“普世文明”，实际上脱离了西方文明的母体，成为一种意识形态，宣扬后工业社会的消费者心态、表达型个人主义。“普世文明”的应用，主要针对非西方国家，主张将非西方文明博物馆化，要求非西方国家清空个人观念和本土文明的话语空间，使“普世文明”填充其中。亨廷顿认为美国的“普世文明”战略实施在三个方面的效果都不好。一是对非西方国家的价值殖民（相对于过去的领土殖民）不仅不顺利，而且还促进了这些国家本土文明的回归，甚至推动了非西方国家跨文明统一战线的形成；二是原有的西方文明统一战线因为美国“普世文明”的意识形态化而出现松动；三是美国国内的移民，由于推崇个人主义，也认为坚持个人观念和原生民族文明具有正当性。

而亨廷顿所说的回归西方文明，是否能够尊重其他文明，与其他文明和平共处、相互借鉴呢？回答当然是否定的。他所说的回归，是指向西方近代文明。基于一神教的绝对主义而同化异教，与帝国政治的扩张联姻，共同构筑内在于西方文明中的“文明等级论”。他们将“同时性”的多元文明作“异时性”处理，认为西方文明是终极文明，把其他文明视为处在迈向西方文明的某个历史阶段的文明。这是引发文明冲突的反文明原罪。所以，亨廷顿用排他性的近代西方文明代替排他性的“普世文明”，是换汤不换药，这两种文明的基本理念建构，都存在着方法论上的根本缺陷。②

2. 从哲学方法上把握现代化的“特色”与“一般”

在学习中我们注意到，习近平总书记在新进中央委员会的委员、候补委员和省部级主要领导干部学习贯彻习近平新时代中国特色社会主义思想和党的二十大精神研讨班开班式上的讲话中，主要是从价值内涵和道义高度，强调中国式现代化是“一种全新的人类文明形态”③；在中国共产党与世界政党高层对话

① 参见梁志《罗斯托、现代化理论与冷战》，载《世界近现代史研究》第2辑，中国社会科学出版社，2005。罗斯托认为，现代化过程可以划分为五个阶段，依次为“传统社会”“起飞的前提条件阶段”“起飞阶段”“走向成熟阶段”“大众消费阶段”。

② 参见李赟《亨廷顿“文明冲突论”的深层逻辑》，《南国学术》2020年第2期。

③《习近平在学习贯彻党的二十大精神研讨班开班式上发表重要讲话强调 正确理解和大力推进中国式现代化》，《人民日报》2023年2月8日。

会上的主旨讲话中，则侧重强调了对待世界多元文明的科学理性态度。

习近平总书记指出："中国式现代化，深深植根于中华优秀传统文化，体现科学社会主义的先进本质，借鉴吸收一切人类优秀文明成果，代表人类文明进步的发展方向，展现了不同于西方现代化模式的新图景，是一种全新的人类文明形态。中国式现代化，打破了'现代化=西方化'的迷思，展现了现代化的另一幅图景，拓展了发展中国家走向现代化的路径选择，为人类对更好社会制度的探索提供了中国方案。中国式现代化蕴含的独特世界观、价值观、历史观、文明观、民主观、生态观等及其伟大实践，是对世界现代化理论和实践的重大创新。中国式现代化为广大发展中国家独立自主迈向现代化树立了典范，为其提供了全新选择。"①

习近平总书记在中国共产党与世界政党对话会上的主旨讲话中指出："人类社会创造的各种文明都闪烁着璀璨光芒，为各国现代化积蓄了厚重底蕴、赋予了鲜明特质，并跨越时空、跨越国界，共同为人类社会现代化进程作出了重要贡献。中国式现代化作为人类文明新形态，与全球其他文明相互借鉴，必将极大丰富世界文明百花园。"②

习近平总书记的两次讲话首先侧重强调了"特色"，即中国式现代化具有鲜明的中国特色，强调不同国家具有不同民族特色的现代化都应该受到尊重。其次，在这两个讲话中所指出的"借鉴吸收一切人类文明优秀成果"以及"共同为人类社会现代化进程作出了重要贡献"，是讲的现代化的"一般"。

在中国式现代化的实践中，毫无疑问要借鉴吸收一切人类文明优秀成果，也就是要运用已经形成的"一般"。中国式现代化所取得的巨大成就，又为人类社会现代化进程作出了重要贡献，也就是产生了新的"一般"。在已经形成的"一般"中，自然包括发达国家在实践中形成的社会化大生产和市场一般规律，也包括中国在内的其他国家在实践中对人类文明所作出的贡献。

实际上，尽管西方所宣扬的现代性这一套价值体系形成于文艺复兴至启蒙运动时代，但在那段历史中，西方吸收了众多来自其他文明和文化的价值。中国对近代西方文明（或现代化）的形成和发展的贡献巨大。郑永年认为："如果我们把近代世界的发展理解成为'现代化'的过程，那么我们从现代化的三个层面都能看到中华文明的贡献。"③ 第一个层面是物质。就物质层面讲，中国对世界最大的贡献无疑是中国的技术发明。中国的"四大发明"有文字记载的

① 《习近平在学习贯彻党的二十大精神研讨班开班式上发表重要讲话强调 正确理解和大力推进中国式现代化》，《人民日报》2023 年 2 月 8 日。

② 《习近平出席中国共产党与世界政党高层对话会并发表主旨讲话》，中国政府网，https：//www. gov. cn/xinwen/2023-03/16/content_ 5746962. htm。

③ 《郑永年：中国对世界制度文明的贡献集中在三个"分离"》，观察者网，https：//www. guancha. cn/politics/2023_06_08_696027. shtml。

历史可以追溯到战国以及后来的两汉、隋唐、北宋时期，在文艺复兴和工业革命之前传入欧洲。英国近代思想家培根在1620年出版的《新工具》中指出，“印刷术、火药、指南针这三种发明已经在世界范围内把事物的全部面貌和情况都改变了：第一种是在学术方面，第二种是在战事方面，第三种是在航行方面。并由此又引起难以数计的变化来：竟然任何教派、任何帝国、任何星辰对人类事务的影响都无过于这些机械性的发现了”①。马克思在《机器、自然力和科学的应用》中说：“火药、指南针、印刷术——这是预告资产阶级社会到来的三大发明。火药把骑士阶层炸得粉碎，指南针打开了世界市场并建立了殖民地，而印刷术则变成了新教的工具，总的来说变成了科学复兴的手段，变成对精神发展创造必要前提的最强大的杠杆。”② 美国学者托马斯·弗朗西斯·卡特1925年出版的《中国印刷术的发明和它的西传》，使用了“四大发明”的说法（李约瑟也使用了这个说法）。“四大发明”在文艺复兴之初的欧洲传播，对近代世界的形成起过重大作用。第二个层面是制度。就制度文明而言，中国是最早建成的民族统一国家，最早建立了文官制度，实行政教分离、政商分离。第三个层面是思想理念。郑永年认为，中国理念对西方的影响是全方位的。就经济理论而言，中国的《易经》和道家的“无为”思想，对重农学派和亚当·斯密的思想产生影响。法国重农学派的代表人物弗朗斯瓦·魁奈被称为欧洲的孔子，魁奈经济学深受中国古代哲学思想的影响。这在他1765年出版的《自然权利》与《中华帝国的专制制度》两本书中得到了充分体现。他从老子“无为”思想中悟出了“自然秩序”，有学者认为，亚当·斯密的自发秩序或自然秩序受其影响。③ 此外，中国“有教无类”的思想，是西方近代以来逐渐发展起来的大众教育的重要思想来源；“大同社会”的理念也与欧洲形成的社会主义思潮具有高度的一致性。④

中国式现代化在实践中除了形成自身“特色”以外，还产生了新的“一般”。比如，不靠殖民掠夺，而靠自力更生实现工业化、现代化，在国际关系中主张和平共处五项原则，推动构建人类命运共同体，这是对西方文明和文化价值的历史性超越，具有道义高度。中国式现代化所产生的新的“一般”，还包括对社会化大生产和市场一般规律的一系列新认识。

---

① 〔英〕培根：《新工具》，许宝骙译，商务印书馆，1984，第103页。

② 《马克思恩格斯文集》第8卷，人民出版社，2009，第338页。

③ 参见张旭、王天蛟《魁奈经济思想审视与中国渊源——以中国特色社会主义政治经济学构建为观照》，《当代经济研究》2020年第11期。

④ 参见郑永年《探寻中华文明的世界意义和全球价值》，《晶报》2023年6月8日。

当代中国
马克思主义
研究

数字经济时代社会化生产系统的架构及其复杂性样态

徐浩然　石晓婷*

【摘　要】社会化生产是一种社会主体广泛参与，并且具有一定规模的生产组织形式，跨区域、集群式的分工协作是其显著特征。从整个社会生产“再生产”的角度看，社会化生产主要表现为由生产、分配、交换、消费四个环节所构成的复杂巨系统。进入数字经济时代，数字技术的发展推动社会化生产无论是在规模上还是在深度上，都超越了前几次工业革命。生产、分配、交换、消费的内涵呈现新特点：数字技术赋能生产过程、数据要素扩展分配方式、数字技术推动交换空间网络化、生产与消费的同一性持续增强。从复杂适应性系统的角度看，社会化生产作为“总体”，其复杂性持续提升，数字经济参与主体的泛在聚集链接出一张巨大的“小世界”网络，平台运行逻辑使社会生产“再生产”的时空维度较之过去呈现明显的加速和压缩状态，基于价值共生的敏捷组织成为未来复杂治理的制度化趋势。

【关键词】数字经济；社会化生产；制度化治理

随着互联网、人工智能、云计算等数字技术与经济社会发展的深度融合，人类历史已经进入数字经济时代。根据《二十国集团数字经济发展及协作倡议》的定义，数字经济是指以利用数字化的知识和信息为关键生产要素、以现代信息网络技术为重要载体、以信息通信技术的有效使用为效率提升和经济结构优化的重要推动力的一系列经济活动。① 数字经济的发展促使人们的生产生活从现实的物理空间转变为物理空间与数字空间叠加融合的流动空间。进入数字

---

* 徐浩然，政治学博士，中央党校（国家行政学院）科学社会主义教研部教授、博士生导师，主要研究方向为复杂系统科学、政治经济学、社会主义发展史、国家治理体系现代化；石晓婷，南开大学马克思主义学院博士研究生。

① 《二十国集团数字经济发展及协作倡议》，2016 年 G20 峰会网站，http：//www. g20chn. org/hywj/dncgwj/201609/t20160920_3474. html。

经济时代，社会化生产在并行的物理空间与数字空间中进行，由此呈现出一些新特点。

社会化生产是一种社会主体广泛参与并且具有一定规模的生产组织形式，跨区域、集群式的分工协作是其显著特征。从整个社会生产“再生产”的角度看，社会化生产主要表现为由生产、分配、交换、消费四个环节所构成的复杂巨系统。在数字经济时代，人们生产生活空间的流动性增强，数据生产要素的强渗透性促使社会化生产规模进一步扩大，生产、分配、交换、消费之间的联系更加错综复杂，系统的非线性动力学特征在社会化生产中凸显出来。因此，研究数字经济时代的社会化生产系统，需要借助复杂性科学，这是一门研究系统中相互作用的要素如何形成整体模式，以及整体模式又如何反过来导致这些要素发生变化，或促使这些要素调整以适应整体模式的科学。① 以复杂性科学为方法论基础，有助于从整体上把握生产、分配、交换、消费之间的普遍联系，并概括凝练出数字经济时代社会化生产系统的复杂性样态。

一　马克思主义视域下社会化生产系统的基本架构

在马克思之前，古典政治经济学家一般都从孤立的个人出发讨论生产问题，生产背后人与人的关系往往会被忽略，他们大都将生产、分配、交换、消费并列起来，作为独立的四个单元进行研究，把社会生产看作由抽象范畴组成的封闭体系。马克思在《〈政治经济学批判〉导言》中批判了古典政治经济学家的这些错误，指出生产、消费、分配、交换“构成一个总体的各个环节，一个统一体内部的差别”②。其中，生产是整个过程的起点，具有主导性支配作用，但同时也受其他要素支配；分配、交换、消费之间也彼此联系、相互作用。

（一）生产：社会化生产系统运行的起点

生产是指人与自然之间的物质变换过程，即人们在一定的社会关系中利用生产工具改变劳动对象，创造物质资料以满足自身需要。物质资料生产是人类最基本的实践活动，是人类社会赖以存在和发展的基础。③ 因此，马克思在《〈政治经济学批判〉导言》中一开始就指出，“摆在面前的对象，首先是物质

① 〔美〕布莱恩·阿瑟：《复杂经济学：经济思想的新框架》，贾拥民译，浙江人民出版社，2018，第31页。

② 《马克思恩格斯文集》第8卷，人民出版社，2009，第23页。

③ 刘佩弦主编《马克思主义与当代辞典》，中国人民大学出版社，1988，第150页。

生产”[①]，将生产作为政治经济学最基本的研究对象。

首先，生产是人在其中进行的活动，人具有社会性，必须生活在一定的社会关系中，并且越往前追溯历史，越能发现人的这种社会性。在人类社会早期，由于人的生存能力和生产力发展水平较低，人们会结成一定的共同体来抵御外来侵略。这一共同体最初表现为以血缘关系为基础的家庭，后来逐步发展成氏族和公社。商品交换瓦解了原始共同体，“使群的存在成为不必要”[②]，并在此基础上建立起生产资料私有制。个人也随之表现为孤立的个体，他们在进行交换时“默默地彼此当做那些可以让渡的物的私有者，从而彼此当做独立的人相对立”[③]。不过，在个体表现出一定独立性的同时，还生成了人与人之间更加紧密的联系，特别是随着分工的细化，每个人的生产和消费都必须依赖于其他人的生产和消费。“一切产品和活动转化为交换价值，既要以生产中人的（历史的）一切固定的依赖关系的解体为前提，又要以生产者互相间的全面的依赖为前提。”[④] 也就是说，即便个人获得了独立性，但依然处于一定的社会联系中。

其次，生产是一般性和特殊性的统一。“生产一般”是指生产的一切时代所具有的某些共同标志和共同规定，也即生产作为社会化生产体系中的主体，其自身所具有的独特标识。例如，任何物质生产都是人与自然界的统一，任何生产过程都包括劳动者、劳动工具、劳动对象三部分。在具体的每个时代，这些“共同标志和共同规定”又会有不同的表现形式，这就是“生产特殊”。每一历史阶段上的生产特殊都体现着生产一般，“如果没有生产一般，也就没有一般的生产”[⑤]。每一个生产一般在具体生产过程中都表现为生产特殊，正是这些生产特殊推动了社会历史的发展。不能因生产特殊而排斥生产一般，同样也不能用生产一般去排斥生产特殊。资产阶级政治经济学家的局限就在于忽视了不同生产性质之间的本质差别，将资本主义的生产关系永恒化。斯密和李嘉图都将猎人的捕猎工具和渔夫的渔网视为资本，将资本与生产工具等同起来。他们的这种做法“恰好抛开了正是使‘生产工具’、‘积累的劳动’成为资本的那个特殊”[⑥] ——资本主义生产方式中的劳资雇佣关系。

（二）生产与消费的同一性

从一般意义上讲，消费就是通过消耗一定的物质资料来满足生产和生活需

① 《马克思恩格斯文集》第 8 卷，人民出版社，2009，第 5 页。
② 《马克思恩格斯文集》第 8 卷，人民出版社，2009，第 147 页。
③ 《马克思恩格斯文集》第 5 卷，人民出版社，2009，第 106 页。
④ 《马克思恩格斯文集》第 8 卷，人民出版社，2009，第 50 页。
⑤ 《马克思恩格斯文集》第 8 卷，人民出版社，2009，第 9 页。
⑥ 《马克思恩格斯文集》第 8 卷，人民出版社，2009，第 9 页。

要的行为和过程。微观经济学认为，消费是“理性人”在内外部环境共同刺激下作出的选择，是一种个体行为。但实际上，消费始终处于一定的社会关系中，是社会化生产不可缺少的基本环节，并且与生产具有同一性。

首先，生产与消费是“你中有我，我中有你”的统一体。生产就是产品的产出过程。为保证生产顺利进行，一方面，劳动者要消耗一定的脑力和体力；另一方面，只有消费一定的生产资料，例如厂房、机器、燃料等，产品才能被生产出来。因此，进行生产的同时也在消费。“劳动消费它自己的物质要素，即劳动对象和劳动资料，把它们吞食掉，因而是消费过程。”①

同时，消费的过程也在生产。消费可以分为生产消费与生活消费两部分。生产过程中劳动力和生产资料的损耗，创造出了具有新功能和新形态的产品。生活中通过消费一定的消费品，再生产出了人自身。食物、水等物质产品的消费使人们的骨骼更加强壮，对疾病的免疫力增强，在这一过程中人生产了自己的身体；科学知识、文学艺术等精神文明产品的消费则生产出了劳动者的思维和技能。因此，生产与消费之间并没有严格的界限。生产是消费，消费也是生产。

其次，生产与消费互为中介。一切事物都是相互联系和转化的，生产与消费也不例外。生产要完成，必须以消费为中介。与单纯的自然对象不同，产品只有被主体使用或消费，它的使用价值才能得到实现，成为真正意义上的产品，而这一主体则是消费创造出来的。同时，消费还创造出新的生产需要，为生产提供动力。“如果说，生产在外部提供消费的对象是显而易见的，那么，［M—8］同样显而易见的是，消费在观念上提出生产的对象，把它作为内心的图像、作为需要、作为动力和目的提出来。”②

消费要完成，也必须以生产为中介。生产为消费提供材料和对象，没有生产，消费就是无源之水、无根之木。生产还创造出消费方式，使消费得以进行。刀叉生产出来以前，人们只能用手、指甲和牙齿啃食生肉来缓解饥饿。此外，生产还通过产品作用于消费者身上，引起新的需要，激发出消费动力。人们总是会对新事物充满好奇心，因此新产品的出现会刺激人们产生新的消费欲望，引导人们的消费倾向转移，从而出现新的消费人群。“艺术对象创造出懂得艺术和具有审美能力的大众，——任何其他产品也都是这样。”③

最后，生产与消费相互依存。“两者的每一方由于自己的实现才创造对方；每一方是把自己当做对方创造出来。”④ 一方面，生产中必须有消费，消费是生

① 《马克思恩格斯文集》第 5 卷，人民出版社，2009，第 214 页。
② 《马克思恩格斯文集》第 8 卷，人民出版社，2009，第 15 页。
③ 《马克思恩格斯文集》第 8 卷，人民出版社，2009，第 16 页。
④ 《马克思恩格斯文集》第 8 卷，人民出版社，2009，第 17 页。

产过程的终结。对于各生产部门来说，一件产品只有被消费，才能收回成本，以补偿生产资料的消耗，再生产才能继续。同时，在消费需要的满足过程中，生产者也锻炼并发展了自己的能力。因此，消费完成了生产行为。另一方面，消费要顺利进行，必须以生产为前提。“生产生产出消费，是由于生产创造出消费的一定方式，其次是由于生产把消费的动力，消费能力本身当做需要创造出来。”①

由此，生产与消费构成了一个互为因果、互为中介、相互依存的持续循环过程，这决定了消费在社会化生产过程中的重要作用。从单个生产过程看，消费是生产、分配、交换的终点；但从再生产的过程看，消费则是下一轮生产的起点，如果消费不完成，下一轮生产就无法启动。

（三）分配和交换：生产与消费相互作用的中间环节

生产与消费相互作用，是一切社会生产发展的必要前提。但是产品一旦被生产出来，就成为社会的产品，并不为生产者个人所有。“生产者对产品的关系就是一种外在的关系。”② 那么，人们如何获得可进行消费的产品呢？首先，人们将依据社会规律，通过分配获得一定份额的产品。随后，人们按照等价原则相互交换，获得自己需要的产品。由此，生产与消费通过分配和交换连接起来，这决定了分配、交换必然会与生产和消费发生一定的联系。

在《〈政治经济学批判〉导言》中，马克思认为分配主要包括“生产工具的分配”、“社会成员在各类生产之间的分配”以及“产品的分配”。③ 其中，前两种分配是“属于生产本身内部的问题”，“产品的分配”主要涉及利息和利润、工资以及地租的分配。就利息和利润来说，它们作为分配形式，是以资本作为生产要素为前提的。工资参与分配的前提则是劳动被规定为雇佣劳动。同理，地租能够参与分配也是因为土地作为生产要素参与到生产过程中。因此，生产关系与分配关系本质上具有同一性，分配形式只是生产形式的表现。

同时，交换本身也包含在生产之中并构成生产的一部分。这首先表现在“在生产本身中发生的各种活动和各种能力的交换”④ 上，其次，生产生产资料的部门之间的交换，以及企业之间的交换也都属于生产过程的一部分。也就是说，交换自身以及进行交换的主客体，都无法越过生产的范畴。交换反过来也会影响生产。15、16 世纪的地理大发现打破了新旧大陆之间的市场隔绝，亚洲、美洲、大洋洲的许多地区都加入欧洲的贸易体系中，成为世界市场的重要

① 《马克思恩格斯文集》第 8 卷，人民出版社，2009，第 17 页。
② 《马克思恩格斯文集》第 8 卷，人民出版社，2009，第 18 页。
③ 《马克思恩格斯文集》第 8 卷，人民出版社，2009，第 20 页。
④ 《马克思恩格斯文集》第 8 卷，人民出版社，2009，第 22~23 页。

组成部分。这些国家的生产者也就随之从为地方市场生产转向为国际市场生产。为了满足来自各地的产品需求，生产者纷纷进行技术创新，扩大生产规模，从而推动了社会生产力的进一步发展。

总之，社会化生产是一个由生产、分配、交换、消费共同构成的复杂巨系统。在这一系统中，生产、分配、交换、消费具有不同功能并占据着各自的“生态位”。一方面，生产、分配、交换、消费的各个环节本身是一个复杂的运动过程；另一方面，它们构成的社会化生产系统还面临外部环境不确定性的挑战，复杂系统主体以及各种生产要素之间需要依据环境变化及时作出调整，重构优化组分之间的耦合方式。顺应新一轮科技产业革命，人类的社会化生产系统正处在一轮全新的变化、调整和适应过程中。

二 数字经济时代社会化生产系统的演化趋势

19世纪中叶，英国率先完成第一次工业革命，以机器生产为基础的大规模分工协作摧毁了封建社会时期的小生产，显示出不可阻挡的革命性力量。马克思分析了工业革命后的生产特点，敏锐地看到社会化生产作为一种历史趋势的必然性。今天，我们正在经历数字技术驱动的第四次产业革命，生产工具智能化推动社会化生产中人与人、物与物以及人与物的连接都发生了翻天覆地的变化，社会化生产之“大”，无论是在规模还是在深度上，都超越了前几次工业革命。

（一）智能：数字技术赋能生产过程

为了生存发展，人每时每刻都要通过生产劳动改造自然，创造出符合自身物质和精神需求的多样产品。综观人类社会发展历程，每一次生产能力的提升都与技术变革密切相关。18世纪末，瓦特改良蒸汽机引发了第一次工业革命，极大地提升了生产过程的机械化水平。一个世纪后，电磁感应现象的发现使电力取代蒸汽成为新的生产驱动力，生产过程电气化水平不断提升。20世纪60年代，信息技术的初步应用推动了生产过程的自动化。当前，随着人工智能、大数据等数字技术的广泛应用，社会生产进入智能化阶段，智能制造成为发展生产的一般趋势。

何为智能制造？美国、德国、日本等国家从不同角度给出了不同的定义。但不论如何定义，智能制造的本质在于以数据的流动化解生产制造过程的不确定性，从而实现生产要素的优化配置。其背后的核心逻辑在于构建一套物理空间和数字空间相互映射的生产过程控制系统。物理空间中机器设备等方面的运行数据通过生产线上的物联网（传感器）传递到数字空间；然后，工程师运用工业软件对这些数据进行模型化、代码化、工具化处理，过去人们在物理空间中进行的研发设计、产品制造等活动现在都可以在数字空间中进行仿真试验。与此同时，在试验过程中产生的数据又会进一步通过控制器、执行器等实时反馈到物理空间，指导物理空间的生产过程。

这种虚实结合的生产组织方式正在重塑人类社会的生产过程。首先，人类社会的劳动工具由能量转换工具演变为能够对信息进行采集、处理、分析的智能工具，例如3D打印、数控机床、智能机器人等；其次，劳动对象从开发有形的自然资源拓展到开发无形的数据信息资源；最后，劳动者也随之转变为具有一定的创造能力、能够利用数字化生产工具进行数据挖掘和分析的数字劳动者，例如算法工程师、程序员等。智能制造的崛起，意味着人们认识和改造自然的方法从工业时代传统制造模式中的“试错法”转变为基于数字仿真的“模拟择优法”，即依托于模型的产品定义、全数字化样机、数字孪生等一系列新技术、新理念，通过推动产品研发、验证、制造、服务业务在赛博空间的快速迭代，实现研发生产效率的大幅提升。[①]

（二）共享：数据要素扩展分配方式

分配是指按照一定社会规律，将相应的生产资料或产品分配给不同经济主体，由后者自行支配、使用或交换的过程。在分配过程中，关键环节是生产资料和产品的所有权、使用权的转移。工业时代，资产的所有权和使用权是统一的，具有排他性特点，分配意味着所有权和使用权的同时转移。但在数字经济时代，无论是静态的生产要素还是动态的生产过程皆可数据化，数据具有取之不尽、用之不竭，可无限复制、非竞争性等特点；数据生产要素可以通过复制的技术方法在不同个体之间分配，资产数据化让越来越多的人获得稀缺性资产的使用权。譬如，数字化带来的最具颠覆性的产业之一，就是“音乐发行”，音乐作品本身实现了数字化，结果就是唱片变成了CD，并在其后进一步发展成为不借助实体媒介的数字发行形态。人们在网络上无须付费即可下载音乐，这就是一种资源共享的商业模式。在共享经济场景下，个体或组织通过第三方平台分享其闲置的生产资料或者产品服务，如机器设备、文化知识、汽车房屋等，以供他人无偿使用或租用。简单来说，共享就是通过第三方平台开放资产的使用权，使不具备某项资产所有权的人能够分配到实际需要的稀缺性资产。这意味着在共享模式下，生产资料的所有权和使用权实现了较大程度上的分离。

共享经济最初出现在消费领域，因此有些学者也把共享经济定义为“协同消费”。在协同消费中，原本具有“私人物品”属性的产品通过共享或者租赁

① 安筱鹏：《重构：数字化转型的逻辑》，电子工业出版社，2019，第79页。

的方式变为“大家共有”。例如，Turo是一家汽车P2P（个人对个人）租赁服务平台。在这一平台中，共享对象就是私人汽车。汽车车主通过平台将自己的“私有物”变为“公有物”，原本没有私家车的消费者通过平台在自己需要使用汽车的时候拥有了“私家车”。并且在Turo平台中，汽车的注册种类十分丰富，从日均租金仅20美元左右的汽车到日均租金达600~1000美元的汽车都有，为人们提供了多样化的选择。[①] 社会产品的分配并不是一次性的，由于数据的流动，它们总会持续不断地被“分”到需要的地方。

随着数字经济深入发展，共享经济模式与制造过程也开始紧密结合起来，催生了共享制造模式。共享制造是运用共享经济理念，在多个制造业主体之间将生产资源模块化，然后通过智能化、弹性化组合方式同市场需求进行有效对接的一种生产模式和生产组织形态。[②] 在这一模式中，任何个人或组织都可以将自己闲置的设备、生产服务等进行数字化封装后接入平台。具有产能需求的个人或企业则可以随时在共享平台中发起需求，获得相应的设备或生产服务。例如，美国的Machinery Link构建了一个农业机械设备分季使用的平台，一些没有大型设备的农户通过平台可以租赁闲置设备。沈阳机床的iSESOL则基于工业互联网将工厂的机床设备统一接入，实现了智能装备的在线互联，从而在工业领域实现了“机床共享”。

可以看到，在数字经济时代，资产的稀缺性正在弱化，“是否掌握稀缺资源”已不再是人类社会生产生活的主要限制因素。对于社会化生产系统的主体来说，相较于“是否拥有某项资产”，使用权可能更加重要。数据流动扩展了分配方式，无论是生产资料的分配还是消费资料的分配，都更加基于实际需求和有效使用，而非凭所有权就“独占”某项资产的使用权。

（三）平台：数字技术推动交换空间网络化

交换是联通生产与消费的中间环节，正是不可计数的交换过程推动实现了供需两端的动态平衡。交换首先由生产决定并伴随生产全过程，主要涉及产品设计、采购、生产、销售、服务等多个环节及相关的多个主体。在全球供应链不断延长的背景下，世界市场扩大，交换过程涉及的主体数量越来越多，交换类型也更加多元。因此，交换过程本质上是由核心企业、供应商、政府部门、金融机构等多方面主体通过信息流、物流、资金流连接而成的一个动态系统。在这个动态系统中，主体之间形成了“牵一发而动全身”的复杂关系，高效整

---

① 〔日〕此本臣吾主编《数字资本主义》，日本野村综研（大连）科技有限公司译，复旦大学出版社，2020，第69页。

② 向坤、杨庆育：《共享制造的驱动要素、制约因素和推动策略研究》，《宏观经济研究》2020年第11期。

合产、供、销的资源，变“无序”为“有序”，是交换过程畅通的关键。

工业经济时代，交换过程遵循着“原材料企业—中间半成品企业—核心生产企业—经销商—零售商—消费者”这样的线性传递路径。交换路径上的各个环节、不同主体之间彼此独立，分别处于不同的时空领域内，相互之间的沟通存在着坚硬的“信息围墙”，这不仅容易导致“牛鞭效应”出现，还会因无法实时响应市场需求变化而产生“零供矛盾”。数字技术应用将交换过程所涉及的无数个主体全部聚合在一个平台上，交换链路被嵌入数字空间并形成网络化的新结构。数字化的网络空间具有“小世界”特征，不受地理距离的限制。信息通路能够将各种节点、维度、关系与互动相连，而并不局限于那些物理空间上相邻的事物。①

在数字经济的交换活动中，不同主体能够突破时空的局限，在网络空间中以任意的方式相连，一个主体可以同时与两个甚至更多主体进行交流磋商。例如，震坤行工业超市将线上线下的 18000 家国内外优质供应商和 40000 家先进制造业客户全部整合在一个平台中，采购人员可以在一个平台完成“选型、比价、下单、审批”等一系列采购流程，减少了供应环节和销售环节的中间层级，采购效率显著提升。交换过程中不同环节的数据和信息得以在上游供应商、下游消费端企业以及第三方物流之间自由流动，传统工业体系中的交换中介掌握的信息不再具有稀缺性。这就使供需双方可以越过中介直接建立起联系，提升交换效率。

（四）生产与消费的同一性持续增强

如果将社会化生产系统作简化处理，那么它可以被看作由通过市场交易进行产品和服务销售的生产者和为自己、家庭进行无偿工作的消费者构成。在农业时代自给自足的自然经济状态下，几乎没有交换，也就没有生产者和消费者之分。到了工业社会，人们为了商品交换而从事生产，生产者与消费者也随之分属于两个不同的系统子集。企业在社会化生产的一端，而消费者在另一端，他们之间有着界限明晰的上下游关系。这种单向的生产-消费连接方式使产品的开发、测试通常遵循线性模式，即先在企业内部产生创意，之后再在特定的用户群体中进行市场调研，最后进行大规模生产。生产与消费是对立统一关系。工业时代的生产-消费模式只强调二者的对立，而忽视了二者的统一。

进入数字经济时代，一方面，工业时代同质化、大批量的产品生产越来越难以适应个性化、实时化、内容化、互动化的消费需求，越来越多的企业转向用户直连制造（Customer to Manufactory，C2M）的生产模式，即通过电子商务

① 〔美〕凯文·凯利：《新经济，新规则》，刘仲涛等译，电子工业出版社，2014，第 126 页。

平台在生产者与消费者之间建立直接联系。另一方面，智能家居、智能手机等终端产品在生活消费领域广泛应用，它们能够随时随地感知客户需求，向生产企业推送消费数据，指导产品生产。于是，消费者在社会生产中的地位发生了改变，他们不再被动地接受产品，而是主动参与产品的设计、生产、营销等环节，成为阿尔文·托夫勒在《第三次浪潮》中所说的“产消合一者”。例如，在个性化定制服装企业中，用户可以通过使用手机 App，自行定制面料、花色、纽扣等关于衣服的 100 多个细节。这些个性化需求会传输到后台数据库中形成数字模型，由计算机完成打板，随后分解为独立工序进行定制化生产。在这一过程中，消费者在某种程度上成了产品的“设计师”，他们“不仅在观念上创造了生产对象，还在流程中切实与生产融为一体”①。

因此，数字经济时代生产与消费的关系将从工业时代的对立走向统一，但这并不意味着要恢复农业时代没有交换和市场的那种“统一”，而是要实现生产与消费对立基础上的统一。在数字经济时代，生产与消费仍然是社会化生产中的异质环节，市场交换也依然十分重要。只是生产与消费经由数字技术在数字空间中实现了统一，缩短了生产-消费的反馈回路，从而缓解了供需矛盾。在数字经济时代，生产依然要依赖消费需求，但“并不需要因开辟、扩张、规划或调整这一结构”② 来消费。

三　数字经济时代社会化生产系统的复杂性样态

人类社会是一个始终处于运动过程中的复杂巨系统。从社会化生产的复杂系统架构来看，“我们得到的结论并不是说，生产、分配、交换、消费是同一的东西，而是说，它们构成一个总体的各个环节，一个统一体内部的差别”③。那么，如何把握社会化生产系统的复杂性呢？我们尝试借鉴遗传学之父霍兰（John Holland）创立的复杂适应性系统理论（Complex Adaptive System，CAS）。他在 1994 年提出了认识复杂适应性系统的七个维度：聚集、标识、非线性、流、多样性、内部模型、积木。④ 数字经济的参与主体是活生生的人，CAS 对复

① 任朝旺、任玉娜：《共享经济的实质：社会生产总过程视角》，《经济纵横》2021 年第 10 期。

② 〔美〕阿尔文·托夫勒：《第三次浪潮》，黄明坚译，中信出版社，2018，第 297 页。

③ 《马克思恩格斯文集》第 8 卷，人民出版社，2009，第 23 页。

④ 按照霍兰的 CAS 理论，聚集即具有相同反应集合的主体组织起来的过程；标识是引导主体聚集的机制，其中包含着一定的信息量；非线性与线性相对，意味着不确定和复杂；流是连接主体的背后机制；多样性源于主体间相互作用，是系统生产建构的基本条件；内部模型可以理解为认知框架，通过内部模型，系统能够对外部环境变化快速反应；积木是内部模型在面对“非稳定态”的环境时的变形组合。参见〔美〕约翰·霍兰《隐秩序：适应性造就复杂性》，上海科技教育出版社，2019，第 10~36 页。

杂系统主体行为逻辑的刻画符合数字经济中人的活动特征，具有很强的借鉴意义。CAS 能够帮助我们打破生产、分配、交换、消费四个环节的场域边界，从总体上把握社会化生产系统的非线性动力学特点。

（一）泛在：经济主体通过数字平台形成直接联系和空间聚集

在 CAS 中，主体是系统的基本单元，其行为主要受“刺激-反应”规则支配，即主体能够对系统内外部环境变化作出反应，并及时调整自己的结构功能。不同的主体有不同的反应集合。受到相同刺激的同类主体往往会聚集成为“介主体”，“介主体”再聚集成为“介介主体”……主体之间的交互关系由此产生，系统也分出了不同层次。人们常说的“物以类聚，人以群分”就是主体聚集的体现。聚集是复杂系统的基本特性，正是各类主体的聚集才使复杂系统涌现出了某种整体特质。从社会化生产角度讲，可以将主体聚集理解为人们为了解决人与自然之间的矛盾而形成的联系和关系。马克思指出：“为了进行生产，人们相互之间便发生一定的联系和关系；只有在这些社会联系和社会关系的范围内，才会有他们对自然界的影响，才会有生产。”① 具体到生产和流通的实践环节，也会形成主体聚集，譬如产业集群、仓储物流、消费群体等。

在传统工业时代，经济主体聚集大多发生在物理空间。虽然交通、信息通信的发展在一定程度上打破了地理的限制，但人与人之间的联系主要体现为“单位内连接强、单位外连接弱”的特点，单位内部人员与外部的联系主要是通过中间环节进行的。进入数字经济时代，随着网络对社会化生产系统的重构，人与人之间的联系从基于计算机与计算机之间的连接，转变为基于移动终端、应用场景和计算机之间的广泛连接。从而人与人、人与物、物与物的联系突破了物理空间的局限，在数字空间中聚集起来，“用户就如同生活在同一座现实城市中的人，生活在同一个网络空间里，用一种不同于城市生活的方式沟通、交易、学习、成长”②。

一旦主体在数字空间中聚集，其物理坐标便可在信息和传播技术的帮助下“创造出虚拟的时间和地点”③。主体之间的聚集便利性获得了质的提升，数字平台打造了一个持续互动的泛在世界，甚至突破了民族、地区的界限。数字经济主体之间的联系不再受限于特定的时间和地点，而且单一主体的反应具有多样化、多变性的特点，同一个主体可能会穿梭于不同的群体中。主体之间的关联形式从“点对点”变为“点对面”，即一个主体可以同时与多个主体互动，譬如直播带货这类平台劳动。在数字经济时代，人们从事的社会生产过程是在

① 《马克思恩格斯文集》第 1 卷，人民出版社，2009，第 724 页。

② 黄奇帆、朱岩、邵平：《数字经济：内涵与路径》，中信出版社，2022，第 27 页。

③ 〔荷〕简·梵·迪克：《网络社会》第 3 版，蔡静译，清华大学出版社，2020，第 52 页。

物理空间与数字空间融合的流动空间中进行的。基于数字平台的泛在网络（Ubiquitous Network）为个人和社会提供了泛在的、无所不含的信息服务和应用，从而实现了人与人、人与物、物与物之间的直接沟通和空间聚集。

（二）流动：新一代信息技术塑造了万物互联的数据介质

数字经济时代最显著的特点就是万物互联，人与人、人与物、物与物通过无所不在的网络可以实现在任何时间、任何地点的通信与连接。按照 CAS 理论，连接关系的发生需要借助“流”的机制；系统主体之间之所以形成某种联系，是因为具备一定特质的“流”在主体之间奔涌，譬如语言。在数字经济中，“流”的介质就是数据，数据在网络中流动并携带了各种各样的信息。在以 5G 与“云大智区”为代表的数字技术支持下，数据在不同主体以及机器设备之间传输。当 A 的数据传输到 B，A 与 B 就建立起了联系；若数据传输中断，A 与 B 的联系也就随之消失。

首先，数据由采集而来，智能装备、移动终端以及传感器等能够感知物理实体的属性，将物理实体属性的信息进行传输，实现“万物发声”，例如我们生活中常见的二维码技术。其次，从终端采集到的数据在通信网络技术的帮助下传输到数据中心。自马可尼的无线电通信实验至今，人类社会的通信网络技术已经从早期发展到了 5G。高速率、低时延、大容量的第五代移动通信网络技术提升了数据传输的速率，扩大了容量，使信息实时交互、数据实时传输成为可能。再次，这些数据将被存储在云空间，根据用户需求提供相应服务。最后，这些来自物理空间的非结构化数据将通过大数据技术、算力、算法等进行“清洗”，变成“活数据”，从中挖掘出有效信息并反馈到物理世界，促进物理系统的优化。

作为一种对过往及当下的记录，对数据的运用有利于提升人类的认知能力，使人们能够更好地理解、控制与预测客观世界。在常见的 DIKW（Data, Information, Knowledge, Wisdom）层次结构模型中，数据被视为一系列原始素材和材料，经由处理后形成有逻辑的信息，人们通过组织化的信息分析出原因和机制，形成知识，再通过不断地应用与验证，逐渐形成智慧，并由此预测未来。正是数字技术使人类社会可以打破地理的障碍，泛在地连成一体。社会化生产的信息量迅速累积，更多的信息以数字化的形式被存储，从而更加便于分析、传输和整理，由此形成了具备大量（Volume）、多样（Variety）、高速（Velocity）、真实（Veracity）和价值（Value）这“5V”特点的大数据。[①] 由于

① 张平文、邱泽奇：《数据要素五论：信息、权属、价值、安全、交易》，北京大学出版社，2022，第 14 页。

数据规模迅速扩大、数据对社会化生产各种场景的渗透，以及人们应用数据并进行计算、知识转化能力的提升，数据成为社会化生产系统的关键生产要素。

（三）小世界：社会化生产系统的网络结构特征

复杂适应系统由主体聚集而形成。正是人们在社会化生产中建立起来的各种关系创造了经济系统的复杂性。但分散的主体是如何聚集起来的呢？各种不同主体的反应集合又是如何形成的呢？在社会化生产过程中，主体又是如何确定与另一主体结合就能实现自己的劳动目的呢？从信息论的角度讲，主体归类分层需要信号作为指引。在 CAS 理论中，霍兰将这种指引信号称为“标识”（Tagging）。标识含有一定的信息量，这些信息就像召集士兵的旗帜，引导着主体向同类聚集。因此，主体接收到的信息是影响他与其余主体连接的主要因素。工业时代，受信息传播方式限制，人与人之间的连接程度十分有限，在结构上主要呈现为一种树状连接。一个主体只能与离自己最近的主体连接，与其他主体连接需要经过多个“中间环节”。在数字经济时代，数据在多个主体之间同时流动，人类社会的连接方式因此由树状连接转变为扁平化的网状连接，标识的触达性和主体的归类分层效率显著提升。

一旦人们以网络的形式进行连接，就会产生“六度分隔效应”。六度分隔理论是 1967 年美国哈佛大学心理学教授斯坦利·米尔格兰姆在“小世界实验”中提出的，该理论表明任何两个素不相识的人通过一定数量的中间人必然能够建立联系，这个中间人的数量通常不超过六个。这意味着信息通过网络能够以更快的速度和更低的成本在群体间传播，主体间的连接也因此会变得更加高效，世界变得越来越“小”。例如，当私家车变成网约车后，它就成为可连接多个主体的流动节点，分属不同区域的主体通过网约车便可以建立联系；再如，通过购物软件中的问答功能，对同一件物品感兴趣的消费者之间能够快速建立联系，得知该物品的使用感受。随着互联网的嵌入，每一个人都好比“小世界”网络上的一个节点，数量巨大的不同节点在网络上持续交互作用，网络演化形成非线性动力学机制。这样的网络经常表现出高度的集群性：任选 3 个节点 A、B、C，如果节点 A 与节点 B 和 C 相连，则 B 与 C 也很有可能相连。比如在社交平台上，人们经常发现“我的朋友”可能也是“我朋友的朋友”。此外，受非线性动力学机制影响，“小世界”网络的中心节点在随着内外部环境变化的过程中，具有极强的变易适应性。在数字经济时代，人们的社会化生产在“小世界”网络上进行，形成多中心节点并呈现集群性，这是社会化大生产之所以涌现出幂数效应在社会关系侧的一个深层机制。[①]

---

① 徐浩然：《信息时代如何应对“幂数效应”》，《学习时报》2021 年 5 月 7 日。

（四）反馈：社会化生产系统平台化运作的互动逻辑

自人类社会出现以来，共经历过三次大分工：农业和畜牧业的分离、手工业和农业的分离、商业和商人的出现。分工使人们的专业技能得以提升，促进了经济增长和社会进步。社会化生产的各环节和主体因分工而分属于不同的行业空间，只有通过交换才能发生联系。因此，数字经济主体必须与外界进行持续互动，以实现物质和信息的交换。在传统社会化生产模式中，主体几乎只与自己的“上游”和“下游”联系，互动过程是线性的且范围较小，因此主体获取的信息不全面，很容易出现信息不对称现象。例如“谷贱伤农”问题，其中一个重要原因就是生产端未获得第一手的市场供求信息。

在数字经济时代，随着以谷歌、苹果、亚马逊以及国内的BAT为代表的平台企业迅速兴起，并渗透到生产、生活的各种应用场景中，社会化生产系统的主体间交互机制正在被重构。加速主义代表人物斯尔尼塞克认为，“平台是数字化的基础设施，使两个或两个以上的群体能够进行互动。它们将自己定位为将不同用户聚集在一起的中介，这些用户包括客户、广告商、服务提供商、生产商、供应商，甚至实物”①。平台是数字经济时代主体互动的新场域。通过对分散的经济主体及其社会资源、社会关系的有机整合，平台汇集了源于产业链、供应链、价值链不同环节、不同阶段的数据。基于精准的算法，平台会根据主体需要对数据进行分析整理、凝练，然后给予主体及时的反馈。例如在网约车平台中，网约车司机通过分享其位置、可载人数等信息来显示汽车目前的可用状态；当消费者需要用车时，在App中输入出发地、目的地、时间等信息，然后双方信息会在平台中进行交换，从而实现线下交易。

“平台提供集中化的市场以服务广泛分散的个体和组织。市场集合为平台用户提供信息与力量，而他们此前都是以偶然的方式参与到交互中，往往无法接触到可靠的或最新的市场数据。”② 由于社会化生产系统中的信息反馈、主体互动主要通过平台进行，原本的单边市场转变为双边，甚至多边市场。这种新的互动机制使生产主体无须再像工业时代那样，花费大量时间和人力去搜集分散于各处的信息，有效降低了信息搜寻成本。

（五）协同：数字经济主体基于价值共生建立敏捷组织

过去，企业都是在确定性空间中谋求自身发展，每个行业都有自己独特的“标签”，专注于生产“专属”自己的产品。企业内部以及行业间的边界相对清

---

① 〔加拿大〕尼克·斯尔尼塞克：《平台资本主义》，程水英译，广东人民出版社，2018，第50页。

② 〔美〕杰奥夫雷·G. 帕克等：《平台革命：改变世界的商业模式》，志鹏译，机械工业出版社，2017，第72页。

晰，自上而下的科层制管理和泰勒制分工是提升效率的有效组织形式。这种组织形式虽然提升了生产的专业性，但也抑制了个体的创造性。进入数字经济时代，不同主体共处于一个“小世界”网络，价值链网络化，影响企业生产经营效率的因素从内部转向外部，打破了工业时代的边界内稳态，企业组织面临着外部环境的不确定性挑战。工业时代的“各自为政”显然已不适应这种新变化，企业组织必须逐步开放自己的边界，与其他主体一同建立起价值共生系统。因为“企业（个体）与网络价值的发挥绝不仅仅取决于企业（个体）本身，更取决于是否与网络中其他企业（个体）产生协同作用，并与其一起激活网络中蕴含的巨大价值，进而提升系统效率以获得价值创造与创新的机会”①。协同成为数字经济时代社会化生产组织系统建构的内在逻辑。

建立协同组织，需要打破行业壁垒。在数字经济时代，没有人能够确定自己的竞争对手是谁、合作者是谁，因为自己的“标签”时刻都在变化之中。提到腾讯，我们可能首先会想到 QQ、微信，将它认定为一家不同于传统电信运营商的通信企业；但是，我们也会想到腾讯旗下的王者荣耀，这又让人认为它是一家游戏公司；同时，在移动支付、线上娱乐、生活服务、交通出行等领域，也能看到腾讯的身影。因此，我们很难明确界定腾讯到底属于哪一个行业。无印良品的发展也是不断突破行业属性的典型案例，这家企业在 2005 年进入中国市场时，人们对它的定位还只是一家服装公司；可随着无印良品不断组合新的合作者，现在已经拓展到书籍、酒店、餐饮、家装等领域。

CAS 理论认为，虽然复杂系统的内部模型能够帮助系统建立起对外部的认知框架，但内部模型是在有限样本参与下构筑的，只有面对反复出现的（或类似的）情景时才有效。现实世界要面对的是不断更新的环境，随时会出现各式各样之前没遇到过的问题。在这种情况下，就需要将构成内部模型的“积木”进行拆解和重新组合，以保证系统面对多变的外部环境时具有足够的韧性和弹性。基于价值共生的敏捷组织就是这样一种机制，每一个经济主体都没有固定的“标签”，而是根据外部环境变化进行合适的功能性组合。例如在购物平台中，供应商、零售商以及物流方以订单为中心进行快速集结，订单完成后，他们的合作关系也就终止了。这种敏捷组织模式使主体能够快速适应复杂多变的内外部环境，进一步提升组织的系统效率，实现“1+1>2”的效果。

综上所述，数字经济时代的社会化生产仍然表现为由生产、分配、交换、消费四个相对独立的环节构成的总生产过程。受到新一代信息技术赋能，数字经济主体的聚集空间、连接方式、组织形态以及反馈回路等都发生了深刻变化，

① 陈春花、朱丽：《协同：数字化时代组织效率的本质》，机械工业出版社，2019，第 25 页。

社会化生产系统已经呈现出具有一定水平的复杂性样态，人的社会化、生产的社会化程度进一步提高。展望未来，社会化生产的速度和规模都将超越以往任何一个历史阶段。我们一方面有感于马克思主义的历史远见，另一方面也深深地忧虑生产力与生产关系矛盾变化带来的全新挑战。在这个意义上，马克思主义政治经济学需要有力地回应现实变化、解决实际问题，与时俱进地丰富和发展。

新时代中国特色的宏观调控思想

方红生　胡稳权*

【摘　要】本文论述了新时代中国特色的宏观调控思想的提出背景、发展演变脉络和主要内容，并探讨了其理论价值和实践价值。新时代中国特色的宏观调控思想主要包括新发展理念、供给侧结构性改革、多种政策手段协调搭配的宏观调控体系、以“微刺激”为核心的宏观调控新模式、跨周期调节与逆周期调节相结合的调控新思路以及预期引导与管理等内容。该思想不仅因包含新时代中国特色的供给侧结构性改革理论、综合调控理论以及预期管理理论而对宏观调控作出了原创性理论贡献，而且具有重大的实践价值。

【关键词】宏观调控；供给侧结构性改革；综合调控；预期管理

自 2008 年全球性金融危机以来，中国经济步入了增长率逐级下降而深层次结构性矛盾日益凸显的阶段。以习近平同志为核心的党中央审时度势，创造性地提出了中国特色的供给侧结构性改革理论，多元化目标、多样化手段与方式协调搭配的综合调控理论以及预期管理理论，开拓了中国特色的宏观调控思想新境界，对宏观调控作出了原创性理论贡献，对新时代做好宏观调控工作有着重大的指导价值。本文将论述中国特色的宏观调控思想的提出背景、发展演变脉络和主要内容，探讨其理论价值和实践价值。结构安排如下：第一节是思想提出的时代背景与发展脉络；第二节是思想的主要内容；第三节是思想的实践价值；第四节是思想的理论价值。

一　时代背景与发展脉络

从改革开放到中国经济社会发展转型的新时代，中国共产党不断探索、与

* 方红生，经济学博士，浙江大学经济学院副院长，教授、博士生导师，主要研究方向为财政税收体制、宏观经济中的政治经济学；胡稳权，经济学博士，浙江财经大学经济学院讲师，主要研究方向为公共经济学。

时俱进，形成了合乎国情、独具中国特色的宏观调控思想。本节主要论述新时代中国特色的宏观调控思想提出的时代背景与发展脉络。

（一）时代背景：经济发展新常态与新时代

党的十八大以来，针对中国经济增速持续放缓的现象，以习近平同志为核心的党中央提出了“三期叠加”的认识，这是对我国经济形势的重要判断。“三期叠加”是对我国当时经济发展阶段性特征准确而形象的描述，具体来说：一是增长速度换挡期，这是由经济发展的客观规律所决定的；二是结构调整阵痛期，这是加快经济发展方式转变的主动选择；三是前期刺激政策消化期，这是化解多年来积累的深层次矛盾的必经阶段。[①] 到了 2014 年，党中央对中国经济发展的认识进一步深化，在“三期叠加”特征的基础上提出了“经济发展新常态”。习近平总书记第一次提及“新常态”是在 2014 年 5 月考察河南的行程中，他指出：“我国发展仍处于重要战略机遇期，我们要增强信心，从当前我国经济发展的阶段性特征出发，适应新常态，保持战略上的平常心态。”[②] 同年 11 月，在亚太经合组织（APEC）工商领导人峰会上，国家主席习近平系统地阐述了经济发展新常态问题，并指明中国经济发展新常态的几个主要特点：一是速度——经济发展从高速增长转为中高速增长；二是结构——经济结构不断优化升级；三是动力——经济增长动力从要素驱动、投资驱动转向创新驱动。习近平总书记进一步指出：“新常态将给中国带来新的发展机遇：一是经济增速虽然放缓，实际增量依然可观；二是经济增长更趋平稳，增长动力更为多元；三是经济结构优化升级，发展前景更加稳定；四是政府大力简政放权，市场活力进一步释放。”[③]

经济发展新常态是相对于以往的旧状态而言的，“新”体现在发展条件和发展环境的阶段性新特征，以及经济发展方式的转变。经济发展新常态就是与以往不同、相对稳定的状态，是一种趋势性、不可逆的发展状态，意味着中国经济已进入一个与此前 30 多年高速增长期不同的新阶段[④]，是我国经济实现新跨越的重要机遇期，也是我国经济发展新阶段开启的重要标志。经济发展新常态是在经济结构对称态[⑤]基础上的经济可持续、稳增长的发展，强调“调结构、

① 陈学慧、林火灿：《“三期”叠加是当前中国经济的阶段性特征》，《经济日报》2013 年 8 月 8 日。

② 《习近平关于社会主义经济建设论述摘编》，中央文献出版社，2017，第 73 页。

③ 《习近平首次系统阐述“新常态”》，新华网，http：//www. xinhuanet. com//world/2014 - 11/09/c_1113175964. htm。

④ 田俊荣、吴秋余：《中国经济：新常态，新在哪?》，《人民日报》2014 年 8 月 4 日。

⑤ 经济结构对称态是经济活动中以主体为主导的再生经济学意义上的具有无限发展可能的主客体动态平衡过程，以主客体动态平衡为核心的生产各个要素之间的动态平衡过程，分为宏观和微观两个层次。微观的经济结构的对称态靠企业管理，宏观的经济结构的对称态靠政府宏观调控。经济结构的对称态着眼于各个要素之间质的对称，因此不同于总量平衡。

稳增长”的经济而非总量经济，着眼于经济结构对称态及在此基础上的可持续发展，而不仅仅是 GDP、人均 GDP 增长与经济规模最大化。[①]

随之而来的是，中国特色社会主义进入新时代。党的十九大报告指出：“经过长期努力，中国特色社会主义进入了新时代，这是我国发展新的历史方位。”[②] 这是基于党的十八大以来我国全方位、开创性成就和深层次、根本性变革的现实而作出的重大判断，是马克思主义基本原理同中国具体实际相结合的理论创新，需要深刻认识其科学性。随着中国特色社会主义进入新时代，我国社会主要矛盾发生了转化，从“人民日益增长的物质文化需要同落后的社会生产之间的矛盾”转化为“人民日益增长的美好生活需要和不平衡不充分的发展之间的矛盾”。社会主要矛盾的转化对传统的以经济总量和增速为核心的宏观调控提出了挑战。在新时代经济发展新常态的背景下，宏观调控主要聚焦于发展不平衡不充分的问题。传统宏观调控对于解决落后的社会生产条件下经济总量增长问题十分有效，但对于解决发展不平衡不充分问题显得力不从心[③]，因此创新和完善新时代中国特色的宏观调控势在必行。

在习近平经济思想的指导下，以新发展理念为引领，以满足人民日益增长的美好生活需要为出发点和落脚点，中国共产党不断探索、实践、创新，形成了合乎国情、独具中国特色的宏观调控思想，不断开创着中国特色社会主义宏观调控新境界。

（二）中国特色的宏观调控思想的发展脉络

从 1978 年实行改革开放至今，在逐步推进和深化社会主义市场经济改革的过程中，中国共产党对宏观调控的认识不断深化，理论不断丰富，提出了许多独具特色的宏观调控思想，走出了一条具有中国特色的宏观调控之路。大致上，可将中国特色的宏观调控思想的发展脉络划分为 6 个阶段。

1. 阶段 1（1978~1991 年）：从“计划”到“双紧”再到经济“硬着陆”

1978~1991 年是从计划经济向有计划商品经济进而转向市场经济的过渡时期。这一时期，我国的市场化改革刚刚起步，党对宏观调控的认识、我国宏观调控的手段和方式，仍带有浓厚的计划经济色彩。[④] 1979 年 4 月的中央经济工作会议确定了“调整、改革、整顿、提高”[⑤] 的八字方针，进行了改革开放以来的第一次宏观调控，主要是调整由经济建设上的“洋跃进”“放权让利”等

① 陈世清：《新常态经济与新常态经济学》，《宁德师范学院学报》（哲学社会科学版）2015 年第 2 期。

② 《十九大以来重要文献选编》（上），中央文献出版社，2019，第 7 页。

③ 刘元春：《创新和完善新时代中国特色宏观调控》，《智慧中国》2018 年第 4 期。

④ 王爱云：《新时期我国宏观调控思想及实践的演进与特点》，《党的文献》2008 年第 2 期。

⑤ 《三中全会以来重要文献选编》（上），人民出版社，1982，第 121 页。

导致的宏观经济运行混乱的现象。这次调整主要采取了紧缩的财政政策和货币政策，如压缩固定资产投资、加强银行信贷管理、控制信贷规模等，还通过调节商品供求量以及调整农产品征购数量来稳定物价。这些“计划”式的直接调控措施在短期内收效明显，我国经济增长率从 1980 年的 7.8%回落到 1981 年的 5.2%，但也容易使经济运行出现大幅波动。[①]

1982 年党的十二大之后，党对经济体制改革的认识取得了重大进展，对宏观调控的认识也有了重要突破。1982～1986 年，在应对经济波动的思路上，我们党突破了以往的直接计划控制模式，正式提出了“宏观调节”的概念，并在宏观调节上探索了以行政手段为主、经济手段为辅的调节方式。由于 1984 年经济增长率再次攀升到 15.2%[②]，国内出现了总需求大于总供给的失衡局面，1985～1986 年实施了“双紧”式宏观调控，以紧缩的财政政策和货币政策并辅以行政手段进行调控。

1987 年，党的十三大报告提出了经济体制改革的一个重要任务，即“逐步健全以间接管理为主的宏观经济调节体系”[③]，这是我们党第一次明确提出建立和健全宏观调节体系。从 1987 年开始，宏观调控开始注重灵活运用扩张性与紧缩性的政策工具，以便根据经济的冷热状况进行相应调节。1989～1990 年的宏观调控是为了应对 1988 年“价格闯关”[④] 所引起的价格上涨和经济过热现象。这一次的宏观调控有一个突出的特点，即企业、财政、税收、金融、价格、外贸等体制改革的配套进行，基本确立了宏观调控体系的初步框架。[⑤]

2. 阶段 2（1992～1997 年）：经济体制全面转轨，宏观调控实现经济“软着陆”

1992 年，党的十四大明确提出“建立社会主义市场经济体制”[⑥] 的目标，我国经济体制开始全面实行从传统计划经济向社会主义市场经济的转轨，并明确“要使市场在社会主义国家宏观调控下对资源配置起基础性作用”[⑦]，但就如何加强和改善宏观调控并未作专门论述。1993 年 11 月，党的十四届三中全会对建立新型宏观调控体系的问题进行了详细论述，突出强调要“促进经济结构的

---

① 数据来源于国家统计局网站。

② 刘树成：《新中国经济增长 60 年曲线的回顾与展望——兼论新一轮经济周期》，《经济学动态》2009 年第 10 期。

③ 《十三大以来重要文献选编》（上），人民出版社，1991，第 30 页。

④ 20 世纪 80 年代初，中国经济实行的是双轨制，国家指令性计划产品由国家统一定价、调拨，企业自销的产品由市场定价。这一制度在推动渐进改革的同时也带来了“官倒”等诸多问题。为了改变这种不正常的价格机制，1987 年的北戴河会议决定实行“价格闯关”，全面取消价格管制。1988 年 3 月，价格闯关首先在上海开始，很快在全国范围内实施，进而演变成疯狂的抢购潮。

⑤ 庞明川：《中国特色宏观调控的实践模式与理论创新》，《财经问题研究》2009 年第 12 期。

⑥ 《十四大以来重要文献选编》（上），人民出版社，1996，第 20 页。

⑦ 《十四大以来重要文献选编》（上），人民出版社，1996，第 19 页。

优化"[①]。在宏观调控的手段方面，强调宏观调控要综合运用经济手段、法律手段，同时辅之以必要的行政手段，对症施策。

1994 年，党进一步提出重点深化财税、金融、计划、投资等宏观管理体制改革，以初步确立新型宏观调控体系的基础构架[②]，这一系列的改革举措有效地促进了我国宏观调控体系和调控机制的完善。在这一阶段的宏观调控中，并未简单地运用直接调控手段，而是综合运用各项调控措施，有规划、有步骤、分阶段地逐步推进，成功实现了从 1992 年和 1993 年经济生活中出现的"四热""四高""四紧""一乱"等[③]现象到 1996 年经济"软着陆"的转变，经济基本上恢复了平衡，既降低了通货膨胀率，又保持了经济的稳定增长。[④] 到 1997 年 9 月，党的十五大宣布"宏观调控体系的框架初步建立"[⑤]，这是建立在多次紧缩性调控所积累的宏观调控经验基础上的阶段性成果。

3. 阶段 3（1998~2003 年）："扩张性"与"双稳健"的调控组合

1997 年，东南亚金融危机爆发，面对危机带来的通货紧缩压力，我国打出了一套"组合拳"，宏观调控政策由"适度从紧"、"稳中求进"转向了"扩大内需"的积极的财政政策和稳健的货币政策。[⑥] 经过五年多"组合拳"政策的实施，中国经济逐步走出通货紧缩的阴影。随着 2001 年中国成功加入世界贸易组织，中国经济开始了新一轮高速增长。

而在 2003 年后，随着社会主义市场经济的不断完善，通货紧缩压力逐步缓解，但出现了信贷规模增长偏快、原材料价格大幅上涨等投资过热的现象。此时宏观调控的主要目标便转向抑制通货膨胀，财政政策由应对亚洲金融危机时的"积极"逐步转向"稳健"，采取了财政、货币"双稳健"的政策组合，并实施一系列配套政策。在实施过程中，也未对重点领域"急刹车"和"一刀切"，而是"有保有压，区别对待"[⑦]，有效确保了经济的控速降温。

4. 阶段 4（2008~2013 年）：国际金融危机扩散，从"双防"转向"一保一控"

2007 年，国内社会固定资产投资同比增长 24.8%，进出口总额同比增长 23.5%，经济有过热趋势，且物价上涨压力很大，政府面临的首要任务便是解决经济过热和通胀趋势问题。据此，2008 年 3 月十一届全国人大一次会议对

① 《十四大以来重要文献选编》（上），人民出版社，1996，第 530 页。

② 王爱云：《新时期我国宏观调控思想及实践的演进与特点》，《党的文献》2008 年第 2 期。

③ "四热"即房地产热、开发区热、集资热、股票热；"四高"即高投资膨胀、高工业增长、高货币发行和信贷投放、高物价上涨；"四紧"即交通运输紧张、能源紧张、重要原材料紧张、资金紧张；"一乱"即经济秩序混乱，特别是金融秩序混乱。

④ 王健：《因势利导　熨平周期　稳健发展——透视改革开放以来的六次宏观调控》，《前线》2008 年第 9 期。

⑤ 《十五大以来重要文献选编》（上），人民出版社，2000，第 6 页。

⑥ 王爱云：《新时期我国宏观调控思想及实践的演进与特点》，《党的文献》2008 年第 2 期。

⑦ 庞明川：《中国特色宏观调控的实践模式与理论创新》，《财经问题研究》2009 年第 12 期。

2008年中国经济发展作出总体部署，在宏观经济政策上的重点便是“防止经济增长由偏快转为过热、防止价格由结构性上涨演变为明显通货膨胀”[①]（“双防”），实施稳健的财政政策和“从紧”的货币政策。[②]

2007年美国次贷危机的影响扩散，国内出现了通胀加剧等问题。2008年7月中共中央政治局会议提出，把“保持经济平稳较快增长、控制物价过快上涨”[③]（“一保一控”）作为下半年宏观调控的首要任务，把抑制通货膨胀放在突出位置。而在美国次贷危机进一步升级为国际金融危机后，主要发达经济体陷入衰退，中国经济也受到巨大冲击，经济发展前景不确定性增加。[④] 2008年10月，中央决定把宏观调控着力点由抑制通胀转移到防止经济下滑上来，并采取积极的财政政策和适度宽松的货币政策。同时，打出了一套“组合拳”，推出“4万亿元经济刺激计划”，央行连续5次下调金融机构存贷款利率，连续4次下调存款准备金率，还出台了一系列金融促进经济增长的政策措施，扩大贷款总量，优化信贷结构，加大对“三农”、中小企业等方面的金融支持，有效避免了经济过快下行。[⑤]

5. 阶段5（2014~2020年）：经济发展步入“新常态”，“结构性”调控备受瞩目

自2011年以来，我国经济增速进入下滑轨道，以习近平同志为核心的党中央对我国的经济发展现状进行了深入探索，提出了经济发展新常态的概念——经济发展“一是从高速增长转为中高速增长；二是经济结构不断优化升级；三是从要素驱动、投资驱动转向创新驱动”[⑥]。与此同时，在增长速度换挡期、结构调整阵痛期、前期刺激政策消化期“三期叠加”的复杂经济态势下，中国经济的结构性分化正趋于明显。为适应这种变化，在正视传统的需求管理还有一定优化提升空间的同时，迫切需要改善供给侧环境、优化供给侧机制，通过改革制度供给，大力激发微观经济主体活力，增强我国经济长期稳定发展的新动能。[⑦]

为此，以习近平同志为核心的党中央创新性地提出供给侧结构性改革。习近平总书记指出：“供给侧结构性改革，重点是解放和发展社会生产力，用改革的办法推进结构调整，减少无效和低端供给，扩大有效和中高端供给，增强供给结构对需求变化的适应性和灵活性，提高全要素生产率。这不只是一个税收和税率问题，而是要通过一系列政策举措，特别是推动科技创新、发

① 《十七大以来重要文献选编》（上），中央文献出版社，2009，第308页。

② 钟瑛：《改革开放以来中国宏观经济政策调整的实践演变》，第十届国史学术年会，2010。

③ 《十七大以来重要文献选编》（上），中央文献出版社，2009，第919页。

④ 冯梅、王之泉：《中国宏观调控的回顾与展望》，《经济问题》2010年第1期。

⑤ 陈彦斌：《新时代下中国特色宏观调控的新思路》，《政治经济学评论》2018年第4期。

⑥ 《习近平关于社会主义经济建设论述摘编》，中央文献出版社，2017，第74页。

⑦ 冯俏彬：《深化供给侧改革　增强经济发展新动能》，《行政管理改革》2015年第11期。

展实体经济、保障和改善人民生活的政策措施，来解决我国经济供给侧存在的问题。”[①] 至此，我国宏观调控迈向了一个新阶段，以供给侧结构性改革为主线的中国特色宏观调控备受世界瞩目。

6. 阶段6（2023年至今）：“稳预期”“稳增长”“稳就业”

当前，全球局势变化所带来的困难和挑战，主要包括有效需求不足、部分行业产能过剩、社会预期偏弱、风险隐患仍然较多，国内大循环存在堵点，外部环境的复杂性、严峻性、不确定性上升。需求收缩、供给冲击、预期转弱三重压力，仍然是当下经济面临的主要困难和挑战。其中，最基本、最重要、最具“牛鼻子”意义的压力在于预期转弱——因预期转弱而不能或不敢如以往那般消费，因预期转弱而不能或不敢如以往那般投资，从而需求趋向于收缩、供给遭遇冲击。[②] 2023年底的中央经济工作会议作出了一系列战略部署，指出要坚持稳中求进、以进促稳、先立后破，多出有利于稳预期、稳增长、稳就业的政策，要强化宏观政策逆周期和跨周期调节，继续实施积极的财政政策和稳健的货币政策，加强政策工具创新和协调配合。[③] 这不仅对我国当前预期较弱这一问题作出了回应，也为当前和今后一段时期的宏观调控指明了方向。

二　新时代中国特色的宏观调控思想的主要内容

在“新常态”的经济发展阶段，我国先后面对三期叠加和三重压力的复杂经济环境挑战，面临着总量性、周期性、结构性问题。经济领域面临的突出矛盾问题呼唤着新的宏观调控思想。本节将论述新时代中国特色的宏观调控思想的主要内容。

（一）新发展理念

新发展理念是对党的发展理论的继承和发展，是对经济社会发展规律认识的深化，是破解经济发展新常态下当代中国发展难题、厚植发展优势、开创未来发展的新理念，书写了马克思主义政治经济学新篇章。[④] 新发展理念符合我国国情，顺应时代要求，为新时代中国特色宏观调控指明了方向。

习近平总书记在党的十八届五中全会上，鲜明提出了创新、协调、绿色、开放、共享的新发展理念，并强调：“这五大发展理念不是凭空得来的，是我们

① 《习近平关于社会主义经济建设论述摘编》，中央文献出版社，2017，第98页。
② 高培勇：《牵好牵牢稳预期“牛鼻子”》，《学习时报》2024年1月17日。
③ 《中央经济工作会议在北京举行 习近平发表重要讲话》，新华网，http://www.news.cn/politics/leaders/2023-12/12/c_1130022917.htm。
④ 牛先锋：《新发展理念将如何引领未来中国》，《党政干部参考》2017年第6期。

在深刻总结国内外发展经验教训的基础上形成的，也是在深刻分析国内外发展大势的基础上形成的，集中反映了我们党对经济社会发展规律认识的深化，也是针对我国发展中的突出矛盾和问题提出来的。”① 这是对我国新时代宏观调控方向的重要指示。习近平总书记还指出：“发展理念是发展行动的先导，是管全局、管根本、管方向、管长远的东西。发展理念搞对了，目标任务就好定了，政策举措也就跟着好定了。”② 时下，我国发展仍处于大有可为的重要战略机遇期，也面临诸多矛盾叠加、风险隐患增多的严峻挑战，必须牢固树立“创新、协调、绿色、开放、共享”的新发展理念，才能更加准确地把握战略机遇期，更有效地应对各种风险和挑战，不断创新和开拓宏观调控的新境界。③

坚持以新发展理念把握引领经济发展新常态，要求深入理解新发展理念的科学内涵。在党的十八届五中全会第二次全体会议上，习近平总书记详细阐述了新发展理念的科学内涵，简要来说有几个方面。创新发展注重解决发展动力问题，要大力提升我国的创新能力与科技发展水平，提高科技对经济增长的贡献率，让科技成为经济社会发展的支撑点。协调发展注重解决发展不平衡问题，主要指我国长期存在的发展不协调，尤其是“区域、城乡、经济和社会”“物质文明和精神文明”“经济建设和国防建设”等关系上的不平衡。不解决这些在阶段性发展中积累下的不平衡问题，“木桶”效应④就会愈加显现，一系列社会矛盾就会不断加深。绿色发展注重解决人与自然和谐共生问题，主要针对我国面临的资源约束趋紧、环境污染严重、生态系统退化等十分严峻的问题，要积极推进人与自然和谐发展的现代化建设新格局的形成。开放发展注重解决发展内外联动问题，要提高对外开放的质量和发展的内外联动性，就要提升我国对外开放总体水平，提升用好国际国内两个市场、两种资源的能力。共享发展注重解决社会公平正义问题，必须完善收入分配制度，实现共同富裕。

（二）供给侧结构性改革

供给侧结构性改革是新时代中国特色的宏观调控思想的重要内容之一。自 2015 年 11 月以来，习近平总书记在中央财经领导小组会议和中央经济工作会议上多次提及推进供给侧结构性改革。“十三五”规划纲要提出，“在适度扩大总需求的同时，着力推进供给侧结构性改革”⑤；党的十九大报告指出，“深化供

① 《习近平关于社会主义经济建设论述摘编》，中央文献出版社，2017，第 21 页。

② 《习近平关于社会主义经济建设论述摘编》，中央文献出版社，2017，第 20 页。

③ 《中国共产党第十八届中央委员会第五次全体会议公报》，《人民日报》2015 年 10 月 30 日。

④ “木桶”效应也称为短板效应，是讲一只水桶能装多少水取决于它最短的那块木板。任何一个组织，可能面临的一个共同问题，即构成组织的各个部分往往是优劣不齐的，而劣势部分的水平往往决定整个组织的水平。

⑤ 《习近平关于全面建成小康社会论述摘编》，中央文献出版社，2016，第 65 页。

给侧结构性改革”[1]；同年，在越南岘港举行的亚太经合组织工商领导人峰会上，国家主席习近平也指出：“中国经济已经由高速增长阶段转向高质量发展阶段。我们将贯彻新发展理念，坚持质量第一、效益优先，建设现代化经济体系。我们将以供给侧结构性改革为主线，推动经济发展质量变革、效率变革、动力变革，提高全要素生产率，着力加快建设实体经济、科技创新、现代金融、人力资源协同发展的产业体系，着力构建市场机制有效、微观主体有活力、宏观调控有度的经济体制，不断增强经济创新力和竞争力。”[2]

2015 年 12 月举行的中央经济工作会议上，习近平总书记对供给侧结构性改革作了重要部署，从形势判断、问题诊断、工作思路，到重点任务、改革举措、重大原则，提出了一揽子逻辑严谨、系统完整、方向明确、操作性强的方案[3]，重点提出了供给侧结构性改革短期内“三去一降一补”的五大任务。习近平总书记指出：“完整地说是‘供给侧结构性改革’，我在中央经济工作会议上就是这样说的。‘结构性’三个字十分重要，简称‘供给侧改革’也可以，但不能忘了‘结构性’三个字。供给侧结构性改革，重点是解放和发展社会生产力，用改革的办法推进结构调整，减少无效和低端供给，扩大有效和中高端供给，增强供给结构对需求变化的适应性和灵活性，提高全要素生产率。”[4]

一方面，“供给侧”指出了改革的发力点。当前我国经济面临的问题，在供给和需求两侧都存在，但矛盾的主要方面在供给侧。另一方面，推进供给侧结构性改革，理解“结构性”至关重要。我国经济面临的突出矛盾和问题，有总量性、周期性因素，但根源是重大结构失衡，主要表现为实体经济结构性失衡、金融和实体经济失衡以及房地产和实体经济失衡，因此必须把优化供给结构作为主攻方向。

供给侧结构性改革的根本，是使我国供给能力能够更好地满足广大人民日益增长、不断升级和个性化的物质文化和生态环境需要，从而实现社会主义生产目的。深化供给侧结构性改革、推动经济高质量发展，总的来说是“巩固、增强、提升、畅通”八字方针，要在稳定需求的同时，更多采用市场化、法治化的手段和改革的方法来提高供给体系质量。[5]

2016 年以后，各省深入学习贯彻习近平总书记系列重要讲话精神，主动

---

① 《十九大以来重要文献选编》（上），中央文献出版社，2019，第 688 页。

② 《习近平外交演讲集》第 2 卷，中央文献出版社，2022，第 81 页。

③ 杨伟民：《适应引领经济发展新常态　着力加强供给侧结构性改革》，《宏观经济管理》2016 年第 1 期。

④ 《习近平著作选读》第 1 卷，人民出版社，2023，第 442 页。

⑤ 中共中央宣传部：《习近平新时代中国特色社会主义思想学习纲要》，学习出版社、人民出版社，2019，第 118 页。

适应和把握经济发展新常态，深入贯彻落实新发展理念，以化解产能为重点，大力推进供给侧结构性改革，打响“三去一降一补”五大任务的攻坚战。五大重点任务即“去产能、去库存、去杠杆、降成本、补短板”，是从五个方面入手实施供给侧结构性改革：一是积极稳妥“去产能”，优化供给结构；二是重拳出击“去库存”，清除供给冗余；三是防范风险“去杠杆”，确保供给安全；四是多措并举“降成本”，提升供给能力；五是雪中送炭“补短板”，扩大有效供给。①

推进供给侧结构性改革，是在全面分析国内经济阶段特征的基础上调整经济结构、转变经济发展方式的治本良方，是培育增长新动力、形成先发新优势、实现创新引领发展的必然要求。要把推进供给侧结构性改革作为当前和今后一个时期经济发展和经济工作的主线。

（三）多种政策手段协调搭配的宏观调控体系

中国是一个典型的发展中国家，实行社会主义市场经济体制，在宏观调控的目标、思路和手段上也更具有自身的特色。除了与西方宏观调控相似的“促进经济增长、增加就业、稳定物价、保持国际收支平衡”四大总量调控目标外，我国的宏观调控目标更为宽泛，还包括了促进经济结构协调、优化生产力布局等任务。因此，我国宏观调控的工具也更为多样化，除共有的财政政策、货币政策外，还包括一些微观具有干预色彩的工具，如价格政策、产业政策、区域政策、土地政策和投资政策等。②

党的十八大以后，党中央开始明确强调财政政策和货币政策在宏观调控政策中的主体地位，如党的十八届三中全会指出“健全以财政政策和货币政策为主要手段的宏观调控体系”③；“十三五”规划纲要也明确要求“完善以财政政策、货币政策为主，产业政策、区域政策、投资政策、消费政策、价格政策协调配合的政策体系”④。强调财政政策和货币政策的主体地位，符合宏观调控对短期经济波动进行逆周期调节的主要定位，有助于提高宏观调控的效率。⑤与美国等国家相比，中国的财政政策内在时滞较短，能够与货币政策一起成为“稳增长”的有效工具，而产业政策等时滞较长的政策在调结构的作用上要远远大于逆周期调节的短期宏观调控政策。因此，长短期政策间的协调搭配便显得尤为重要。自党的十九大明确作出“健全货币政策和宏观审慎政策双支

① 《五大政策推进供给侧改革》，《人民日报海外版》2015年12月22日。

② 陈彦斌：《新时代下中国特色宏观调控的新思路》，《政治经济学评论》2018年第4期。

③ 《十八大以来重要文献选编》（上），中央文献出版社，2014，第520页。

④ 《十八大以来重要文献选编》（中），中央文献出版社，2016，第800页。

⑤ 刘伟、陈彦斌：《十八大以来宏观调控的六大新思路》，《人民日报》2017年3月1日。

柱调控框架”[①] 的重要部署以来，我国在原有的调控体系基础上又新引入了宏观审慎政策，进一步丰富了既有的宏观政策工具，提高了我国系统性风险防范能力，形成了较为完备的以财政政策和货币政策为主体、多种政策手段协调搭配的宏观调控体系。

新时代对中国特色宏观调控提出了新要求。传统宏观调控侧重于短期需求管理，不仅不能解决供给侧结构性问题，反而可能使这些问题恶化。突破短期需求管理框架，更多转向供给侧，更多采用结构性工具，加强财政、货币、产业、区域等政策协调配合，是新时代中国特色宏观调控的创新方向。[②] 因此，协调搭配我国多样化的宏观调控政策工具，持续推进完善以财政政策和货币政策为主体的宏观调控政策体系，在弱化产业政策等的宏观调控职能的同时充分发挥其调整经济结构的功能[③]，便显得尤为重要。这是中国特色的宏观调控的新思路，是新时代中国特色的宏观调控思想的重要组成部分。

（四）以“微刺激”为核心的宏观调控新模式

2014 年的中央经济工作会议明确提出“创新宏观调控思路和方式，有针对性进行预调微调”[④]。党的十八大以来，我国创新地提出并运用了以具有预调、微调、适时适度调节特点的“微刺激”为核心，采用“区间调控、定向调控、相机调控”三大新调控方式的宏观调控新模式来应对经济波动。

2014 年第一季度，我国经济增速放缓，党中央出台了加快棚户区改造、加大对小微企业减税力度等多项微刺激政策，及时迅速地缓解了经济下行势头。微刺激不仅能够有效应对经济下行压力，还能为未来宏观调控政策预留操作空间，极大增强政策的可持续性。[⑤]

除微刺激外，党中央还提出了区间调控的新方式。在过去很长一段时间内，我国在经济增长的目标设定上总是以具体指标的形式加以明确，如在 1998 年提出的“一个确保、三个到位、五项改革”目标中，“一个确保”就是确保经济增速达到 8%。我国的经济政策往往是以国情为基础，仅从当时来看，“保 8”等经济增速目标与国内宏观经济形势和经济发展阶段是相适应的，能够充分激发国内经济增长动力，实现经济的高速增长。但在现今的经济形势下，设定“确保”型经济增速目标的做法由于更注重经济增速，可能不利于经济的多元平衡发展。因此从 2013 年开始，经济增长目标不再偏重于

① 《十九大以来重要文献选编》（上），中央文献出版社，2019，第 24 页。
② 刘元春：《创新和完善新时代中国特色宏观调控》，《智慧中国》2018 年第 4 期。
③ 刘伟、陈彦斌：《十八大以来宏观调控的六大新思路》，《人民日报》2017 年 3 月 1 日。
④ 转引自刘伟、陈彦斌《十八大以来宏观调控的六大新思路》，《人民日报》2017 年 3 月 1 日。
⑤ 刘伟、陈彦斌：《十八大以来宏观调控的六大新思路》，《人民日报》2017 年 3 月 1 日。

确保某一经济增速目标值，而是通过宏观调控明确经济运行的合理区间，把稳增长、保就业作为“下限”，防通胀作为“上限”，形成了区间调控的思路和方法。区间调控要求把握好宏观调控的方向、力度、节奏，使经济运行处于合理区间，守住稳增长、保就业的“下限”，把握好防通胀的“上限”。[①] 同时，结合经济的实际承受力和中长期规划的目标，设定经济运行的“底线”，当经济增速突破下限时，需要宏观政策发力来应对下行压力，需要社会政策来“兜底”。[②]

在坚持区间调控的基础上，还要注重实施“定向调控”，杜绝“大水漫灌”式的短期强刺激措施，而是从重点领域和关键环节出发，抓住经济发展中的突出矛盾和结构性问题，依靠改革的办法和市场的力量定向施策、精准发力，有针对性地实施“喷灌”“滴灌”。2014年，为了向小微企业和“三农”提供必要的资金支持，央行多次采取定向降准、定向再贷款等措施，并进一步向小微企业施行定向减税和普遍性降费、积极盘活存量资金等政策，全年通过定向减税政策为小微企业减税的规模达到了1000亿元左右，不断加大对经济社会发展薄弱环节的支持力度，有效发挥了“激活力、补短板、强实体”的重要作用。2016年的《政府工作报告》又提出，为应对持续加大的经济下行压力，在区间调控基础上，实施定向调控和相机调控。[③] 与“微刺激”相似，相机调控也具有预调、微调、适时适度的特点，强调政府要根据市场情况和各项调节措施的特点做好政策储备和应对预案，把握好调控措施出台的时机和力度，不断提高相机抉择的水平。[④] 区间调控是“要成为什么样”，定向调控是“做什么”，相机调控则是“怎么做”。各种调控方式有机结合、灵活运用，体现了党中央创新和完善宏观调控方式的新探索、新实践。[⑤]

以微刺激为核心的宏观调控新模式进一步拓宽了宏观调控目标，提高了宏观调控的精准度，提升了经济波动容忍度，为有效应对我国经济下行压力提供了新思路新方法。

（五）跨周期调节与逆周期调节相结合的调控新思路

2020年7月30日，中共中央政治局指出，“要做好宏观政策跨周期调节，保持宏观政策连续性、稳定性、可持续性，统筹做好今明两年宏观政策衔接，

① 王一鸣：《改革开放以来我国宏观经济政策的演进与创新》，《管理世界》2018年第3期。

② 张晓晶：《试论中国宏观调控新常态》，《经济学动态》2015年第4期。

③ 《政府工作报告——2016年3月5日在第十二届全国人民代表大会第四次会议上》，中国政府网，http：//www.gov.cn/guowuyuan/2016-03/17/content_5054901.htm。

④ 王一鸣：《改革开放以来我国宏观经济政策的演进与创新》，《管理世界》2018年第3期。

⑤ 徐绍史：《创新和完善宏观调控方式 学习贯彻党的十八届五中全会精神》，《人民日报》2015年12月1日。

保持经济运行在合理区间"①，首次提出跨周期调节的新思路。次年3月的《中华人民共和国国民经济和社会发展第十四个五年规划和2035年远景目标纲要》提出，"完善宏观调控政策体系，搞好跨周期政策设计，提高逆周期调节能力，促进经济总量平衡、结构优化、内外均衡"②，正式提出了跨周期调节与逆周期调节相结合的宏观调控新思路。2021年中央经济工作会议再次提出"跨周期和逆周期宏观调控政策要有机结合"③。作为创新与完善中国特色的宏观调控的一项新举措，跨周期调节具有深刻内涵与重要意义，有助于中国更好地应对国内外复杂的经济局面，更好地保障经济与金融的平稳运行。④

常规的逆周期调节，旨在熨平经济运行中过度的周期性波动，并降低由此积累的系统性风险，如在经济低迷时予以刺激、在经济过于繁荣时适当降温。然而，逆周期调节过于关注平抑短期的经济波动，而往往忽视过度调控可能引起的中期或长期的副作用。不同的是，跨周期调节则强调将宏观政策效应的考量视角拓展至中长期，不再仅局限于短期视角，以更好地统筹短期经济波动与中长期经济增长。尤为重要的是，跨周期调节并不是用来取代逆周期调节的，而是作为逆周期调节的补充来克服其局限性，这构成了宏观调控的新思路。这种调控新思路不仅能够统筹政策在不同时间跨度的效应，还进一步拓展了政策空间，寻求短期内宏观调控的最优解，保持宏观政策连续性、稳定性、可持续性。

（六）预期引导与管理

2014年底召开的中央经济工作会议首次提出"更加注重引导社会预期"⑤，2015年底召开的中央经济工作会议则进一步作出了"实施宏观调控，要更加注重引导市场行为和社会心理预期"⑥ 的重要指示，加强预期引导与管理成为新时代中国特色的宏观调控的一个重要手段。预期管理对于中国而言是一个新问题，或者说中国近期才开始高度重视预期管理。预期管理是指政府相关部门通过信息沟通改变市场进行预期时所依赖的信息集，引导公众预期向政策目标靠拢，从而有效地提高宏观调控效率。⑦

---

① 《宏观政策跨周期调节怎样实施》，中国政府网，https：//www. gov. cn/xinwen/2021-08/09/content_5630232. htm。

② 《中华人民共和国国民经济和社会发展第十四个五年规划和2035年远景目标纲要》，中国政府网，https：//www. gov. cn/xinwen/2021-03/13/content_5592681. htm? eqid=91387bc80000153d000000066487202c。

③ 《中央经济工作会议在北京举行 习近平发表重要讲话》，中国政府网，https：//www. gov. cn/yaowen/liebiao/202312/content_6919834. htm。

④ 陈彦斌：《跨周期调节 新发展阶段的一项创新举措》，《经济参考报》2021年10月19日。

⑤ 《习近平谈治国理政》第2卷，外文出版社，2017，第235页。

⑥ 《习近平谈治国理政》第2卷，外文出版社，2017，第235页。

⑦ 陈彦斌：《新时代下中国特色宏观调控的新思路》，《政治经济学评论》2018年第4期。

预期管理能够作用于各种宏观政策，其在货币政策中的应用尤为成熟，能够有效提高宏观调控的效率，大幅缩短了宏观政策的时滞，能够有效地防范经济风险。① 加强预期管理是新时代中国特色的宏观调控的重要手段，要不断完善预期管理在各种宏观政策中的应用，有效提高宏观调控效率，防范经济风险的发生。

三 新时代中国特色的宏观调控思想的实践价值

新时代中国特色的宏观调控思想具有重大的实践价值。如果将新发展理念比喻为“航标”，引领前行的方向，那么“船舵”则是对综合调控的一个合适比喻，它能够使党中央及时调整航行方向；供给侧结构性改革则是马力十足的“推进器”，源源不断提供动力；而预期管理则是“压舱石”，维持巨轮的重心稳定。各部件齐发力，确保巨轮又好又快又稳地向既定目标驶去。本节将对新时代中国特色的宏观调控思想的实践价值展开论述。

（一）综合调控是“船舵”

综合调控理论是新时代中国特色的宏观调控理论之一，它明确了多元化目标、多样化手段与方式、多角度调节协调搭配的宏观调控模式，具有重要的实践价值。综合调控强调多元化目标协调搭配多样化手段与方式，并采取跨周期与逆周期调节相结合的调控新思路，能够对我国宏观经济进行适时适度适当的调节，确保宏观经济发展大方向与预期相一致，是我国经济发展的“船舵”。

党的十八大以来，在宏观调控政策上，党中央逐渐确立了以财政政策、货币政策为主体，产业政策、区域政策等多种政策协调配合的新时代中国特色宏观调控政策体系；在调控手段与方式上，创新了以“微刺激”为核心，采用“区间调控、定向调控、相机调控”三大新调控方式的宏观调控新模式；在调控思路上，提出了跨周期调节与逆周期调节相结合的调控新思路。宏观调控思路与体系的确立，要求协调搭配多样化的宏观调控工具，创新和运用宏观调控手段与方式，转变宏观调控思路，这为今后宏观调控政策的实施指明了方向。新时代中国特色的综合调控能够更迅速、更有效地进行宏观调控，维持经济稳定，实现稳增长、促改革、调结构、惠民生、防风险的多元平衡。

① 陈彦斌：《中国宏观经济政策框架的转型方向》，《南方企业家》2016年第9期。

党的十九大报告提出了“健全货币政策和宏观审慎政策双支柱调控框架”① 的指示，这是基于防范系统性金融风险的政策搭配实践。单纯的货币政策可能导致较高通胀波动性，进而造成较大的福利损失，而货币政策和宏观审慎政策相结合则可以有效降低福利损失水平。② 宏观调控政策的协调搭配的作用不容忽视。党的二十大报告提出“健全宏观经济治理体系”③，发挥国家发展规划的战略导向作用，加强财政政策和货币政策的协调配合，着力扩大内需，增强消费对经济发展的基础性作用和投资对优化供给结构的关键作用。

当前，国内外形势复杂多变，国际上经济下行压力大，金融市场、大宗商品价格剧烈波动，全球投资大幅下滑，全球贸易保护主义及单边主义盛行。④ 为了应对复杂严峻的外部形势，以及国内有效需求不足、社会预期偏弱等问题，党中央、国务院深入贯彻协调搭配的综合调控理论，并用以指导实践，积极调整宏观调控目标，制定相关政策，宏观调控精准有力，推动经济稳步回升。在宏观政策上，我国继续实施“积极的财政政策和稳健的货币政策”，加大逆周期和跨周期调节力度，加强政策工具创新和协调配合。在财政政策上，坚持“适度加力、提质增效”，优化政策工具组合，综合运用赤字、专项债、超长期特别国债、税费优惠、财政补助等多种政策工具，保持适当支出规模，强化国家重大战略任务的财力保障，推动经济实现质的有效提升和量的合理增长。在货币政策上，坚持“灵活适度、精准有效”，加强总量和结构调节。宏观审慎政策也进一步发挥作用，资管新规的出台较好地控制了影子银行风险，跨境资本流动宏观审慎管理⑤有效防范了大规模跨境资本流动风险。上述政策手段和政策工具的协调配合，为我国 2024 年宏观经济实现稳步回升保驾护航。统计数据显示，2024 年一季度国内生产总值 296299 亿元，按不变价格计算，同比增长 5.3%，为实现全年目标任务打下了较好基础。⑥

（二）供给侧结构性改革是“推进器”

以新发展理念为指导，我国创造性地提出供给侧结构性改革，这是我国当前及今后一段时期经济工作的主线，也是我国提升经济发展质量的“推进器”。

---

① 《十九大以来重要文献选编》（上），中央文献出版社，2019，第 24 页。

② 汪川：《货币政策与宏观审慎政策“双支柱”调控模式研究》，《金融与经济》2018 年第 3 期。

③ 习近平：《高举中国特色社会主义伟大旗帜　为全面建设社会主义现代化国家而团结奋斗——在中国共产党第二十次全国代表大会上的报告》，人民出版社，2022，第 29 页。

④ 《2018 年 GDP 同比增 6.6% 2019 年投资数据或较 2018 强劲》，中国经营报网站，https：//finance. sina. com. cn/china/hgjj/2019-01-22/doc-ihqfskcn9477829. shtml。

⑤ 宏观审慎管理是与微观审慎监管相对应的一个概念，是对微观审慎监管的升华。微观审慎监管更关注个体金融机构的安全与稳定，宏观审慎管理则更关注整个金融系统的稳定。

⑥ 数据来源于国家统计局网站。

在2015年12月举行的中央经济工作会议上，习近平总书记基于供给侧结构性改革提出宏观政策要稳、产业政策要准、微观政策要活、改革政策要实、社会政策要托底五大政策支柱，并从长期展望中明确部署了短期内贯彻落实“三去一降一补”（去产能、去库存、去杠杆、降成本、补短板）的五大任务。[①] 2016年以来，各省深入学习贯彻习近平总书记系列重要讲话精神，主动适应和把握经济发展新常态，深入贯彻落实新发展理念，以化解产能为重点，大力推进供给侧结构性改革，打响“三去一降一补”五大任务的攻坚战。

2016年是供给侧结构性改革的攻坚之年。从国家统计局发布的一系列数据来看，供给侧改革之初便取得了显著成效。去产能的年度任务提前超额完成，钢铁、煤炭产能分别退出6500万吨和2.9亿吨以上，超额完成目标任务；去库存成效显著，全国商品房销售面积比上年增长22.5%，其中住宅销售面积增长22.4%，年末全国商品房待售面积同比下降3.2%，其中住宅待售面积同比下降11.0%；去杠杆步伐稳健，规模以上工业企业资产负债率为55.8%，比上年下降0.4个百分点；降成本落实到位，“营改增”试点全面推开，全年降低企业税负成本5700多亿元，规模以上工业企业每百元主营业务收入中的成本为85.52元，比上年下降0.1元；补短板亮点突出，城市地下综合管廊建设累计开工447个项目，总长度2005公里，城镇棚户区改造和公租房基本建成658万套，新建高速铁路投产里程1903公里，新增高速公路6745公里，全年实现农村贫困人口脱贫1240万人，超额完成1000万人的目标任务。[②]

随后两年的中央工作会议上也明确指出，在接下来的几年里，供给侧结构性改革将持续深化，改革成效也将继续显现，重点在“破”“立”“降”上下功夫，在补短板上下功夫，着力解决要素配置扭曲问题，促进质量变革、效率变革、动力变革，推动新动能加快成长。

回顾2016~2018年，是供给侧结构性改革攻坚、深化、巩固的三年：去产能迈出坚定步伐，严控水泥、玻璃、电解铝等新增产能，钢铁、煤炭等行业去产能成效明显，有效解决了多年来存在的“地条钢”、小煤窑等顽疾；去库存效果显著，房地产市场库存逐步消化，房地产开发投资由降转升，对“促投资”和“稳增长”发挥了积极作用；去杠杆稳步推进，推动企业强化负债自我约束，总杠杆率上升速度得以放缓，企业杠杆率趋于下降；降成本取得阶段性进展，大力推进减税降费措施，降低了企业制度性交易成本；补短板成效明显，重点领域投资继续保持较快增长，基础设施建设投资、交通运输投资、仓储和邮政业投资、水利投资、环境和公共设施管理业投资也稳

① 《五大政策推进供给侧改革》，《人民日报海外版》2015年12月22日。

② 《去杠杆将成下一步供给侧改革重点》，《经济参考报》2017年7月20日。

中有升。[①]

2023年底的中央经济工作会议以“五个必须”总结了新时代做好经济工作的规律性认识，提出“必须坚持深化供给侧结构性改革和着力扩大有效需求协同发力”[②]。供给侧结构性改革的最终目的是要增加“有效供给”，解决由“有效供给不足”导致的供需关系失衡问题。推进供给侧结构性改革，要巩固“三去一降一补”成果，推动产能过剩行业加快出清，降低全社会营商成本，加大基础设施领域补短板的力度。从长远来看，供给侧结构性改革理论还将在我国完善人口政策、推进土地制度改革、加快金融体制改革、推动技术创新、深化简政放权改革和构建社会服务体系等方面产生更加深远的影响。[③] 从“三去一降一补”五大任务到劳动力、土地、资本、技术和制度五大要素及其配套改革，这些政策部署明确描绘了我国深入推进供给侧结构性改革的路线图。

（三）预期管理是“压舱石”

做好预期管理，能够大幅缩短各种宏观调控政策的外在时滞，大幅提升宏观政策的效率和宏观调控的有效性。自“预期管理”概念提出以来，我国央行预期管理政策在降低经济不确定性、减少通货膨胀以及预期波动上的作用得到了越来越多的肯定。[④] 从发达国家预期管理的实践经验中不难发现，预期管理的主要手段是沟通。在中国，政府与公众的联系较为紧密，预期管理要求加强政府与公众的有效沟通，提高财政透明度，及时、准确地发布经济信息，科学解读当前经济实际运行状况和各项经济政策，并公开执行进度，使公众更好地理解政策意图、把握经济运行状况，引导公众形成较为稳定的短期与中长期预期，从而有效缩短政策的外在时滞，提升政策效率。例如前几年备受关注的地方债问题，在2015年出台地方债置换政策之后，财政部对各地区每年的举债限额进行了规定，并在财政部官网财政数据一栏及时、准确地公布了地方政府债券发行和债务余额情况，引导公众形成了稳定的预期，从而确保了地方债务置换工作的有序进行。

宏观调控政策运行效率的提升，意味着政府对经济问题的对症下药见效更快，能够更加有效地熨平经济波动，从而达到防范经济风险的目的。在我国，

---

① 王昌林、郭丽岩：《供给侧结构性改革三年来取得阶段性显著成效》，微信公众号·国宏高端智库，https：//mp. weixin. qq. com/s?__biz=MzI1MzI5ODUyMQ==&mid=2247487330&idx=1&sn=d22358b0cc146815dd678433efa354c2&chksm=e9d7dd54dea054420634ef4ff5f339508425872382dfa5d18ed9322376a8b64e13f35794b5c1&scene=27。

② 《引领中国经济大船乘风破浪持续前行——2023年中央经济工作会议侧记》，中国政府网，https：//www. gov. cn/yaowen/liebiao/202312/content_6920222. htm。

③ 国家行政学院经济学教研部：《中国供给侧结构性改革》，人民出版社，2016，第53页。

④ 汪莉、王先爽：《央行预期管理、通胀波动与银行风险承担》，《经济研究》2015年第10期。

房地产宏观调控是防范经济风险的调控领域之一。2000～2012 年，中国的城镇房价年均增长超过 10%，即使在受到金融危机影响的 2009 年，房价仍上涨 23.18%。[①] 在这种局势下，如果房地产市场的宏观调控还是强调供求关系管理，那么一些城市的房地产市场价格会加剧泡沫化，进而破灭。已有的国际经验表明，房价泡沫化发展很有可能会引发“债务-通缩”问题，导致国内大萧条或经济大衰退的严重后果。2013 年 2 月召开的国务院常务会议出台了新“国五条”，其中关于房地产领域的宏观调控最为重要的便是将房地产宏观调控思路由供求关系管理转向预期管理，通过管理房地产市场预期，让热点城市房价上涨态势得以稳定并扭转[②]，这是我国在房地产领域宏观调控思路的重大转变。

2016 年，国内部分热点城市房价快速上涨，泡沫风险加剧。因此，2016 年 7 月和 10 月的中央政治局会议都明确作出“抑制资产泡沫”的重要指示，银保监会等相关部门随即采取了加强宏观审慎管理等有针对性的措施。党的十九大报告也对公众预期进行了相应引导。在一系列限购、限售、摇号购房等针对房价的预期管理政策下，房价持续上涨的势头已有所缓解，成功防范了房价泡沫化的经济风险。最近几年，我国房地产市场进入调整和分化阶段，根据国家统计局公布的数据，2023 年 12 月在全国大中城市中，7 个城市新房价格环比上涨、20 个城市同比上涨，二手房价格环比全线下行，同比仅成都上涨 0.5%。[③] 新一轮房地产市场调整的原因是多方面的，包括经济增速面临下行压力、人口出生率下降等，其中长期性因素逐步产生较大影响，当前和未来一段时期加强预期管理仍然相当重要。[④] 理论与实践均已表明，我国需要更加重视预期管理在宏观政策中的作用，不断创新并完善预期管理与我国多样化的宏观调控政策的协调搭配，发挥好预期管理对我国经济运行的“压舱石”作用。

四　新时代中国特色的宏观调控思想的理论价值

自 2008 年全球性金融危机以来，中国经济步入了增长率逐级下降而深层次结构性矛盾日益凸显的阶段。以习近平同志为核心的党中央审时度势，创造性地提出了中国特色的供给侧结构性改革理论，多元化目标、多样化手段与方式

① 虞义华、韩奕、黄紫婷：《中国高房价背后的几点思考——影响因素、传导效应及趋同效应》，中国宏观经济论坛，http://ier.ruc.edu.cn/asp/14-02/%E5%88%86%E6%8A%A5%E5%91%8A%206%20%20.pdf。

② 易宪容：《新“国五条”使调控由供求管理转向预期管理》，《领导决策信息》2013 年第 8 期。

③ 《2023 年 12 月份 70 个大中城市商品住宅销售价格变动情况》，国家统计局网站，https://www.stats.gov.cn/sj/zxfb/202401/t20240117_1946600.html。

④ 郭克莎、沈少川：《中国房地产市场调控中的预期管理——一个理论判断与实证研究》，《学术研究》2023 年第 6 期。

协调搭配的综合调控理论，以及具有中国特色的预期管理理论，开拓了中国特色的宏观调控思想新境界，对宏观调控作出了原创性理论贡献。

（一）新时代中国特色的供给侧结构性改革理论的原创性贡献

供给侧结构性改革理论，是基于中国特色社会主义新时代和经济发展新常态的国情而提出的，是合乎中国国情、独具中国特色的重大理论创新。该理论从供给侧入手，以调结构为核心，通过深化改革来推动，旨在减少无效和低端供给，增加有效和中高端供给，增强供给结构对需求变化的适应性和灵活性，提高全要素生产率，从而使供给体系更好地适应需求结构的变化。

第一，关注需求的同时，强调供给。不同于西方传统经济学流派，供给侧结构性改革理论既不像凯恩斯主义那般片面地仅从需求侧视角对经济活动进行分析和干预，也不同于西方供给学派舍弃需求管理而仅注重供给管理[①]，而是在关注需求的同时，强调供给。与需求侧管理有所不同，供给侧管理更注重长期调控，从提高供给体系质量和效率出发，矫正要素配置扭曲，推动结构调整，从而为经济增长培育新动能。稳定经济增长的宏观调控政策要以供给侧为主，兼顾需求侧，实现双轮发力，同时还要特别关注供给侧和需求侧的相互影响。[②] 需求侧和供给侧相互影响、相互作用，是经济增长的两个方面。需求管理通过适度扩大总需求使经济保持在合理区间，从而为供给侧结构性改革营造良好的宏观环境；而供给管理能够解决“有效供给不足”的问题，提升总供给质量，从而满足国内日益增长的总需求。正如习近平总书记所指出：“放弃需求侧谈供给侧或放弃供给侧谈需求侧都是片面的，二者不是非此即彼、一去一存的替代关系，而是要相互配合、协调推进。”[③] 供给侧结构性改革是在重视需求管理的基础上强调供给管理，不仅符合中国国情，也在经济发展转型期的宏观调控思路方面对世界上许多国家具有参考价值和借鉴意义。

第二，相较于总量，更注重“结构”。从经济学方法论的角度来讲，经济结构失衡是我国当前经济发展区别于美国等西方发达经济体的基本特征，因此，运用西方经济学的总量分析方法和总量调控方法来研究中国经济问题便具有一定的局限性。[④] 总量调控主要关注经济总量、投资规模、信贷规模等指标，通过

---

① 中央党校“中国特色社会主义政治经济学研究”课题组、韩保江、张慧君：《中国特色社会主义政治经济学对西方经济学理论的借鉴与超越——学习习近平总书记关于中国特色社会主义政治经济学的论述》，《管理世界》2017 年第 7 期。

② 欧阳志刚、彭方平：《双轮驱动下中国经济增长的共同趋势与相依周期》，《经济研究》2018 年第 4 期。

③ 《习近平著作选读》第 1 卷，人民出版社，2023，第 443 页。

④ 袁海霞：《中国宏观经济调控理论方法论研究》，《中央财经大学学报》2007 年第 6 期。

财政政策、货币政策调节总供求关系，熨平经济周期；而结构调控则更注重需求结构、产业结构、区域经济结构等方面的比例关系，通过产业政策、收入分配政策、区域经济发展政策对经济结构进行调整。[①] 综观我国近年来的宏观调控政策，结构性调控的理念日益凸显，涉及产业政策、产业结构和税收政策等各个方面。我国大力推进实施的供给侧结构性改革便极为强调“结构性调整”。

习近平总书记在党的十八届五中全会上明确指出：“我们讲的供给侧结构性改革，同西方经济学的供给学派不是一回事，不能把供给侧结构性改革看成是西方供给学派的翻版。”[②] 西方供给学派所提及的“供给管理”以“拉弗曲线”为理论基础，提倡通过减税对经济进行总量调节，其理论基础是新自由主义，以“市场万能”和“萨伊定律”为基础。以供给学派总量调节的减税政策为理论基础的“里根经济学”[③]，虽然在当时带领美国走出了“滞胀”困境，但里根的经济政策使美国联邦财政连年出现巨额赤字，其执政时期积累的财政赤字比此前历届美国总统所积累的财政赤字总额还要多，严重影响了美国政府财政的可持续性。

供给侧结构性改革理论，是马克思主义政治经济学基本原理同中国实践相结合的产物。尽管都强调供给侧管理，但与美国不同的是，我国的经济形势更为复杂，矛盾更为突出，仅实施总量性调控的减税政策并不能从根本上解决我国经济发展的深层次矛盾，还可能导致类似“里根经济学”的后遗症。我国经济运行面临的突出矛盾是结构性失衡，产业结构、区域结构、要素投入结构、排放结构、经济增长动力结构和收入分配结构六个方面的结构性问题相对独立又相互叠加，在客观上便要求我们更加注重供给侧的结构性调整，需要通过结构性改革有针对性地去解决。[④] 我国供给侧结构性改革的重点在于从供给端发力进行结构调整和优化，从而增加有效供给、提高供给质量。

第三，既着眼当前，也立足长远。供给侧结构性改革理论的另一个理论贡献便是兼顾短期调控与长期调控，描绘出路线清晰的改革蓝图。无论是凯恩斯主义的“需求管理”还是供给学派的“供给管理”，都是基于美国某一时期内特定的经济背景进行分析与施策，具有很强的片面性，并且仅注重短期内的调控，忽视了长期实行单方面的调控可能带来的经济失衡。凯恩斯主义起源于美国“大萧条”时期，故提出了“有效需求不足”理论，极力强调以扩张性经济

① 万勇：《30 年来我国宏观调控：经验、趋势与完善路径》，《南京财经大学学报》2008 年第 4 期。

② 《习近平著作选读》第 1 卷，人民出版社，2023，第 441 页。

③ 指里根总统在执政期间实行的经济政策，其主要经济措施包括削减政府预算以减少社会福利开支，控制货币供给量以降低通货膨胀率，减少个人所得税和企业税以刺激投资，放宽企业管理规章条例以降低生产成本。

④ 林火灿：《结构性改革：改什么怎么改——访国务院发展研究中心资源与环境研究所副所长李佐军》，《经济日报》，http：//paper. ce. cn/jjrb/html/2015-11/23/content_283632. htm。

政策刺激内需；供给学派则起源于美国的“滞胀”（高失业率与高通货膨胀率同时存在）时期，针对“滞胀”提出了以减税为主的经济调控政策，虽然在一定程度上缓解了“滞胀”带来的高失业率与高通货膨胀率，却导致连年的高财政赤字、高利率、美元高汇价和贸易赤字，为日后的金融危机埋下了隐患。

我国的供给侧结构性改革既重视短期调控，又兼顾长期调控。短期内，我国“三去一降一补”的五大任务能够有效克服我国现存的经济顽疾，明确规划了“十三五”时期宏观调控的主要任务。长期内，“宏观政策要稳、产业政策要准、微观政策要活、改革政策要实、社会政策要托底”五大政策支柱，以及财税体制改革和金融体制改革，为较长一段时期内深化供给侧结构性改革、确保我国经济又好又快又稳发展提供了必要的保障。

（二）新时代中国特色综合调控理论的原创性贡献

鉴于我国实行的是社会主义市场经济体制，因此在经济政策和宏观调控上并不能完全沿袭西方发达国家的经济学理论。相较于西方各国，我国宏观调控目标更多元、调控手段更多样，调控思路则强调跨周期调节与逆周期调节相结合，并采用以“微刺激”为核心的宏观调控新模式。

第一，宏观调控目标更多元、调控手段更多样。在西方经济学中，宏观调控的主要目标为“促进经济增长、增加就业、稳定物价和保持国际收支平衡”。而在我国，由于我国经济体制的独特性和经济形势的复杂性，宏观调控被赋予更多的职能，调控的目标也更加多样化。除了上述四大总量调控目标外，还有结构性调整目标、防范风险的目标以及关于民生方面的目标等。党的十八届三中全会在《中共中央关于全面深化改革若干重大问题的决定》中提出：“宏观调控的主要任务是保持经济总量平衡，促进重大经济结构协调和生产力布局优化，减缓经济周期波动影响，防范区域性、系统性风险，稳定市场预期，实现经济持续健康发展。”① 由此可以看出，我国宏观调控的目标并不局限于总量目标②，在总量调控之外，也被赋予了“调结构”和“防风险”的职能。

凯恩斯主义积极主张政府以扩张性的财政政策与货币政策干预经济，刺激经济，维持繁荣；而货币学派则强调货币供应量的变动是引起经济活动和物价水平发生变动的根本原因，强烈反对国家干预经济，主张实行一种“单一规则”的货币政策。西方国家基于西方传统经济学理论，通常运用以财政政策和货币政策为主的经济手段进行宏观调控，尤以货币政策为主。由于美国政府和国会各自独立，政策的制定需要经过一个相对漫长的审议期，一项财政计划或

① 《十八大以来重要文献选编》（上），中央文献出版社，2014，第 520 页。

② 钱路波、张占斌：《改革开放 40 年中国特色社会主义市场经济发展论析》，《经济研究参考》2018 年第 13 期。

税收计划从提出到通过往往需要耗费较长时间，所以美国财政政策的时滞较长。与财政政策相比，美联储制定的货币政策时滞短、见效快，且更注重总量调节。

与美国有所不同，我国宏观调控目标更为多元化。根据丁伯根法则①，多重政策目标需要多种政策工具。作为社会主义国家，我国具有政策执行方面的制度优势，相较于其他西方国家，我国政策施行的效率更高，这为我国采取多种宏观调控政策提供了必要保障。在我国，宏观调控注重综合运用税收、价格、产业、信贷、汇率、利率等多种手段，并注重政策间的搭配协调。② 近年来，我国为防范金融风险又提出了宏观审慎政策，从宏观角度降低金融体系整体风险，维护金融体系的稳定。目前，我国已形成了以财政政策、货币政策为主体，产业政策、土地政策、区域政策、投资政策、消费政策、价格政策协调配合的宏观调控政策体系，宏观调控手段的多样化增强了我国在宏观调控上的灵活性。

第二，强调跨周期与逆周期调节相结合的调控思路。正如前文所述，常规的逆周期调节旨在熨平经济运行中过度的周期性波动，并降低由此积累的系统性风险，但往往忽视过度调控可能引起的中期或长期的后遗症。例如，为应对经济下行影响，欧美国家在传统的逆周期调节思路框架下实施了超大规模的货币宽松政策和扩张性财政政策，这尽管在一定程度上减缓了经济下滑的幅度，但也带来了持续的通货膨胀风险和宏观杠杆率攀升等副作用。

与西方不同的是，我国提出了将宏观政策效应的考量视角拓展至中长期的跨周期调节思路，并用其来克服逆周期调节的局限性，形成了跨周期与逆周期调节相结合的宏观调控新思路。在这种调控新思路下，我国对政策效应的考量不再局限于短期，而是能够在短期和中长期的不同时间跨度上进行统筹。同时，从更长时间跨度上对宏观政策的潜在影响进行考量，也进一步释放了政策空间，确保了短期内逆周期调节的最优解。这种调控新思路能够保持宏观政策连续性、稳定性、可持续性，为宏观经济平稳运行提供保障。

第三，创新以“微刺激”为核心的宏观调控新模式。“微刺激”是与为应对 2008 年全球金融危机所实施的 4 万亿元计划这种强刺激截然不同的宏观调控新方式，具有预调、微调、适时适度调节的特点，能够在为宏观经济调控预留操作空间的前提下，以较小的刺激循序渐进并有效地熨平经济波动。现阶段我国经济具有明显的“刺激依赖症”，因而“微刺激”有其必要性，且其短期的稳增长效果也比较显著。③ “微刺激”是我国在“三期叠加”时期下的不二选

① 丁伯根法则是由丁伯根（荷兰经济学家、首届诺贝尔经济学奖得主）提出的关于国家经济调节政策和经济调节目标之间关系的法则。其基本内容是：政策工具的数量或控制变量数至少要等于目标变量数，并且这些政策工具必须是相互独立（线性无关）的。

② 国家发改委宏观经济研究院课题组、解三明：《我国国民经济和社会发展规划的指标体系研究》，《经济学动态》2008 年第 7 期。

③ 陈彦斌、陈小亮：《中国经济“微刺激”效果及其趋势评估》，《改革》2014 年第 7 期。

择，为我国经济发展新常态下的宏观调控创新了思路。

区间调控有别于以往偏重于确保某一经济增速目标值的旧模式，它设定了经济运行的一个合理区间，为经济运行界定上限和下限，体现了政府对于经济运行目标的总体把握，也是给市场主体的一个明确预期。定向调控则是在区间调控的基础上实施的更为精准的调控方式，它要求保持定力、有所作为、统筹施策、精准发力，抓住重点领域和关键环节，更多依靠改革的办法，更多运用市场的力量，有针对性地实施“喷灌”“滴灌”。① 而相机调控既继承了前几种调控手段的优点，又能够提高政府对宏观经济相机抉择的水平。

“微刺激”与三大调控新模式的创新丰富了宏观调控的方式，同时兼顾增长、就业等多元宏观调控目标，精准、有效、适度地对经济波动进行调节，避免宏观调控政策整体上大幅度的频繁变动，对市场主体形成稳定预期具有重要作用。

（三）新时代中国特色预期管理理论的原创性贡献

预期管理在经济理论中一直处于较为重要的地位，这一思想最早可追溯到亚当·斯密关于“看不见的手”的论述。而现代预期管理理论则起源于美国经济学家保罗·克鲁格曼对日本流动性陷阱的相关研究。② 随着 20 世纪 80 年代后发达经济体货币政策的成功转型，较为正式的预期管理理论才真正开始形成。回顾预期管理理论的演进，可将预期管理划分为传统预期管理阶段和现代预期管理阶段。传统预期管理理论是由经济管理部门实施一系列政策工具，直接对公众预期进行引导，并不试图改变公众预期的原有属性；而现代预期管理理论侧重于对公众预期的塑造与引导，将提高政策透明度与可信度、缓解调控双方的信息不对称作为宏观调控政策的核心，引导公众预期与政策意图相一致，解决政策动态不一致性的问题。③ 现代预期管理理论进一步考虑预期管理与预期形成的相互影响，考虑政府与公众的动态博弈。④ 自美国经济学家迈克尔·伍德福特正式提出预期管理概念后，便一直十分强调在宏观调控中应将公众预期放在重要位置。⑤ 预期管理的主要方式是协调预期，政府作为预期管理主体，通过信

① 《李克强在经济形势专家座谈会上强调 继续创新宏观调控思路和方式》，中国政府网，https://www.gov.cn/guowuyuan/2014-07/17/content_2719381.htm。

② Krugman, Paul R., Kathryn M. Dominquez, Kenneth Rogoff, “It's Baaack: Japan's Slump and the Return of the Liquidity Trap”, *Brookings Papers on Economic Activity*, Vol. 1998, No. 2, 1998, pp. 137-205.

③ 郭克莎、沈少川：《宏观经济预期管理的理论发展和中国的实践创新》，《社会科学战线》2023 年第 2 期。

④ Barro, Robert J., David B. Gordon, “Discretion and Reputation in a Model of Monetary Policy”, *Journal of Monetary Economics*, Vol. 12, No. 1, 1983, pp. 101-121.

⑤ Woodford, Michael, Carl E. Walsh, “Interest and Prices: Foundations of a Theory of Monetary Policy”, *Macroeconomic Dynamics*, Vol. 9, No. 3, 2005, pp. 462-468.

息公开化、透明化对公众预期进行引导，使得不同预期向所制定的政策目标进行收敛，从而达成一致，实现途径主要包括政策性承诺、信息沟通和前瞻性引导等。

相较于发达国家，中国的预期管理覆盖领域更为宽泛，而不仅限于货币政策领域。在目标上，将 GDP、CPI、就业率等都纳入预期管理的范围；在领域上，纳入了金融、房地产、民生等领域；在政策应用上，除货币政策外，价格政策、产业政策、区域政策、土地政策和投资政策等也纳入预期管理。在互联网时代，以沟通为主要方式的预期引导不仅具有操作成本较低的优点，而且能够借助信息的迅速传播更快地影响公众预期，大幅缩短各种宏观调控政策的外在时滞[①]，从而提升宏观政策的效率，及时、迅速地对经济起到调节作用，熨平经济波动，防范经济风险。

① 陈彦斌、王佳宁：《中国宏观调控的现实功用与总体取向》，《改革》2017年第3期。

奠定发展之基　遵循发展之道　破解发展之问

——中国式现代化的生成之道[*]

陈祥勤[**]

【摘　要】发展，不仅是当今世界的时代主题，而且也是现代社会的永恒主题。我们党正是将发展视为“硬道理”，同时也视为“硬问题”，通过领导中国的革命、建设和改革的创造性实践，在奠定当代中国的发展基石、遵循现代社会的发展原则、破解现代社会的发展难题中成功开创了中国式现代化。从这个意义上说，发展乃是中国式现代化的生成之道。中国式现代化作为中国共产党领导的社会主义现代化，正是在奠定发展之基、遵循发展之道、破解发展之问的实践中，实现对西方资本主义现代化和传统社会主义现代化的双重超越，实现现代化、社会主义和民族复兴的有机统一。

【关键词】中国式现代化；发展基石；发展原则；发展难题

发展，不仅是当今世界的时代主题，而且是现代化的永恒主题，是解决一切问题的关键所在。中国式现代化作为我们党在领导中国的革命、建设和改革的创造性实践中开创的社会主义现代化，是在奠定当代中国的发展基石、遵循现代社会的发展原则、破解现代社会的发展难题中成功开创的，它是现代化、社会主义和民族复兴的有机统一，实现了对西方资本主义现代化和传统社会主义现代化的双重超越。

一　发展：现代社会的永恒主题

20世纪80年代初，邓小平指出：“现在世界上真正大的问题，带全球性的

* 本文系国家社会科学基金项目“中国特色社会主义道路的原创性贡献研究”（项目编号：21BKS060）的阶段性研究成果。

** 陈祥勤，哲学博士，上海社会科学院中国马克思主义研究所研究员，主要研究方向为马克思主义、社会主义与西方左翼思潮。

战略问题，一个是和平问题，一个是经济问题或者说发展问题。”[①] 其中，发展问题是核心问题，“应当把发展问题提到全人类的高度来认识，要从这个高度去观察问题和解决问题”[②]。这是我们党在改革开放时期将发展问题视为时代主题的正式表述。

其实，发展不仅是当今时代的历史主题，也是人类社会的永恒主题，是解决一切问题的关键。

（一）植根于现代化进程的发展原则

“现代化”这一范畴描述的是“16世纪至今人类社会发生的种种深刻的质变和量变”，它“开创了人类历史的一个新时代”[③]。按照现代化的通常含义，它是指“在现代生产力引导下人类社会从农业世界（社会）向现代工业世界（社会）的大过渡”[④]。一般来说，现代化发端于16世纪兴起于西方的资本主义和工业文明。现代社会，在资本主义那里，被表象为一个财富的普遍生产和再生产的社会；在工业文明那里，则被表象为一个为科学、技术和工业普遍改造的社会。前者孕育了资本逻辑，后者孕育了工业逻辑。

工业逻辑和资本逻辑交织在一起，共同构成了现代社会自我生产和再生产的一体两面，前者相当于马克思的生产力范畴，承载着现代社会的科学进步和技术创新，后者相当于马克思的生产关系范畴，承载着现代社会的经济发展和社会变迁。因而工业逻辑与资本逻辑之间的关系，类似于马克思所说的生产力与生产关系之间的关系，即随着科学的进步、技术的创新，乃至生产力的发展，随着财富的增值和经济的增长，现代社会的生产关系和其他关系也会发生相应的变迁。例如，马克思在谈论工业革命时，明确指出，“随着一旦已经发生的、表现为工艺革命的生产力革命，还实现着生产关系的革命”，“引起‘生产方式上’的改变，并且由此引起生产关系上的改变，因而引起社会关系上的改变”[⑤]。

在工业逻辑和资本逻辑的双重支配下，现代社会作为技术-工业体系和经济-社会体系，实现了自身的生产和再生产。在这里，如果将科学进步、技术创新和产业革命，以及资本积累、财富增值、经济增长，视为发展在质和量这两个层面的基本表现，那么，贯穿现代社会的一个根本原则便是发展原则。正是

① 《邓小平文选》第3卷，人民出版社，1993，第105页。
② 《邓小平文选》第3卷，人民出版社，1993，第282页。
③ 〔印〕A.R.德塞：《重新评价“现代化”概念》，载亨廷顿等《现代化：理论与历史经验的再探讨》，上海译文出版社，1993，第26页。
④ 罗荣渠：《现代化新论续篇》，北京大学出版社，1997，第22页。
⑤ 《马克思恩格斯全集》第47卷，人民出版社，1972，第473、501页。

在这一原则的推动下，现代社会在生产的意义上体现为经济的增长、社会的发展和技术的创新过程，在制度的意义上体现为与发展原则相匹配的市场、市民社会和国家等现代文明建制的形成过程，在历史变迁的意义上则体现为由农业文明和以土地为财富的集中表现的农村社会向工业文明和以资本为财富的集中表现的城市社会的转变过程。

如果从发展的原则出发来看待现代化的历史进程，那么，现代化就不只是现代文明的历史主题，即传统社会向现代社会的发展、转化和演进的进程，更是现代文明的内生性的历史进程，即现代文明将发展视为植根于自身的动力原则，即在不断的发展、变革和创新中实现自身的生存。正如马克思所指出的，前现代的传统社会是“原封不动地保持旧的生产方式”，而现代社会总是寻求“生产的不断变革，一切社会状况不停的动荡，永远的不安定和变动”[①]。从这个意义上说，现代化没有休止，它是一个没有终点的发展历程。

（二）现代化进程面临的发展难题

虽然说发展是现代化的深层次的动力原则，但现代化也面临着一系列发展难题，其中最为典型的就是在资本主义的主导下，财富的普遍生产和再生产必然伴随着贫困的普遍生产和再生产，也就是说，现代社会的某种形式的发展或进步（如财富的普遍增值）必然伴随着某种形式的去发展或倒退（如贫困的普遍增值）。

在现代社会主义的语境中，财富和贫困的双重积累、生产和增值，作为现代社会的二律背反，是典型的资本主义文明症候。在古代社会，贫困问题一般很难作为严肃的社会问题进入任何一种传统文化或文明的思考中心；然而现代社会是一个财富型社会，因而当贫困作为财富的对立面被普遍地生产和再生产出来时，便成为现代社会典型的文明症候。

在某种意义上说，正是社会主义理论家和实践家意识到了植根于现代社会的这一文明症候，即“财富形成的秘密”必然带来“财富生产的困境”。正如蒲鲁东（Pierre-Joseph Proudhon）所指出的，劳动所拥有的“创造财富的手段”由于“它们本身所固有的对抗性”，“变成贫困的新的原因”，资本主义所主导的现代社会是在“肯定贫困、组织贫困”，而不是在“消灭不良的劳动组织所造成的贫困”[②]。同时代的美国社会主义者亨利·乔治（Henry George）也明确指出，“贫困与进步的这种形影相随是我们这个时代的难解之谜”，“是决定命

① 《马克思恩格斯文集》第 2 卷，人民出版社，2009，第 34 页。

② 〔法〕蒲鲁东：《贫困的哲学》（下），余叔通、王雪华译，商务印书馆，2017，第 831 页。

运的斯芬克斯向我们文明提出的谜语”①。

在马克思主义经典作家那里，现代社会的财富和贫困的双重积累的矛盾、症候和问题，就表现为资本主义社会财富的普遍积累和集中，以及大量人口的无产阶级化和无产阶级的普遍（绝对的或相对的）贫困化。对此，马克思指出，现代社会即资产阶级社会“在产生财富的那些关系中也产生贫困；在发展生产力的那些关系中也发展一种产生压迫的力量”②，资产阶级社会“在一极是财富的积累，同时在另一极，即在把自己的产品作为资本来生产的阶级方面，是贫困、劳动折磨、受奴役、无知、粗野和道德堕落的积累”③；列宁也明确指出，“资本主义社会的财富以难于置信的速度增长着，与此同时工人群众却日益贫困化”④。资本主义社会财富与贫困之间的二律背反植根于深层的资本与劳动之间的矛盾，它在西方现代化所主导的资本主义世界体系中，就集中表现为资产者和无产者、帝国主义和殖民主义、中心和边缘、发达和欠发达、西方与东方、北方与南方、世界性的城市与世界性的农村之间的“两极化”结构。正是这一结构不断地孕育着区域性或全球性的经济、社会、生态危机。

现代社会的贫困绝不只是指由人们占有财富多寡造成的贫困，而且还包括由资本主义的剥削和统治所造成的人口的贫困、资源的贫困、生态环境的贫困，乃至社会精神的贫困；等等。所以，当今世界面临的人口、资源、生态环境，以及社会、文化和精神等问题，在某种意义上其实都可以视为贫困问题在这些领域的基本表现。

（三）针对现代社会发展难题展开的社会主义运动

发展，不仅是现代社会遵循的一个根本原则，也是现代社会面临的一个根本难题。可以说，现代社会主义正是针对现代社会的发展难题而展开的理论、历史和政治运动。

作为现代社会的革命性的历史运动，“社会主义是现代现象”⑤，是对现代资本主义和工业文明的现实反应，同时也是针对它们所导致的问题的实践解答。从发展的逻辑看，社会主义就是针对现代社会的发展问题——尤其是资本主义财富和贫困的双重积累所导致的矛盾、症候和问题——而展开的一场足以深刻改变人类历史进程的社会运动。

社会主义的思潮和运动自诞生之日起，就带有明显的“社会”特征，即

① 〔美〕亨利·乔治：《进步与贫困》，吴良健、王翼龙译，商务印书馆，2017，第17页。

② 《马克思恩格斯文集》第1卷，人民出版社，2009，第614页。

③ 《马克思恩格斯文集》第5卷，人民出版社，2009，第743~744页。

④ 《列宁全集》第22卷，人民出版社，2017，第240页。

⑤ 〔美〕卡尔·兰道尔：《欧洲社会主义思想和运动史》（上），群立译，商务印书馆，1994，第16页。

以一种“社会”的视角来观察和解决人类的各种问题，它认为，“社会问题”乃是“一切问题中最重要的问题”[①]，头等重要的事情就是从根本上改变现代文明的社会结构，以解决由资本主义的剥削、奴役和不平等所带来的财富和贫困双重积累的问题，继而以现代社会的科学技术和工业文明，增进人类的福祉。

从“发展”的视角来看，现代社会主义运动经历了若干具有标志性事件的历史阶段，贯穿其中的根本主线，其实就是针对现代社会（由资本主义逻辑导致）的“发展”难题而展开的历史运动。

在马克思主义诞生之前，社会主义理论家和实践家对资本主义问题的认识通常是空想的，他们“想出各种各样的体系并且力求探寻一种革新的科学”[②]，但这一“革新的科学”是在马克思主义那里完成的。马克思主义实现了对现代社会的“历史之谜”和“资本之谜”的科学解答，从而为社会主义在实践中解决由资本主义所导致的“发展”难题找到了科学的理论武器，同时，也继承了现代社会主义中的共产主义传统，将无产阶级社会主义革命提上了历史日程。20世纪上半叶的俄国十月革命，建立了以无产阶级革命专政为基础的社会主义国家政权，这为现代社会主义打破资本逻辑对现代经济、社会和政治的全面统治，打破资本主义对全球的殖民、剥削和压迫，解决横亘在现代社会面前的“发展”难题，奠定了国家的政治和政权基础。20世纪中叶，中国革命的胜利打破了帝国主义中心地区对边缘地区的殖民统治，让社会主义在中国扎下根来，新中国在此基础上，以苏联模式为借鉴和反思对象，在扬弃资本主义制度的前提下，探索开辟社会主义现代化道路；中国改革的成功，实现了对苏联社会主义模式和西方资本主义制度的双重扬弃，也为中国通过自身实践解决这两种社会制度带来的“发展”难题提供了现实的可能性。

二　中国式现代化的发展之道

发展是现代社会的永恒主题。发展不仅是“硬道理”，而且是“硬问题”。中国式现代化作为中国共产党领导的社会主义现代化，是我们党通过领导中国革命、建设和改革的创造性实践，在奠定现代化的发展基石、遵循现代化的发展原则、破解现代化的发展难题的进程中开辟的。从这个意义上说，奠定发展之基、遵循发展之道、破解发展之问是中国式现代化的生成之道。

---

① 〔英〕乔治·柯尔：《社会主义思想史》第1卷，何瑞丰译，商务印书馆，1977，第9页。

② 《马克思恩格斯选集》第1卷，人民出版社，1995，第155页。

（一）奠定发展之基：中国革命与中国式现代化的历史奠基

中国是在鸦片战争后被拖入西方主导的资本主义世界体系的，从而沦为半殖民地半封建社会。自此之后，中国在欧美民主革命和苏俄社会主义革命的相继激发下，历经旧民主主义革命、新民主主义革命乃至社会主义革命这三个阶段，终于完成了民主革命、民族革命和社会主义革命的历史任务，在根本上改变了近代以来中国的命运。

中国革命尤其是中国共产党领导的革命所取得的根本性的历史成就，便是在中国这一古老的东方国度建立了有着完全的主权和治权的社会主义国家，从而将中国从帝国主义的殖民统治和国际资本的垄断统治中解放出来，为中国实现独立自主的发展、现代化和民族复兴奠定了根本的政治前提和制度基础。

对于中国的发展、现代化和民族复兴来说，中国革命的意义不仅在于建立了一个通常意义上的现代民族国家，为中国步入现代社会奠定“政治现代化的前提”[①]。因为这也是资产阶级民主革命的通常目标。当民主革命从西方切换到东方时，历史语境已经发生了根本性的变化：西方资产阶级民主革命（不论是英国革命、美国革命还是法国革命），都是在资本主义生产关系特别是经济和社会层面基本成熟的基础上展开的，是资本主义经济社会关系在政治层面的自我完成；但对于以中国为代表的东方国家来说，一方面不得不面对帝国主义的“资本入侵”和“殖民统治”，另一方面还处于封建主义的历史羁绊之中。所以，只是将19世纪西方的资产阶级民主革命移植到20世纪的东方，并不能建立一个正常的民族国家，不能为现代化奠定政治基础。不仅如此，如果革命只是停留于资产阶级民主革命的层次，仅仅摧毁传统的或封建的专制统治，反而很可能为帝国主义和国际资本在中国的殖民或垄断统治开辟道路。中国要实现完全意义的独立自主，不仅要反抗本国的“封建统治”，而且还要推翻外国的“资本压迫”[②]，进行具有社会主义导向的民族革命和民主革命。

随着十月革命的胜利及其所宣告的世界无产阶级社会主义革命时代的到来，中国革命开始转向由无产阶级领导的、具有社会主义导向的新的民族民主革命。这就是毛泽东概括表述的，中国革命是“无产阶级领导的，人民大众的，反对帝国主义、封建主义和官僚资本主义”[③] 的革命。中国革命的根本意义在于，通过民主革命推翻中国的封建统治，为中国的发展和现代化扫清

① 〔美〕亨廷顿：《变革社会中的政治秩序》，李盛平等译，华夏出版社，1987，第35~37页。

② 《列宁全集》第3卷，人民出版社，1950，第211页。

③ 《毛泽东选集》第4卷，人民出版社，1991，第1313页。

历史障碍，卸下历史负担；通过民族革命推翻帝国主义在中国的“殖民统治”；通过社会主义革命终结资本主义在中国的“垄断统治”。所以，中国革命，简言之，就是冲破封建制度的羁绊，打断国际资本对中国经济、社会和政治的全面统治，为中国式现代化道路的开辟确立完全独立自主的历史和政治前提。

中国在革命的基础上建立起来的社会主义国家制度，为中国式现代化道路的开辟奠定了根本性的制度基础。社会主义国家制度是我们党运用马克思列宁主义国家学说创造性地建立起来的，包括国体、政体和根本意识形态制度等在内，具体来说，就是中国共产党领导的人民民主专政的国体和以民主集中制为原则的人民代表大会制度的政体，以及以马克思主义为指导的国家意识形态制度。如果把确保社会主义国家在经济领域占主导地位的基本制度也概括进去，那么，以社会主义公有制为主体的国家基本经济制度也是社会主义国家制度不可或缺的组成部分。

新中国根据马克思列宁主义国家学说建立的社会主义国家制度，在本质上是无产阶级的，是在无产阶级革命和专政基础上建立起来的国家制度。它旨在通过无产阶级的革命和专政，打破资本逻辑通过市场（自由市场体制）、所谓民主（自由民主制度）和自由（自由社会的理念或理想）的多重逻辑对经济、社会和政治领域全方位的垄断、支配和统治，让资本逻辑从属于更高的社会主义国家逻辑，通过社会主义公有制，确立国家在要素、资源和财富配置上的主体地位，从而为在遵循发展原则和破解发展难题的改革中开创符合现代化、社会主义和民族复兴要求的中国道路提供现实的可能性。

（二）遵循发展之道：中国改革与中国式现代化的道路开辟

中国革命的胜利，社会主义国家制度的确立，是我们党团结带领人民在奋斗中所取得的奠基性历史成就，它为中国摆脱帝国主义的殖民统治和国际资本的垄断统治，实现独立自主的发展、现代化和民族复兴提供了根本的历史、政治和制度前提。

但社会主义国家制度的建立，并不意味着中国自身的发展和现代化问题会自动解决，而是意味着中国通过自身的实践来开辟发展道路、破解发展问题的任务真正地被提上议程。

众所周知，新中国成立之后，我们是按照社会主义苏联模式，建立了传统计划体制。对于传统模式或计划体制，可以用列宁关于“全民的、国家的‘辛迪加（Syndicate）’”的理论设想加以概括。在列宁关于未来的社会主义“全民‘辛迪加’”的设想中，“全体公民都成了一个全民的、国家的‘辛迪加’的职员和工人”，整个社会“将成为一个管理处，成为一个劳动平等、报酬平等的工厂"[①]，整个国家如同一个企业一样，在其内部进行有组织、有计划、按比例的相互协调的生产。这就是社会主义计划体制的理想原型。所以，以计划体制为内在基础的传统社会主义模式，其实就是国家实质性地占有所有生产资料，实质性地垄断所有行业的经济社会模式。以此为基础，国家通过制定和执行计划来配置各种资源，组织整个社会按照国家指定的方向或用途进行快速的生产和积累。

但传统计划体制也有自身难以解决的问题。它在理论的意义上用"工厂分工"取代"社会分工"，在现实的意义上用国家取代市场，用经济的政府状态取代经济的自发的市场状态，从而形成了在根本上排斥商品经济和市场的、高度实物化的经济体制。然而问题在于，倘若废除资本逻辑，废除与之相关的"合理性的商业技术"或市场机制[②]，社会也就失去了内生性的增值、发展和创新动力。我们知道，苏联给人的印象是它突出的工业品格。新中国在改革开放之前，也是沿袭苏联经验，将社会主义现代化理解为社会主义工业化。但苏联的工业化从根本上说是继承性或模仿性的，也就是说，它很难通过市场机制将科学进步转化为技术创新和产业革命，因而也很难进行再工业化或深工业化。从这个意义上说，苏联模式其实是将资本逻辑和工业逻辑隐秘地排除在社会主义的制度框架之外了，当然也将植根于现代化的发展原则排除在外了，因而也就打断了这一动力原则所支撑的持续不断的现代化进程。所以，苏联自20世纪50年代之后，便逐渐陷入经济无法持续增长、社会面临短缺危机的困境之中，不得不进行改革。由于改革失误，苏联最终解体，苏联模式也不得不黯然退出历史舞台。

有鉴于此，中国于20世纪70年代末便开启了改革开放的历史实践，在社会主义传统内部实现自我革命，成功突破社会主义的苏联模式和传统计划体制，建立了社会主义市场经济体制，从而成功破解了社会主义传统体制面临的发展难题，摆脱了苏联模式由于内生性发展动力的枯竭所导致的日益僵化和停滞的问题。中国改革开放的一个原创性贡献，就是实现社会主义与市场经济体制的创造性结合，将现代社会的发展原则植根于社会主义的制度框架之中，从而为中国的发展、现代化和民族复兴奠定了内生性的制度基础。

中国在改革开放过程中构建的市场经济体制是以社会主义基本国家制度为根本前提的，它让资本逻辑作为社会生产的环节或中介，从属于更高的社会主义的国家逻辑（而不是像资本主义社会那样，让国家和市场从属于资本的统治逻辑），继而让市场秩序成为"引导""规范""节制"乃至"驯服"资本的公

① 《列宁选集》第2卷，人民出版社，1995，第202~203页。

② 〔美〕卡尔·兰道尔：《欧洲社会主义思想和运动史》（上），群立译，商务印书馆，1994，第20页。

共平台（而不是像苏联模式和传统计划体制那样，单纯地废除市场体制、资本逻辑和商品货币关系）。这就为我们在遵循集资本逻辑和工业逻辑于一身的发展原则的基础上，克服资本逻辑统治下财富和贫困的双重积累所导致的发展难题奠定了框架性的制度和政策基础。

中国的改革开放进程，其实就是在坚持社会主义国家制度的前提下，建立健全与现代社会的发展原则相匹配的社会主义市场经济体制、民主政治体制和法治国家体系，从而在体制机制改革和制度建设的意义上成功开辟中国式现代化道路。

（三）破解发展之问：新时代与中国式现代化的深化拓展

中国的改革开放历经 40 多年，已经进入新的历史方位，这就是“中国特色社会主义进入新时代”①。新时代的一个标志性特征，就是国内社会主要矛盾发生了深刻变化，因而问题的重心也发生了深刻的变化。

改革开放初期，面临的是“落后的社会生产”问题，因而我们将“解放和发展生产力”作为首要议程，推进中国的深层次改革，超越社会主义的苏联模式，从而在根本上解决了传统计划体制抑制或束缚生产力发展的问题；进入新时代，面临的是发展“不平衡不充分”问题，因而要通过全面深化改革，构建集效率与公平于一体的社会生产和分配体系，在更加充分发展的基础上真正解决发展的不平衡问题。

发展的不充分或匮乏的问题是苏联模式的痼疾，发展的不平衡或失衡的问题则是西方资本主义制度的顽症。正是这两个问题构成了现代社会发展的两难选择。选择现代资本主义，结果就是发展的失衡和社会的两极分化；选择传统社会主义，结果则是发展的匮乏或社会的停滞僵化。从这个意义上说，破解发展问题是中国式现代化的核心议程，也是中国式现代化实现对苏联模式和西方制度的双重超越的关键所在。

众所周知，邓小平对社会主义的本质内涵有着明确的界定，这就是“解放生产力，发展生产力，消灭剥削，消除两极分化，最终达到共同富裕”②。在这一界定中，社会主义有着双重规定：一方面是解放和发展生产力；另一方面是消灭剥削，消除两极分化。综合这两点来看，社会主义就是在解放和发展生产力的基础上实现人民的共同富裕和社会的普遍繁荣。在这双重规定性中，前者是遵循发展原则的问题，是遵循发展原则所蕴含的工业逻辑和资本逻辑的问题；后者是破解发展难题的问题，就是对发展所造成的失衡、两极分化等问题的解

① 《习近平谈治国理政》第 3 卷，外文出版社，2020，第 8 页。
② 《邓小平文选》第 3 卷，人民出版社，1993，第 373 页。

决。简言之，就是对发展进行治理的问题。治理的主旨或目的，就是通过国家对社会关系和结构进行调整、变革与重建，解决社会的矛盾、冲突或问题，以实现社会的和平、发展、公平与正义。

在社会主义的苏联模式和传统计划体制退出历史舞台的今天，那种试图将资本主义连同商品货币关系和市场体制一齐废除的传统社会主义方案已经不合时宜。但“消灭剥削，消除两极分化”这一社会主义的经典议程在今天仍然有着不可回避的现实意义。这就要求我们一方面遵循现代社会的发展原则，建立起与之相匹配的市场体制，从根本上克服和解决发展动力的缺乏和丧失问题；另一方面，将市场体制纳入社会主义的制度框架，从国家治理的高度规范秩序、引导市场、节制资本，以防止与克服发展的失衡和两极分化问题。

中国特色社会主义制度和国家治理体系，作为中国式现代化的政治、制度和治理基石，其根本作用在于让资本逻辑从属于社会主义国家逻辑，继而从政治、制度和治理的高度解决在发展过程中产生的诸多矛盾和问题。在当代中国，市场机制作为现代社会发展原则的表现，不仅是中国特色社会主义制度体系的有机组成，同时还作为治理范畴构成当代中国国家治理体系的内在环节。所以，在当代中国，国家不仅可以通过资本进行治理（如以“商道”治国或理财），通过市场机制实现经济增长和社会发展，而且还可以对资本进行治理（如以常典“治商”或“平商”），通过将市场机制与社会主义相结合，将其打造为推动社会普遍繁荣和人民共同富裕的“公器”。

从这个意义上说，中国特色社会主义制度和国家治理体系是在新时代破解发展难题，实现社会的和平、发展、公平与正义的根本保障。正是基于此，党在新时代明确将全面深化改革的总目标界定为“完善和发展中国特色社会主义制度，并不断提升国家治理体系和治理能力现代化”①。这也从当代中国国家制度和治理体系的高度给出了针对发展问题的解决之道，即在推进国家治理现代化的进程中完善和发展中国特色社会主义制度，并不断提升这套制度体系的治理能力和治理效力，尤其是解决一系列发展问题的能力和效力，为中国式现代化构建和平、公正、安定的社会秩序。

三　在奠定发展基石、遵循发展原则和破解发展难题中夯实中国式现代化的制度基石

党的二十大报告指出，中国式现代化是“中国共产党领导的社会主义现代

① 《习近平谈治国理政》，外文出版社，2014，第104页。

化”，具有五个突出的“中国特色”。[①] 这是对中国式现代化的科学阐释。新时代以来，我们党在新中国成立特别是改革开放以来探索和实践的基础上，经过在理论和实践上的创新突破，成功推进和拓展了中国式现代化。展望党的第二个百年奋斗目标，应当在遵循发展原则和破解发展难题中进一步夯实中国道路的制度基石，坚持把当代中国发展进步的命运牢牢掌握在自己手中，让中国式现代化行稳致远。

（一）在遵循发展原则和破解发展难题中推进和拓展中国式现代化

中国式现代化首先要遵循现代化的发展原则，中国正是在革命和建设的基础上通过改革开放，将集资本逻辑和工业逻辑于一身的发展原则植根于自身的体制改革和制度建设之中，从而在根本上适应了现代化的内在要求。新时代要进一步推进中国式现代化，就应当将现代化的内在要求更深地植入当今中国的发展进程之中，使之有效适应现代化的发展原则。

同时，新时代中国的社会主要矛盾也发生了深刻变化，现在面临的不是发展不足或落后的问题，而是发展“不平衡不充分”的问题。当然，中国发展的不平衡不充分问题既有国际的因素，即中国的改革开放是在参与国际经济大循环的基础上展开的，因而也受到至今仍然占据统治地位的资本主义世界体系的影响；也有国内的因素，即中国在改革开放的进程中，由于产品、要素、资源的市场化流动，也出现了城乡之间、区域之间、经济社会之间、对内改革和对外开放之间、人与自然之间不相协调的问题。

邓小平说过，“贫穷不是社会主义”，“两极分化也不是社会主义”。[②] 所以，社会主义如果不能实现充分的发展，甚至无法摆脱“共同贫穷”，那么就是不合格、不成熟的社会主义；当然，社会主义如果不能实现平衡的发展，以至于无法摆脱“贫富分化”，那么也是不合格、不成熟的社会主义。

中国的改革开放已近半个世纪，社会生产力得到了显著的发展，与生产力解放和发展相适应的经济体制和其他方面的体制日臻完善。对于今天的中国来说，破解发展难题具有双重内涵。一方面，要超越社会主义的苏联模式，克服发展的不充分即不足问题，以摆脱落后贫穷；另一方面，要超越西方的资本主义道路，克服发展的不平衡即失衡问题，以实现共同富裕。基于此，习近平总书记指出：“共同富裕是社会主义的本质要求，是中国式现代化的重要特征。”[③] 所以，应当在遵循发展原则的基础上更好地破解发展难题，使中国式现代化道

---

① 习近平：《高举中国特色社会主义伟大旗帜　为全面建设社会主义现代化国家而团结奋斗——在中国共产党第二十次全国代表大会上的报告》，人民出版社，2022，第22页。

② 《邓小平文选》第3卷，人民出版社，1993，第225、123页。

③ 《习近平谈治国理政》第4卷，外文出版社，2022，第142页。

路进一步深化和拓展。

（二）实现现代化、社会主义和民族复兴的有机统一

中国式现代化是在奠定发展之基、遵循发展之道、破解发展之问的实践中开创的，是现代化、社会主义和民族复兴三者的有机统一。

中国式现代化一方面要遵循现代社会的发展原则，将发展原则背后的资本逻辑和工业逻辑纳入中国式现代化的体制改革和制度建设之中，从而在根本上适应现代化的内在要求。新时代要进一步推进中国式现代化，就要将发展这一现代化的动力原则转化为相应的体制机制，纳入中国式现代化的整个制度构建进程之中。另一方面要体现社会主义的基本要求。社会主义的基本要求一般体现为两个层次：一是科学社会主义基本原则提出的要求，它在当代中国就体现为社会主义基本国家制度，集中体现为四项基本原则这一“党和国家工作的生命线”，体现为中国共产党领导这一中国特色社会主义“最本质的特征”；[①] 二是社会主义的本质内涵提出的要求，它体现为中国式现代化不仅要遵循发展原则，即建立健全适应解放和发展生产力要求的体制机制，而且还要破解发展难题，即在解决发展带来的一系列问题过程中营造公平公正的社会秩序，实现全体人民共同富裕和社会普遍繁荣。

此外，中国式现代化还要肩负中华民族伟大复兴的历史使命。现代化肇始于西方，因而被打上了西方文明的烙印。通常所谓现代化，就是实现由传统社会向现代社会的转型，成为西方文明所代表的现代社会中的一员。中国式现代化显然并非如此，它旨在通过现代化的进程实现中华优秀传统文化的创造性转化和创新性发展，实现中华文明经由现代化的历史转换而实现创造性的自我赓续和再度复兴。

所以，中国式现代化肩负着三重使命：一是通过现代化，实现中华文化及文明在彻底改造基础上的伟大复兴；二是通过遵循现代社会的发展原则，实现对传统社会主义的突破与超越；三是通过破解现代社会的发展难题，实现对资本主义的矛盾和问题的克服和扬弃。从这个意义上说，中国式现代化是现代化、社会主义和民族复兴三者的有机统一。

（三）在完善和发展中国特色社会主义中夯实中国式现代化的制度基石

党的二十大报告对中国式现代化的中国特色和本质要求，以及推进中国式现代化的重大原则作了系统阐述，其中，“创造人类文明新形态”作为中国式现代化的本质要求之一，被写入报告之中。“人类文明新形态”的制度化表现，

① 《习近平谈治国理政》第3卷，外文出版社，2020，第16页。

就是反映中国式现代化的内在要求的集“中国之政”和“中国之治”于一身的中国特色社会主义制度（“中国之制”）。

“制”与“政”、“治”是密不可分的。一方面，没有“政”，就无所谓“制”。任何有效的或可执行的制度必然是具有政治权力或权威支撑的制度，缺乏权力或权威支撑的制度是无法执行的。所以，任何形式的制度或体制都有它自身的政治基础，政治性是制度的本质属性。另一方面，“制”的根本效用在于“治”，无治之制是无用之制。治理的根本主旨就是塑造公平公正的社会秩序，以解决或化解社会在发展进程中产生的矛盾、冲突和问题。所谓制度的贯彻、执行或实施过程，其实就是通过制度达成治理之效的过程。所以，围绕着制度的制定、执行和监督，国家必然会有一整套关于权力或权威运作的政治安排，正是在这种安排的基础上，制度才能发挥它的政治性治理效能。

从国家政治和治理的双重角度看，中国特色社会主义制度体系是当代中国国家治理制度化的基础、依托和保障。其中，根本制度是“中国之政”的制度基础，它从根本上确保了当代中国国家治理的基本主体；基本制度、重要制度和具体制度是“中国之治”的制度基础，它从根本上规定了国家治理的基本领域、基本内容和基层运作方式。无“政治”，则无“治政”，反之亦然。“中国之政”与“中国之治”之间互为条件、相互支撑，统一于不断巩固、完善和自我发展的“中国之制”。应当在奠定发展之基、遵循发展之道和破解发展之问中，进一步健全社会主义市场经济体制、民主政治体制和法治国家体系，将中国特色社会主义的“政道”与“治道”共同纳入“中国之制”，使之成为中国式现代化行稳致远的基石。

马克思
主义基本
原理研究

马克思对蒲鲁东的批判：不同的辩证法及其折射的历史视野*

杨增崇　党佳美**

【摘　要】为回应蒲鲁东的《贫困的哲学》，马克思针锋相对地写下了《哲学的贫困》。两者都关注和回应现实问题，并尝试将哲学与政治经济学相结合，但由于截然不同的辩证法，两人最终“同归”却“殊途”。面对黑格尔的辩证法遗产，蒲鲁东将现存的一切纳入逻辑范畴，用抽象的“正—反—合”来解决范畴的内部矛盾。他将“系列辩证法”运用于政治经济学，呈现出事实与观念的对立以及范畴的矛盾运动，以此推动社会经济的形态演进。马克思对蒲鲁东的辩证法进行了深刻的反思和批判，认为蒲鲁东辩证法的症结在于对辩证法否定性力量的无意识，以及割裂了理论和现实，在批判蒲鲁东辩证法的过程中实现了历史辩证法的在场。不同的方法论折射出不同的历史视野，蒲鲁东的历史观与观念顺序相一致，将历史视为永恒的真理；而马克思将辩证法运用于历史领域，则把握住了现实历史的整体性。辩证法对现实历史的观照，再一次彰显了蒲鲁东“哲学的贫困”。

【关键词】马克思；蒲鲁东；辩证法；否定之否定；历史性

在马克思主义发展史上，马克思与蒲鲁东之间的思想论战是一个非常重要的问题，马克思深邃的逻辑思辨能力尽显于这场论争之中。在写作《贫困的哲学》之前，蒲鲁东聚焦于对财产权的批判，发表了《什么是所有权》。《贫困的哲学》作为《什么是所有权》的理论延伸，书中蒲鲁东粗糙地套用了黑格尔的辩证法来构建自己的政治经济学体系。《哲学的贫困》则是马克思针锋相对地

* 本文系国家青年人才支持经费“当代中国社会思潮的基础性问题及其脉络体系研究”、2022 年北京宣传文化高层次人才培养资助“新时代意识形态错误思潮的特点及应对研究”的阶段性研究成果。

** 杨增崇，法学博士，北京师范大学马克思主义学院副院长，教授、博士生导师，主要研究方向为马克思主义与当代社会思潮；党佳美，北京师范大学马克思主义学院博士研究生，主要研究方向为马克思主义与当代社会思潮。

批驳蒲鲁东的著作。在写作前夕，马克思在致安年科夫的信中表示："蒲鲁东先生无法探索出历史的实在进程，他就给我们提供了一套怪论，一套妄图充当辩证怪论的怪论。"① "一句话，这是黑格尔式的陈词滥调，这不是历史，不是世俗的历史——人类的历史，而是神圣的历史——观念的历史。"② 这段话揭示了马克思批判蒲鲁东的重要动机：蒲鲁东错误地理解和运用了辩证法，导致了真正的历史缺席。在此意义上，马克思尝试将辩证法引入政治经济学，形成政治经济学批判，进一步揭示资本主义社会的历史性。而这一尝试首先在《哲学的贫困》中得以体现，这也为马克思后期成熟的政治经济学批判奠定了方法论基础。因此，在分析马克思对蒲鲁东辩证法的批判的同时，重新审视马克思对辩证法的把握，进一步突出了马克思的科学方法论自觉，以及辩证法对于政治经济学批判的重要意义。

一　蒲鲁东的辩证法及其在政治经济学中的运用与呈现

关于辩证法，在蒲鲁东的研究视域下可以直接概括为"正题—反题—合题"，其中，"正题"即"肯定"，指的是"益处"或"好的方面"，"反题"即"否定"，指的是"害处"或"坏的方面"，而"合题"则是"否定之否定"，指的是"保存好的方面，消除坏的方面"。在确立了"正—反—合"的基本逻辑之后，蒲鲁东将辩证法运用于政治经济学。

（一）蒲鲁东的辩证法的展开

首先，现实存在的一切事物都是一种逻辑范畴。在《贫困的哲学》第三章至第十三章中，除了第八章关于天命问题的解答之外，蒲鲁东任意地将整个社会经济生活编排为从分工到人口的经济矛盾体系，每一个经济范畴对应着一定的社会历史形态（或社会历史阶段）。凭借"无人身的人类理性"（或表达为"社会天才""普遍理性"），蒲鲁东为自己预先设置的各种经济范畴之间的逻辑序列提供了"合理性证明"。他认为整个社会的经济原理、经济规律、经济范畴并非人们实践活动的产物，而是一种对人的活动起规范作用的"普遍理性"。作为认识和把握社会经济规律的实证概念，所有的经济范畴无非普遍理性在社会生活中的具体体现。这样，蒲鲁东通过一套经济范畴将现存的事物囊括其中。

其次，每一个经济范畴都蕴含着二元分裂的性质。由于蒲鲁东从一开始就秉持二元论的视角，执着于将所有问题二元分裂，认为"如果说我们的思维只

① 《马克思恩格斯文集》第10卷，人民出版社，2009，第44页。
② 《马克思恩格斯文集》第10卷，人民出版社，2009，第44页。

相信一元论，那么，二元论却是科学的首要条件”[①]。所以在蒲鲁东那里，主体与客体、自我与非我、精神与物质、灵魂与肉体等二元分裂的概念不胜枚举。将这种视域投射到资本主义政治经济学时，他所设置的所有经济范畴立刻表现出好和坏两个方面的对立。比如就“分工”而言，“分工既是经济进化的第一个阶段，也是智能发展的第一个阶段”[②]，分工在带来诸多好处的同时，也走向了自己的反面，变成“制造贫困和愚蠢的工具”[③]，造成人们精神衰退和文化贫乏。在谈到“竞争”时，蒲鲁东认为：“因此，竞争从它的起源来分析是对公平的鼓励，但是就其结果而言，我们又将看到它是不公平的。”[④] 竞争好的方面是可以实现平等，但同时竞争凭借其残酷的特性损害了自由并导致人的异化。

最后，诉诸抽象的“正—反—合”来解决范畴内部的分裂。面对范畴内部性质二元对立的现实情境，以及基于对“正—反—合”辩证法的理解，蒲鲁东开始着手解决他面对的问题，他让每一个经济范畴在机械的框架内遵从“分裂—消灭对立面—合而为一”的过程演绎。回到以上列举的“分工”和“竞争”两个范畴来谈，面对“分工”，为了使得坏的方面被消灭，只留存好的方面，蒲鲁东将解决问题的方法诉诸一种新的合成，同样的方式运用到“竞争”，蒲鲁东找到了一个调和的原理来实现竞争的去弊留益。诸如此类的套路充斥在《贫困的哲学》中。“新的合成”“调和的原理”的现实指向在何处，真正解决问题的现实道路又在哪里，对这些真正关涉现实的问题，蒲鲁东并未涉及一二。他追求的仅仅是使正题和反题保持固定直至某一点相互调和。马克思认为，蒲鲁东实质上是造就了一个“设定自己，自相对立，自相合成”[⑤] 的机械公式。这个“万能”公式从黑格尔辩证法中简单拿来一些术语，并将抽象的经济范畴进行任意堆砌，由此可见，蒲鲁东并没有真正理解黑格尔辩证法的合理内核。

（二）蒲鲁东的辩证法在政治经济学中的运用与呈现

首先，蒲鲁东的辩证法是他在呈现自身解决资本主义社会问题方案时所依循的逻辑。蒲鲁东的辩证法将经济范畴进行堆砌，这也就决定了当这样一种辩证法运用于政治经济学时，抽象的范畴背后必定不会给现实中正在进行的经济活动留有余地。事实和观念之间的矛盾，是蒲鲁东设置的经济范畴永存矛盾与

① 蒲鲁东：《贫困的哲学》（上），余叔通、王雪华译，商务印书馆，2010，第 14 页。
② 蒲鲁东：《贫困的哲学》（上），余叔通、王雪华译，商务印书馆，2010，第 113 页。
③ 蒲鲁东：《贫困的哲学》（上），余叔通、王雪华译，商务印书馆，2010，第 113 页。
④ 蒲鲁东：《贫困的哲学》（上），余叔通、王雪华译，商务印书馆，2010，第 202 页。
⑤ 《马克思恩格斯文集》第 1 卷，人民出版社，2009，第 599 页。

张力的原因所在。但是，蒲鲁东自洽的思路在于他认为政治经济学没有必要经历经验事实的检验。在他看来，“事实决不是物质的事情，因为我不明白有形这个字在这里是什么意思，而只知道事实是无形观念的有形表现”①。蒲鲁东将事实和观念进行对立，认为事实不过是一些概念、原理的化身，只有在观念的运作之下，经验世界的实在性才能够被把握。对于经验世界面临的问题和窘境，只需要改变对观念的赋义即能解决。因此，资本主义社会中的由不平等所造成的贫困问题，只需要构建“科学的”价值理论即能解决。这一过程即通过诉诸“普遍理性”来确定构成价值的过程，因为“价值尺度理论或者价值比例理论其实就是平等的理论”②。在蒲鲁东看来，价值首先以使用价值的形式出现。面对使用价值无法解决的矛盾，作为使用价值的“反题”的交换价值出现。使用价值和交换价值之间相互作用产生“合题”——构成价值。构成价值使使用价值和交换价值之间达到均衡状态，是所谓的真正的价值。这就要求按比例生产出需要的一切产品，进而使供求关系达到绝对的平衡，具体表现为产品价值与市场交换价格相等，防止产品交换之后“非价值”的产生，进而避免对生产者造成损失，从而实现社会的公平。在这个过程中，为了解决价值的二律背反（真正的二律背反），“普遍理性”才“发明”了一系列经济范畴，才有了范畴之间的逻辑关系。到这里，蒲鲁东的理论貌似都可以被解释了。现实经济生活中的矛盾状态，在他看来需要到观念层面寻求“普遍理性”的解决之道，“普遍理性”创造的经济范畴之间的逻辑关系，不过是为了解决真正的二律背反问题。头脑的天马行空给了蒲鲁东虚幻的理论底气，使他认为自己找到了一条可以真正解决社会现实问题的道路，并执着于将自己的构成价值理论贯穿于各种不切实际的社会改革方案中。基于对黑格尔辩证法的片面理解，当蒲鲁东把他的辩证法运用于政治经济学时，他在理论上犯下了重大错误。而对蒲鲁东价值理论的批判，构成马克思《哲学的贫困》第一章的重要内容。本文重点研究马克思对蒲鲁东的错误方法论的批判，关于其对蒲鲁东价值理论的批判，文中不再赘述。

其次，基于对事实和观念之间关系的理解，蒲鲁东认为经济范畴的矛盾运动促进了社会经济形态的演进。蒲鲁东依托“普遍理性”的要求，以预先设置的经济范畴代表不同时期的社会经济形态。而关于社会经济形态的演进，蒲鲁东采用了一种非历史的分析方法——将社会历史阶段进行简单并列。在他看来，每个经济范畴作为真正的二律背反的现象，本身包含矛盾，相互调和的原理在整个范畴的逻辑关系中表现为：后一个经济范畴的出现是为了解决前一个经济

① 蒲鲁东：《贫困的哲学》（上），余叔通、王雪华译，商务印书馆，2010，第147页。
② 蒲鲁东：《贫困的哲学》（上），余叔通、王雪华译，商务印书馆，2010，第88页。

范畴无法解决的矛盾，而整个社会经济形态正是在不断解决这些二律背反的过程中，实现各个经济范畴及其所对应的社会阶段的发展和更替。比如，为了解决分工范畴的矛盾，经济范畴就进化到了“机器”，机器范畴的出现也意味着社会发展相继进入第二个阶段，以此类推，直至最后一个经济范畴。在表明经济范畴的逻辑顺序代表的就是社会经济形态各个阶段的更替顺序的同时，蒲鲁东走向了外部反思的研究方法，企图通过有限的经济范畴来把握无限的社会关系。比如在《贫困的哲学》“论价值”章节中论证交换价值的时候，蒲鲁东通过逻辑推理能够得出需求、交换、分工等概念，但是在纯粹的范畴背后缺乏准确的经济现象和经济事实的描述。这样，所有的经济原理、经济范畴和经济规律的逻辑顺序仅仅通过蒲鲁东个人的思想加工实现预设和编排，范畴不再是真正的现实的社会关系的抽象，反而下降为蒲鲁东自己的逻辑游戏中的纯粹工具性存在。

以上即蒲鲁东的“系列辩证法”以及这种哲学方法论在政治经济学研究中的运用。蒲鲁东将自己的辩证法称为最高级别的辩证工具，并认为其成功实现了哲学和政治经济学的结合，殊不知他所认为的威力无穷的工具在马克思的批判下变得一文不值。马克思在给约·巴·施韦泽的信中说道：“蒲鲁东是天生地倾向于辩证法的。但是他从来也不懂得真正科学的辩证法，所以他陷入了诡辩的泥坑。”[①]

二　马克思对蒲鲁东辩证法的批判和历史辩证法的在场

蒲鲁东对黑格尔辩证法的误解导致了他对辩证法否定性力量的无意识，及其理论与现实的严重割裂。这两方面构成了马克思批判蒲鲁东哲学方法论的重要内容。而正是因为马克思对辩证法的把握与蒲鲁东不同，他在批判蒲鲁东辩证法的同时，实现了历史辩证法的在场。

（一）对辩证法否定性力量的无意识

否定性（negativity）是辩证法的内核。只有真正把握住否定性的原则和内涵，才是真正把握住了辩证法的灵魂。辩证法从古希腊哲学发展到德国古典哲学，直至黑格尔在发展了斯宾诺莎“任何的限制或规定同时就是否定”[②] 的命题，并超越了康德知性逻辑的基础上，将知性逻辑的辩证法上升为理性逻辑的辩证法，实现了辩证否定对知性否定的取代。这种从否定到否定中的积极因素

① 《马克思恩格斯文集》第3卷，人民出版社，2009，第24页。
② 《马克思恩格斯全集》第20卷，人民出版社，1971，第155页。

的保留，再到通过否定过渡到更高阶段的否定性，被黑格尔称为“扬弃”。然而，在蒲鲁东的系列辩证法中，蕴含在辩证法中的否定性的强大力量仅表现为一个范畴对另一个范畴的“消毒剂”作用。因此，在诡辩的泥坑里，我们看到的只有“在范畴的两个方面中间转动、挣扎和冲撞的蒲鲁东先生”[①]。与蒲鲁东的观点有根本区别，在《哲学的贫困》中，马克思指出：“正是坏的方面引起斗争，产生形成历史的运动。”[②] 马克思看到了否定性的力量，并将其作为推动历史发展的动力。在封建统治时期，如果新兴资产阶级看到的仅仅只是封建社会的田园牧歌，尽力要消除诸如农奴制度、特权、无政府状态等的“坏的方面”，封建社会就不会过渡到资本主义社会，资产阶级的发展在萌芽时期就会被扼杀。而资产阶级作为封建社会之后下一个历史环节的统治阶级，从一开始就有封建时期劳动阶级的残存物——无产阶级相伴随。随着资本主义的发展，“坏的方面”逐步成长为现代无产阶级，其与现代资产阶级之间的阶级斗争推动历史环节的进一步展开。面对封建制度和资产阶级生产关系中的“坏的方面”，蒲鲁东的辩证法所能做到的也只是寻求“合题”以消除“坏的方面”，从而留下满地的“合成的错误”[③]。因此，马克思批判蒲鲁东说：“两个相互矛盾方面的共存、斗争以及融合成一个新范畴，就是辩证运动。谁要给自己提出消除坏的方面的问题，就是立即切断了辩证运动。”[④] 蒲鲁东对辩证法否定性力量的无意识，导致他将可以作为新生力量的方面扼杀于襁褓之中，斩断了真正的辩证运动。

（二）理论与现实的严重割裂

辩证来说，蒲鲁东的系列辩证法在一定程度上具有合理的成分：他意识到任何事物都不能孤立片面地看待，只有在系列当中对事物的认识才有意义。但不容置疑的是，这样一种对经济生活进行系列化分析的辩证法造成了理论与现实的严重割裂。蒲鲁东不仅将产生于社会关系的经济范畴进行简单处理，而且颠倒了现实与范畴的关系。一方面，对范畴的简单处理表现在蒲鲁东只关注对经济范畴逻辑顺序的编排以及各个范畴之间的相互关系，未能通过对各种经济范畴的阐释来展现其所蕴含的社会关系。一些必要的理论问题，诸如“无人身的人类理性”抑或说“普遍理性”如何生成各种经济范畴、经济范畴的演进又在何种程度和何种可能上可以代表社会阶段等，蒲鲁东未曾给出解释。这也导致我们通过蒲鲁东关于经济范畴的描述，所能认识到的也只是从概念开始到概

---

① 《马克思恩格斯文集》第1卷，人民出版社，2009，第605页。
② 《马克思恩格斯文集》第1卷，人民出版社，2009，第613页。
③ 《马克思恩格斯文集》第10卷，人民出版社，2009，第617页。
④ 《马克思恩格斯文集》第1卷，人民出版社，2009，第605页。

念结束。马克思批判道："所以形而上学者也就有理由说，世界上的事物是逻辑范畴这块底布上绣成的花卉；他们在进行这些抽象时，自以为在进行分析，他们越来越远离物体，而自以为越来越接近，以至于深入物体。"① 另一方面，关于颠倒了现实和范畴之间的关系，表现在蒲鲁东不理解"经济范畴只不过是生产的社会关系的理论表现，即其抽象"②，因此现实的经济关系被蒲鲁东简单视为经济范畴的外化实现。而蒲鲁东所实现的这样一个外化活动具有形而上学的本质色彩，现实发生着的经济关系变成了观念之"自我活动"和"自我演绎"。总而言之，蒲鲁东辩证法的论证脱离事实，而专注于对范畴本身的演绎，在观念的领域对政治经济学做无批判的批判，导致在面对蒲鲁东的学说时，"看到的不是一个用普通方式说话和思维的普通个体，而正是没有个体的纯粹普通方式"③。

（三）历史辩证法的在场

在《哲学的贫困》中，马克思对蒲鲁东辩证法的批判背后实际上涉及两个人，一个是蒲鲁东，另一个是黑格尔。马克思对蒲鲁东伪辩证法的批判过程，也是进一步改造黑格尔辩证法的过程，而对黑格尔辩证法的彻底"去神秘化"则经历了漫长的时间历程。马克思曾说："辩证法在黑格尔手中神秘化了，但这决没有妨碍他第一个全面地有意识地叙述了辩证法的一般运动形式。在他那里，辩证法是倒立着的。必须把它倒过来，以便发现神秘外壳中的合理内核。"④ 从在《黑格尔法哲学批判》中批判黑格尔的折衷主义和二元论辩证法，到在《德意志意识形态》中正式确立唯物史观并对辩证法进行改造，直至《资本论》，马克思彻底完成了这一任务。本文仅基于马克思在《哲学的贫困》中对蒲鲁东进而对黑格尔辩证法的批判所体现的历史辩证法进行论述。

在书中，马克思颇具讽刺地说："对于不懂黑格尔语言的读者，我们将告诉他们一个神圣的公式：肯定、否定、否定的否定。"⑤ 这句话表面上是在反讽蒲鲁东，其实也是在揭露黑格尔辩证法中"否定的否定"的内在局限性。辩证法中否定性的强大力量，是黑格尔辩证法具有生命力的原因所在，也是马克思紧抓的对黑格尔辩证法进行批判的出发点。"否定的否定"作为黑格尔辩证运动的终点，实际上是以绝对同一性来吞噬一切特殊性和差异性，在思维的维度通过否定之否定的实现达到绝对肯定的目的。这一实现过程的实质其实就是思维

① 《马克思恩格斯文集》第1卷，人民出版社，2009，第600页。

② 《马克思恩格斯文集》第1卷，人民出版社，2009，第602页。

③ 《马克思恩格斯文集》第1卷，人民出版社，2009，第599页。

④ 《马克思恩格斯文集》第5卷，人民出版社，2009，第22页。

⑤ 《马克思恩格斯文集》第1卷，人民出版社，2009，第599页。

的自我实现，造成的结果也只能是使辩证法的“否定的否定”失去历史性批判向度。比如在《法哲学原理》中，黑格尔认为国家作为具体的普遍性支撑着作为现代伦理生活中间环节的市民社会的发展，对市民社会进行引领和干预。家庭和市民社会成员凭借何种因素实现自下而上的认同？黑格尔将目光锁定在了无现实力量的政治情绪和爱国心上。市民如何上升为公民？黑格尔通过概念和逻辑的必然性进行解释。他完全躲进了概念王国中来解决现实难题，从而使他的辩证法具有严重的非批判主义倾向。在《哲学的贫困》中，马克思强调：“随着新生产力的获得，人们改变自己的生产方式，随着生产方式即谋生方式的改变，人们也就会改变自己的一切社会关系。手推磨产生的是封建主的社会，蒸汽磨产生的是工业资本家的社会。”[①] 马克思站在生活世界的立场上，基于唯物史观对蒲鲁东的伪辩证法进行批判，同时对黑格尔“肯定—否定—否定的否定”的概念辩证法进行改造，将逻辑与历史相统一，以此打破形而上学的虚幻迷梦，这也决定了马克思的辩证法永远不可能沦为一种形式方法。那么，历史的本质究竟是什么？蒲鲁东的辩证法所呈现的历史是怎样的？马克思的辩证法把握的关键又是什么？

三 不同方法论折射不同的历史视野——永恒的真理与现实的历史

在《哲学的贫困》中，马克思对蒲鲁东辩证法的批判还主要表现为站在唯物史观立场之上，对蒲鲁东关于社会历史的抽象理解的批判。对马克思进行这重要的一步的原因的探究，还是要回归于《哲学的贫困》写作的任务：把哲学与政治经济学批判结合起来，从而进一步揭示历史的真正本质。进一步厘清这一问题，更能彰显马克思辩证法的创新之处。正如恩格斯在题为“马克思和洛贝尔图斯”的序言中给予《哲学的贫困》的高度评价那样，马克思在这本书中“已经彻底明确了自己的新的历史观和经济观的基本点”[②]。马克思在批判蒲鲁东的同时，为政治经济学批判奠定了辩证法基础，将政治经济学研究放置于现实的、具体的历史进程中，从而揭示了现代资本主义社会的历史性。

（一）关于历史的不同理解及其具体呈现

马克思在批驳蒲鲁东时提出了“三个社会历史”的观点：“那么，蒲鲁东先生给了我们什么呢？是现实的历史，即蒲鲁东先生所认为的范畴在时间次序

---

① 《马克思恩格斯文集》第 1 卷，人民出版社，2009，第 602 页。
② 《马克思恩格斯全集》第 21 卷，人民出版社，1965，第 205 页。

中出现的那种顺序吗？不是。是在观念本身中进行的历史吗？更不是。这就是说，他既没有给我们范畴的世俗历史，也没有给我们范畴的神圣历史。”[①] 在这里包含了所谓的“三个社会历史”，即与时间次序相一致的历史、在观念本身中进行的历史以及蒲鲁东所理解的历史。与时间次序相一致的历史即范畴的世俗历史，其以现实的社会关系和社会生产为根基，强调范畴适应历史的时间次序从而达到逻辑与历史的统一，这是贯穿马克思思想发展的。在观念本身中进行的历史即范畴的神圣历史，指向的是黑格尔的历史哲学。黑格尔认为一部人类历史就是客观思想的逻辑史，他将历史的进程呈现为这样一种方式：人类历史如精神种子一般在最初萌芽时已经在逻辑上预先包含了全部可能，精神种子在生长过程中所展现的形态就是人类历史的每一环节的展开。在黑格尔的这样一种历史逻辑预成论中，逻辑吞噬了历史，从而实现了逻辑与历史的统一，但是时间性的东西消失了，现实中的过去、现在和未来所包含的一切内容统统转变为在观念中发生的一切。这是马克思坚决反对的。而蒲鲁东在粗糙地运用辩证法之后得到的“蒲鲁东的历史”，将历史贬低到了极其可怜的地步。马克思认为蒲鲁东一笔勾销了“运动的影子”[②] ——历史唯物主义，和“影子的运动”[③] ——黑格尔的概念辩证法，这就造成他呈现出来的纯主观的“历史”甚至达不到“影子的运动”的高度。但是蒲鲁东自己声称：“这里我们论述的不是与时间次序相一致的历史，而是与观念顺序相一致的历史。”[④] 即他认为自己的历史就是与观念顺序相一致的历史。那么我们可以暂且接纳蒲鲁东的“自信”，依循他的视角来审视他所呈现的具体内容。

在《贫困的哲学》中，蒲鲁东借助于“无人身的人类理性”的演绎来观照现实，将一切现实的东西看作理性的自我表现，即将现实转变为逻辑范畴，且在各个抽象范畴的逻辑关系中确定历史每一环节的展开在历史时间中出现的位置，这样蒲鲁东就不由自主地陷入了理性和辩证法二律背反的境遇。具体来说，一方面，蒲鲁东认为历史是观念顺序中的理性范畴，范畴的逻辑顺序的展开在理性的纯粹“以太”中进行，所以只有在理性作用之下，历史的逻辑顺序才能逐步展开，而这些凭借的就是背弃了黑格尔辩证法的蒲鲁东自己的辩证法；但是另一方面，在实际应用自己的辩证法的时候，为了保证历史顺序的必然性，理性原则又消失殆尽。这就导致“经济的进化不再是理性本身的进化了”[⑤]。所以蒲鲁东所呈现给我们的既不是现实的、世俗的历史，也不是与观念顺序相一

① 《马克思恩格斯文集》第1卷，人民出版社，2009，第607页。
② 《马克思恩格斯文集》第1卷，人民出版社，2009，第608页。
③ 《马克思恩格斯文集》第1卷，人民出版社，2009，第608页。
④ 《马克思恩格斯文集》第1卷，人民出版社，2009，第598页。
⑤ 《马克思恩格斯文集》第1卷，人民出版社，2009，第607页。

致的历史，而是马克思所谓“他本身矛盾的历史”①。

（二）蒲鲁东历史观的实质：永恒的真理

那么这种所谓的“矛盾的历史”到底如何行进呢？“让我们和蒲鲁东先生一同假定：现实的历史，与时间次序相一致的历史，是观念、范畴和原理在其中出现的那种历史顺序。”② 在蒲鲁东看来，平等是其所追求的最高理想，他纯粹凭借范畴的逻辑公式来消除资本主义坏的方面，以实现人类的最高幸福。所以，在他的所有论证中，经济范畴以及范畴之间的逻辑自洽不过是为了实现平等才被发明出来的。经济范畴作为社会生产关系的理论抽象，无论是在应然层面还是实然层面，都应该随着生产方式的进步发展而形成。然而，蒲鲁东却用十个经济范畴来划分十个历史时期。这样做的结果只能是“不是观念创造原理，而是原理创造历史”③。当蒲鲁东无视现实时间，而将观念顺序作为历史发展的尺度时，历史在他面前就变成了永恒的真理，现实的历史则在他的视野之外。在蒲鲁东的学说之中，社会关系、生产力和生产方式等历史范畴内部的辩证运动，都被他的抽象经济范畴之间的逻辑序列消解了。然而，蒲鲁东在为自己的错误作辩解，他认为：“封建制度是人为的，资产阶级制度是天然的。”④ 那么，在天然的资产阶级制度之下，资本主义生产关系以及生产财富和发展生产力都是天然的，这些关系理应成为支配社会的永恒规律，所以资本主义社会之下没有历史。他没有意识到当下的资本主义社会是一个历史性的社会，而不是自然社会。“蒲鲁东先生看不到现代种种社会制度是历史的产物，既不懂得它们的起源，也不懂得它们的发展，所以他只能对它们做教条式的批判。”⑤ 蒲鲁东的这种视野，在一定程度上是在为资本主义社会发展现状提供原则性辩护和合法性证明。他的理论在面对现实社会问题时极其无力：蒲鲁东反对彻底变革资本主义生产关系，认为资本主义社会只要通过经济范畴的相互克服就能解决由资本主义所带来的经济危机，从而实现全体社会成员的平等。所以，蒲鲁东是庸俗的经济学家，他解决资本主义社会问题的方案只是一种以回避政治革命为前提的社会改良。

（三）马克思的辩证法：把握现实历史的整体性

在批驳蒲鲁东的辩证法所体现的关于历史的观点的过程中，马克思进一步

---

① 《马克思恩格斯文集》第1卷，人民出版社，2009，第607页。
② 《马克思恩格斯文集》第1卷，人民出版社，2009，第607页。
③ 《马克思恩格斯文集》第1卷，人民出版社，2009，第607页。
④ 《马克思恩格斯文集》第1卷，人民出版社，2009，第612页。
⑤ 《马克思恩格斯文集》第10卷，人民出版社，2009，第47页。

阐明了关于政治经济学批判的历史范畴的实质。“生产方式，生产力在其中发展的那些关系，并不是永恒的规律，而是同人们及其生产力的一定发展相适应的东西。”① 人类历史绝对不是观念史，需要在现实时间的次序中去考察真正发生着的各种生产关系和社会关系。这样一种现实的或世俗的历史，首先把现实的人作为历史的真正出发点，这样的人既作为历史的剧作者，又作为剧中人，是活生生的对象性的人。其次，这样的历史不能忽略生产力和生产关系的辩证运动以及人与人的社会关系，而要在这些关系的发展中展开历史的环节。将经济范畴纳入现实时间的次序中进行考察，使马克思能够深入产生各种经济范畴的生产关系中考察人类历史，进而断定人类历史是一个不断进步发展的过程。而如果仅仅局限在蒲鲁东所给出的只在观念层面演绎各类抽象经济范畴的辩证法中考察人类历史，而不是依循时间的次序进一步揭示生产力和生产关系之间的辩证运动，最终只能陷入政治经济学的形而上学泥淖。这样，原本作为特定时代产物的社会原则就会变成这个时代的创造者。在《哲学的贫困》中，马克思超越了黑格尔和蒲鲁东把一切人和现实都抽象为逻辑范畴的立场，从而避免了在观念世界中实现人本身的回归的悲剧，进一步阐释了关于现实历史的本质理解。在这样一种历史视野之下，马克思看到了资本主义社会的对抗性因素，即在物质生活关系领域中表现出来的人与人之间的物质联系本质上是权力关系，其背后蕴含着人对人的统治与奴役；资本主义社会只是人类历史进程中的一个过渡的历史阶段，资本主义社会必将被更高的社会形态所取代。这也是马克思在后续的《共产党宣言》和《资本论》中进一步深化阐述的问题。所以，同样是将辩证法引入政治经济学，因为对辩证法的错误理解和应用，蒲鲁东的政治经济学研究最多也只是经验科学意义上的研究；而马克思的辩证法注重在概念的自我推演中把握现代社会的历史性，从这个层面而言，马克思的政治经济学批判远远超越了经验科学意义上的知性科学。

蒲鲁东是一个对马克思的一生有着不小影响的人物，马克思对蒲鲁东的批判在马克思新世界观形成和深化的过程中具有重要意义。从方法论视角回看马克思对蒲鲁东的批判可以发现，马克思是站在唯物史观的立场上，对蒲鲁东将哲学引入政治经济学所产生的错误进行反思和批判的，进而为政治经济学批判奠定了方法论基础，所以我们完全可以将《哲学的贫困》看作连接马克思“两个伟大发现”的中间环节。透视马克思对蒲鲁东错误辩证法的批判，有助于我们在把握辩证法基本原则的同时，明确政治经济学批判真正的理论旨趣。

① 《马克思恩格斯文集》第1卷，人民出版社，2009，第613页。

社会历史深处的意识形态理论分野

汤荣光　庞璐嘉*

【摘　要】意识形态理论研究潜藏着一定的思维范式和倾向，主要表现为意识形态理论范畴和体系的固化，表现为覆盖在意识形态理论之上的“唯灵论”色调。因此，需要从社会历史深处把握意识形态理论的嬗变过程。不仅要厘定文本学意义上的意识形态概念生成问题，明晰马克思主义表述意识形态观点和论断的意图，而且要说明意识形态研究的断裂与断层以及笼罩其上的魅影。借助分层化研究，可以发现意识形态理论蕴含的思想变革及其“内在紧张”关系，能够深刻理解意识形态理论蕴含的哲学批判精神，牢牢把握马克思主义意识形态革命性和科学性相统一的时代特质。

【关键词】意识形态；意识形态批判；马克思主义意识形态理论

意识形态的理论分野，已经从社会历史深处走来。如何看待意识形态发展的多向性和曲折性问题，当属于马克思主义意识形态理论研究的范畴。打开社会历史尤其是思想史发展的横断面，意识形态理论空间中出现了许多缝隙和圈层。这些独特的思想观念圈层作为不可或缺的参照框架，普遍聚集于马克思主义意识形态的周围，它们往往采取理论批判或创新的姿态，展现出对既有观念的审视与超越，隐含着改造或替代马克思主义意识形态的价值倾向。社会历史的演进，根植于特定时代的内在矛盾运动之中，这一过程不仅塑造了社会结构，也深刻影响着人们在认识论探索上的边界与深度，限定了其所能触及的思想疆域。马克思主义诞生之前，人们认识社会历史所取得的成就有限，并不能自发产生科学理论，也不能自发生成关于社会历史运动规律的认识。意识形态命题纷繁复杂且多变，其认知过程并非简单线性逻辑的推进，而是深刻嵌入社会历

---

* 汤荣光，法学博士，上海市委党校马克思主义学院教授，上海市马克思主义研究会秘书长，博士生导师，主要研究方向为马克思主义意识形态理论、人类文明新形态；庞璐嘉，上海市委党校马克思主义学院硕士研究生，主要研究方向为马克思主义意识形态理论、人类文明新形态。

史矛盾运动的特质之中。这一过程展现出反复性与波动性，体现了思想领域随社会变迁而起伏不定的复杂面貌。意识形态命题演化需要以历史条件和理论来源为支撑。

一　意识形态概念生成及原初状态考辨

意识形态的原初状态及其体系化研究从何起步？这关涉如何把握一个概念或一种思想的演变与推理的问题，显然不能仅仅依靠文本学意义上的简单考证，更不能忽略其产生的社会历史背景。在马克思主义诞生之前，意识形态就已经拉开了思想变奏与思维运动的序幕。如果遵循上述思路，尤须回溯“意识形态”“意识哲学”诞生的时代背景，厘清意识形态概念生成的历史沿革，继而澄清意识形态命题并非纯粹的思想论题，而是特定历史时期的产物，隐藏着思想发展的内在逻辑，观照着思想转变的现实因素，甚而汇集了思想抗争的重要内容。

首当论及意识形态命名的初始。犹如西方哲学家经由构筑普遍知识、架构思维科学迈向绝对精神所秉承的理性主义偏好一样，近代西方启蒙运动的思想家萌生了倡导“思想科学”研究的新转向，纷纷给出认识的理性主义方案，展现出人类反思封建专制，要求摆脱神权桎梏，驱散思想阴霾的追求。正如培根的经验主义的“幻象理论”、洛克的自由主义和心灵“白板说”、霍布斯的机械唯物主义等，不约而同地都将社会历史的推动力归于理性主义名下，理性和精神力量逐渐汇集为主导现实社会变革的思想潮流。拿破仑统治时期的1795年，即法国大革命第一波浪潮退潮不久，一个隶属于法兰西第一共和国国民议会并宣扬革命思想的法兰西研究院宣告成立。其负责人安东尼·德斯图·德·特拉西（Antoine Destutt de Tracy，也译作安托尼·德斯塔特·德·特拉西、托拉西或德崔希），1797年首次创造并使用“意识形态”这一复合型术语。也有研究者考证认为，“意识形态”一词诞生于1801年前后特拉西所著《意识形态原理》一书①，特拉西赋予“感觉”在一切“观念”之上的地位，认为观念可以通过感觉实现还原和检验，生发出认识论与政治实践层面的双重意义，进而延伸出研究社会意识与现实经济政治利益之间关系的意向，彰显出原初意义的“意识形态”所具备的“反思”和“批判”特质。

继而讨论意识形态生成的初衷。西方传统思想的印痕，正是在特拉西所创制的“意识形态”（Ideology）概念中得到保留的。顾名思义，意识形态一词融合了希腊文“观念”（idea）与“逻各斯”（logos）双重含义，明显带有借此倡

① 杨河：《马克思主义的意识形态理论与实践》，《北京大学学报》（哲学社会科学版）2008年第2期。

导以复合样式存在的“观念学”（doctrine of ideas）或“观念科学”（science of ideas）的意味。这既选择了一条以人的感觉为观念基础的认识论道路，也开掘了理性主义传播的基本路径。卡尔·曼海姆在词源学意义上认为，意识形态的诞生，目的在于确立观念的表达的科学、观念起源的科学。而某一时代或某一社会群体的意识形态，则象征其集体性观念的表达和阐释，反映出这一时代或社会群体“总体性的思想结构的特征和组成成分”[①]。葛兰西则寻找意识形态的原初根据，确认其是“观念的分析”以及“对观念的起源的研究”，随即过渡到特定的“观念的体系”。[②] 由此揭示了冠名为意识形态的“观念学”试图成为人们现实生活的规制和尺度的实践取向。葛兰西阐明了意识形态在作为历史所必需的精神力量时，能够迸发出组织大众的物质力量，肯定了在特定历史条件下意识形态（形式）与物质力量（内容）的交互作用，物质力量将“不可设想”，离开物质力量，意识形态仅仅表征为“个人的幻想”。[③] 上述认识和解析方式，在一定程度上比较接近特拉西命名的“意识形态”，并赋予其抽象意味与实践意图，彰明了意识形态已日渐积聚起政治意涵且不断指向其他社会实践领域的趋势。

再者探求意识形态阐发的本意。在西方启蒙运动的熏陶下，意识逐渐脱离了具体形态的束缚，变得更为抽象与超现实，这一转变深深植根于政治思潮与哲学探索的土壤之中。随着时间的推移，这种抽象意识开始展现出与现实生活相互融合的倾向。法国大革命的爆发为这一融合趋势提供了肥沃的土壤，激励法兰西研究院的学者们将目光投向“观念”的构建及其深远意义的挖掘，从而推动了思想领域的深刻变革。特拉西采用类似生物学的方法研究意识形态，通过剖析语言、观念、信仰等元素，厘清人类思维的运行机制，希望像分析生物标本那样揭示思想的构成。1929 年，卡尔·曼海姆在其所著的《意识形态和乌托邦》中认为，这种带有描述性色彩的意识形态，蓄积着“对法国革命时期的非历史的思想”的“反冲”。[④] 从表面上看，是试图清理欧陆思想中形而上学与神学的遗患，打破传统束缚，为新的思考空间开辟道路；实际上，其根本目的在于确立一种由知识体系和理性政治学主导的观念世界，通过重塑思想版图，引领社会思潮，进而深刻分析并试图影响和改造社会政治结构，借此实现一种更为理性和有序的社会构想。意识形态从抽象的、一般的意识本身转向更为具体的“民族”或“国家”精神，意识形态的这种转向不仅象征着哲学层面的成

① 〔德〕卡尔·曼海姆：《意识形态与乌托邦》，李步楼等译，商务印书馆，2019，第 84 页。

② 〔意〕安东尼奥·葛兰西：《狱中札记》，曹雷雨、姜丽、张跣译，中国社会科学出版社，2000，第 291 页。

③ 〔意〕安东尼奥·葛兰西：《狱中札记》，曹雷雨、姜丽、张跣译，中国社会科学出版社，2000，第 292 页。

④ 〔德〕卡尔·曼海姆：《意识形态与乌托邦》，李步楼等译，商务印书馆，2019，第 96 页。

就，更蕴含着人类在现实领域应对社会变迁和历史更迭的方式的转变。由此观之，意识形态跻身现实政治生活版图，可以经由可信知识达成理性胜利，旨在终结社会冲突，从而打开人类社会的理想蓝图。

最后揭示意识形态遭受的责难。特拉西创制的意识形态学说，尽管刚开始得到了法兰西研究院“名誉院士”拿破仑的赞同，但因其标榜自由革命思想，很快被拿破仑视为推行强权专制的“绊脚石”。意识形态所具备的重视理性、批判神权的意涵与拿破仑倒向教会势力的过程尤为相悖。随着法国由共和制转向帝制，封建专制与神权的重新结合使得特拉西等意识形态理论家遭受的“批评就不可避免了”[①]。1812 年法俄战争失败之际，意识形态的多舛命运发生了激变。拿破仑谴责意识形态是法兰西遭受灾难的“罪魁祸首”，削弱并最终解散法兰西研究院，特拉西及其追随者落得了“意识形态犯”的坏名声。颇具反讽意味的是，原本高扬自由与革命的意识形态，意图倡导人们脱离形而上学和宗教的束缚，挖掘研究思想起源本身，进而分析意识形态背后的现实政治因素，力求在此基础上构建一个理性美满的社会，充满了进步和积极的意味。但因遭遇法国帝制思想的步步紧逼，意识形态被人为地悬置在脱离现实政治生活的空中，一度沦为华而不实和具有强烈贬义色彩的理论范畴。这一原本饱含解释和改造社会作用的理论工具，因权力的压制失去了其应有的活力与现实意义，逐渐沦为被边缘化的空谈。

“意识形态”概念的创生伴随着人类追寻思维始源的历程，映射出社会历史更迭的浪潮。回溯启蒙思想家高扬人类理性与精神力量的思想渊源，意识形态的阐发彰示其挣脱神权思想枷锁、复归人之主体性的吁求，由此生发出意识形态深处所蕴含的现实需要。迫于封建专制主义和神权势力，意识形态一度被蒙上贬义色彩，拿破仑甚至把法兰西的“一切不幸归罪于它”[②]。但作为探究“观念”的表达与起源的学说，意识形态学说始终随着历史的发展而不断丰富发展，不断响应时代的需求，聚焦现实政治与社会结构，实现从哲学维度向现实维度的转向，进而逐渐萌发出承担“民族”“国家”乃至“阶级”的集体诉求的功能。故此，在历史潮流中，意识形态所具备的“进步”“革命”“反思”“批判”等意蕴可见一斑。

二　马克思主义对意识形态的基本论断

从怎样的历史起点阐释意识形态的概念和内涵？这既是马克思主义回答意

① 〔英〕大卫·麦克里兰：《意识形态》，孙兆政、蒋龙翔译，吉林人民出版社，2005，第 8 页。
② 〔英〕大卫·麦克里兰：《意识形态》，孙兆政、蒋龙翔译，吉林人民出版社，2005，第 8 页。

识形态命题的前提和基础，也是从发生学意义上探寻马克思恩格斯论述意识形态概念生成的线索。其中涉及对传统认识论和德国古典哲学特别是黑格尔哲学体系的批判，对法国唯物主义者和费尔巴哈人本主义哲学的批判，对物质生活条件及其反映形式尤其是唯物史观的确证，当然亦可归结为意识形态作为思想体系的归属与功能问题。

论断之一：冠以意识形态“荒谬之辞”称谓。马克思最初接触意识形态概念，显然受到了18世纪法国唯物主义的影响。1837年3月2日，马克思父亲在写给马克思的信中就认为：“谁研究过拿破仑的历史和他对意识形态这一荒谬之辞的理解，谁就可以心安理得地为拿破仑的垮台和普鲁士的胜利而欢呼。”[①] 被拿破仑归咎为“荒谬之辞”的意识形态，在当时的马克思眼中，也只是一种空洞观念的学说。拿破仑对意识形态的压制，明显留有专制思想的残骸，但意识形态的抽象特质自此被赋予更多关注，意识形态本身逐渐成为悬置于实践活动之上的空洞观念的代名词。当然，关于意识形态的首创德文单词“Ideologie”，亦见诸马克思的博士论文《德谟克利特的自然哲学和伊壁鸠鲁的自然哲学的差别》之中。马克思坦言：“我们的生活需要的不是意识形态和空洞的假设，而是我们要能够过恬静的生活。”[②] 1995年版中译本相同部分则赋予意识形态新的修饰语：“我们的生活需要的不是玄想和空洞的假设，而是我们能够过没有迷乱的生活。”[③] 根据文献对比研究，我们可以发现，尽管翻译的语汇出现了变化，仍可体现出，在彼时的马克思眼里，意识形态仅仅表现为一种空泛的玄想和迷思，是遮蔽现实矛盾与困境的迷雾，真正的生活需要实践达成。由此，亦展现出马克思已具备关注社会现实问题的思想倾向。

在《莱茵报》担任编辑时期，马克思用德文单词“Ideologen”指称“玄想家”或“意识形态家”。意识形态从原初的进步趋向保守，从自由趋向专制，从现实具体趋向空洞抽象。被特定社会群体豢养的“意识形态家”出于自身利益需要，任意曲解并散布隐藏了其特殊目的的意识形态。马克思开始关注意识形态领域的反常表现。1842年10月，在《第六届莱茵省议会的辩论（第三篇论文）》也即《关于林木盗窃法的辩论》中，马克思曾这样诘问：“我们究竟应如何来了解意识形态的这一突然的造反表现呢？要知道，我们在思想方面所遇到的只是些拿破仑的追随者。”[④] 他痛斥林木占有者搬弄“自由意志”来为自身的剥削行为进行辩护的丑恶行径，认为“没有什么东西比自私

① 《马克思恩格斯全集》第47卷，人民出版社，2004，第545页。
② 《马克思恩格斯全集》第40卷，人民出版社，1982，第236页。
③ 《马克思恩格斯全集》第1卷，人民出版社，1995，第57页。
④ 《马克思恩格斯全集》第1卷，人民出版社，1995，第265页。

的逻辑更可怕的了”①，这种逻辑无疑亵渎了自由精神。1843年1月8日，他在《莱茵报》刊载的《答一家“中庸”报纸的攻击》一文中申明：“我们且不要操之过急，让我们来看一看事情的实际状况，而不要成为玄想家。”② 马克思致力于揭示私人利益和立法者的本质外化的问题，实质上揭露了意识形态的背后是利益集团的驱使，渐趋触及意识形态掩盖之下的政治经济问题。马克思的思想在一定程度上留有法国启蒙学派自然权利观念的印记，同时，这也预示着他开始从理论层面探索物质利益在社会结构中的关键作用。

论断之二：阐明意识形态“虚假观念”特征。马克思恩格斯揭示阶级社会意识形态的虚假性，最初见诸《德意志意识形态》。德国古典哲学将世界本体交由“抽象的思想”和“观念”去裁决③，自然界和整个人类社会表征为抽象思想的外化状态，从而营造出头足倒置的“哲学世界”，误把抽象的哲学范畴当作社会存在的基础。这或多或少留有宗教神学“预定论”的影子，延续着启蒙思想的“人性论”，表达出资产阶级巩固自身统治地位的利益诉求。

中世纪神学政治观盛行，政教二元化体系逐步形成。无论是奥古斯丁在“双城论”中追求“上帝之城”并鄙视“世俗之城”，还是阿奎那神学体系采用折中主义挽救基督教神学信仰危机，乃至为了打破神学万能化的桎梏而兴起的异端运动和宗教改革运动，始终都无法脱离神学体系本身，无一不是宗教体系的自救运动。其试图通过重新诠释教义、改革教会组织等方式达到更加深刻地强化教徒信仰，更加丰富地贴近民众生活的目的。正如恩格斯在1886年11~12月所著的《法学家的社会主义》中直接阐明的那样：“都只是市民阶级、城市平民以及同他们一起参加暴动的农民使旧的神学世界观适应于改变了的经济条件和新阶级的生活方式的反复尝试。”④ 由此观之，13~17世纪的一切宗教改革运动，本质上均表现为神学体系为适应新的历史条件而作出的内部调整，这在一定程度上说明，除非未来法学世界观成为资产阶级的“典型的世界观”⑤，基督教神学仍是中世纪占统治地位的思想。

文艺复兴时期，西方近代政治思想随着人文主义思潮兴起而完成了奠基，从抽象人性和人的经验出发观察社会现象，逐步摆脱长期以来神学的束缚。诚如恩格斯在1880年发表的《社会主义从空想到科学的发展》中所言：“在资产阶级的‘理性的王国’中，18世纪伟大的思想家们，也同他们的一切先驱者一

① 《马克思恩格斯全集》第1卷，人民出版社，1995，第267页。
② 《马克思恩格斯全集》第1卷，人民出版社，1995，第402页。
③ 《马克思恩格斯文集》第3卷，人民出版社，2009，第202页
④ 《马克思恩格斯全集》第28卷，人民出版社，2018，第609页。
⑤ 《马克思恩格斯全集》第28卷，人民出版社，2018，第609页。

样，没有能够超出他们自己的时代使他们受到的限制。”[①] 法国大革命以后直至整个19世纪，资产阶级陆续掌握了国家政权并确立了新的意识形态，借此维护阶级利益。随着无产阶级登上历史舞台并与资产阶级展开了持久而坚决的斗争，资产阶级及其思想家展现出日趋保守的态势，其思想理论的欺骗性日益显露。《德意志意识形态》第一卷“序言”开篇部分一语中的：“他们在幻象、观念、教条和臆想的存在物的枷锁下日渐委靡消沉。”[②] 即便是后黑格尔时代的大·弗·施特劳斯、布·鲍威尔以及麦克斯·施蒂纳等人，也仅仅推演出“实体”“自我意识”“唯一者”“人”等哲学范畴，他们借用重新翻版的“虚假观念”进行纯粹的“思想变革”，只是“天真的幼稚的空想”，依然是“现代青年黑格尔派哲学的核心”[③]。立足唯心主义基石的德意志意识形态，将多种抽象范畴置于决定社会存在的核心支配地位，确立了它们对社会现实的决定性影响。逐步彰显出内蕴统治阶级思想意志的特点，这必然产生“本末倒置”的意识形态幻象。

论断之三：标注意识形态“统治阶级的思想”本质。马克思在政治国家和市民社会关系问题上的突破，来源于在克罗茨纳赫期间对历史的研究。1843年10~12月，马克思在《〈黑格尔法哲学批判〉导言》一文中，阐明了摒弃黑格尔唯心主义方法论的意义，强调“对思辨的法哲学的批判既然是对德国迄今为止政治意识形式的坚决反抗”，进而阐明法哲学批判的方向，“不会专注于自身，而会专注于课题，这种课题只有一个解决办法：实践”。[④] 借此呼吁人们从抽象的哲学思辨中解脱出来，投身于改造世界的伟大实践中去。黑格尔在《法哲学原理》中将“国家”视为人类社会发展的巅峰状态，赋予其无上的伦理与理性光辉，认为国家是人类社会生活的最高阶段和最完满形式，“国家是伦理理念的现实”，“实体性意志的现实”[⑤]，国家是“地上的精神”，其“根据就是作为意志而实现自己的理性的力量”[⑥]，在黑格尔看来，“国家”借由真理的力量引领并塑造全新的社会结构，政治国家成为决定家庭和市民社会的力量。1843年夏至1844年秋，马克思在《黑格尔法哲学批判》中得出了相反的结论，马克思发现了政治国家的异化和人的本质的二重化秘密，认为“国家理性同国家材料之分配于家庭和市民社会是没有任何关系的。国家是从家庭和市民社会之中以无意识的任意的方式产生的”[⑦]。政治国家并不是理性神秘力量的产物，市民

---

① 《马克思恩格斯文集》第3卷，人民出版社，2009，第524页。
② 《马克思恩格斯文集》第1卷，人民出版社，2009，第509页。
③ 《马克思恩格斯文集》第1卷，人民出版社，2009，第509页。
④ 《马克思恩格斯选集》第1卷，人民出版社，1995，第9页。
⑤ 〔德〕黑格尔：《法哲学原理》，范扬、张企泰译，商务印书馆，2016，第288页。
⑥ 〔德〕黑格尔：《法哲学原理》，范扬、张企泰译，商务印书馆，2016，第294页。
⑦ 《马克思恩格斯全集》第3卷，人民出版社，2002，第9页。

社会决定政治国家的产生，黑格尔所创造的“国家”形态落入了唯心主义的窠臼，成为维护统治阶级意志的辩词。

中世纪以前，政治国家与市民社会存在“实体性统一”关系。市民领域在其本质上就表现为政治领域，市民社会按照政治社会的国家原则运行，即使黑格尔自己也认为，“中世纪是他所说的同一的顶峰”。因为，“在那时，一般的市民社会等级和政治意义上的等级是同一的”①。进入资本主义社会，政治国家和市民社会发生了分离，政治国家的彼岸存在无非要肯定这些特殊领域自身的异化。马克思在《黑格尔法哲学批判》中认为：“政治制度到目前为止一直是宗教领域，是人民生活的宗教，是同人民生活现实性的尘世存在相对立的人民生活普遍性的天国。”② 政治国家成为脱离市民社会的彼岸存在，并以这种存在形式不断支配着市民社会，试图利用政治生活的普遍性平等掩盖社会生活的实际不平等。由此则不难理解，恩格斯在《路德维希·费尔巴哈和德国古典哲学的终结》中所述“国家作为第一个支配人的意识形态力量出现在我们面前”③的真正原因。与市民社会相对立而存在的政治国家，在私有制完善的过程中，持续凝结着日趋确立起统治地位的资产阶级的集体意志，巩固着资产阶级地位，国家的政治、经济、思想体系的运转则始终以资产阶级的利益为轴心。

《德意志意识形态》揭示了阶级社会意识形态的企图。当围绕国家政权所展开的政治斗争，失去了与其经济基础的密切联系，或者模糊了对其经济基础的认识，自然就会形成国家意识形态的幻象。无论是统治阶级还是“每一个企图取代旧统治阶级的新阶级，为了达到自己的目的不得不把自己的利益说成是社会全体成员的共同利益”④。所谓“共同利益”，已然成为统治阶级为树立意识形态霸权地位而伪造的谎言，粉饰了阶级对立的本质，妄图通过构建虚幻的共识来维护统治的稳定。意识形态在本质上则归属于“统治阶级的思想”，由“共同利益”掩盖的“占统治地位的思想”，“不过是占统治地位的物质关系在观念上的表现，不过是以思想的形式表现出来的占统治地位的物质关系”⑤。可以说，资产阶级意识形态在思想领域的至高地位，来源于资产阶级通过占有社会生产资料、剥削其他阶级等手段确立起的在生产关系中的支配地位。故此，意识形态维护统治阶级意志的企图已昭然若揭，“统治阶级的思想”即占统治地位的阶级的思想。

论断之四：赋予意识形态“普遍性形式的思想”内涵。理论界通常将意识

① 《马克思恩格斯全集》第 3 卷，人民出版社，2002，第 90 页。
② 《马克思恩格斯全集》第 3 卷，人民出版社，2002，第 42 页。
③ 《马克思恩格斯文集》第 4 卷，人民出版社，2009，第 307 页。
④ 《马克思恩格斯文集》第 1 卷，人民出版社，2009，第 552 页。
⑤ 《马克思恩格斯文集》第 1 卷，人民出版社，2009，第 550~551 页。

形态概念进行“中性化”表述，以之作为马克思主义意识形态理论确立的关节点。当然，这以批判旧哲学体系和旧意识形态为前提。尽管资产阶级受到现实社会条件和自身局限性的制约，无法确证意识形态的本质，但他们仍不遗余力地赋予自己的思想以普遍性形式。《德意志意识形态》阐明了意识形态抽象化和独立化的发展路向并表明：“占统治地位的将是越来越抽象的思想，即越来越具有普遍性形式的思想。”① 这种“普遍性形式的思想”表面上展现出追求社会制度合理性的价值诉求，却深藏着意识形态自身矛盾运动的原初密码，为马克思主义从物质资料生产方式和所有制形式出发揭示社会存在与社会意识的关系作好了理论铺垫。

意识形态概念的“中性化”隐藏在马克思主义创始人从批判资产阶级政治解放到提出人类解放的现实命题之中。存在于精神生活领域的意识形态幻象，虽然在特定社会历史发展阶段上表现出物质生产和精神生产相分离的特征，但仍可反映出精神生活领域的组成内容及表现形式。这些论述和论断主要见诸《论犹太人问题》《〈黑格尔法哲学批判〉导言》等文献。宗教作为一种意识形态力量，是从“天命论”生发出来的“天国论”。马克思在《〈黑格尔法哲学批判〉导言》中把宗教界定为“这个世界的总理论”，是“借以求得慰藉和辩护的总根据”，并且指出其特征在于，“它的包罗万象的纲要，它的具有通俗形式的逻辑，它的唯灵论的荣誉问题［Point-d' honneur］”② 等。早期宗教曾经承担搭建解释世界的框架、打造解释世界的工具，以及维护社会秩序的作用。但当宗教与统治集团的权力相媾和时，便逐渐束缚并限制个体的主体意志，麻痹个体的主体精神。当揭示宗教神学的意识形态面孔和内容之后，“真理的彼岸世界”消逝，自此“历史的任务就是确立此岸世界的真理”③。然而，马克思更为清晰地看到，资产阶级的政治解放并没有触及宗教的基础，丝毫没有改变宗教与政治的关系，人过着“天国”和“尘世”的双重生活。他认为哲学的历史任务在于：“对天国的批判变成对尘世的批判，对宗教的批判变成对法的批判，对神学的批判变成对政治的批判。”④ 马克思运用异化的观点展开对宗教的批判，认为对宗教的批判是其他一切批判的基础，也涵盖了对政治的批判。恩格斯则在《路德维希·费尔巴哈和德国古典哲学的终结》中，揭示了宗教神学与意识形态的关系，认为“中世纪的历史只知道一种形式的意识形态，即宗教和神学”⑤。神权长期居于统治地位，

---

① 《马克思恩格斯文集》第1卷，人民出版社，2009，第552页。
② 《马克思恩格斯文集》第1卷，人民出版社，2009，第3页。
③ 《马克思恩格斯文集》第1卷，人民出版社，2009，第4页。
④ 《马克思恩格斯文集》第1卷，人民出版社，2009，第4页。
⑤ 《马克思恩格斯文集》第4卷，人民出版社，2009，第289页。

造就了宗教神学在思想领域的支配地位，尽管资产阶级尝试从神学的枷锁中实现思想解放，但随着资产阶级势力与宗教势力达成利益的平衡，这种思想解放的进程往往陷入停滞。马克思主义创始人的上述理论论断，指出了资产阶级固有的妥协性，政治解放的不彻底性，指明了无产阶级实现人的解放的历史方位。

马克思主义关于意识形态的基本论断呈现出不断更新与发展的态势，从中亦可窥知马克思自身思想转变的过程。青年马克思受黑格尔“绝对精神”思想的影响，反思意识形态所呈现出的空洞的特质，断言这种纯粹抽象的、脱离实践的意识形态实为“荒谬之辞”。随着在《莱茵报》工作时期马克思实现从唯心主义向唯物主义、从革命民主主义向共产主义的转向，他开始挖掘意识形态表层下蕴含的政治、经济、阶级问题。回溯文艺复兴与启蒙运动的实践历程，思想家们不断尝试冲破宗教神学的藩篱，封建神权与资产阶级的斗争以资产阶级政治经济地位的最终确立而落下帷幕。然而，作为统治手段的意识形态并未消弭，仅仅实现了代言人的轮换和更替。由此，意识形态观念的虚假性和阶级性日渐暴露，统治阶级妄图在思想上剥削驯化其他阶级。马克思揭示了意识形态维护统治阶级意志的阶级本质，批判资产阶级思想的保守性和落后性，呼吁无产阶级实现政治、经济、思想的全面解放。

三　意识形态理论研究的凹陷及其魅影

在意识形态问题上存在一定的方法论分歧，假如话语体系的断层是意识形态研究困境的表现形式，那么，造成此番理论分野的缘由则与把握意识形态命题的不同出发点和意图密切关联。在西方思想界，意识形态论题的人为臆造与多变色彩非常明显，主要表现为对意识形态概念定制方法不同、内涵认识差异、研究偏好各异。质言之，选择并运用迥然不同的方法论，才是意识形态研究困境的根本原因。

其一，关于意识形态概念的重新改造。西方学者基于不同理论意图和研究参照系，如意识形态与宗教的关联、与“理论”的区别、与乌托邦的关系等，给出了各自界定的意识形态概念。

一种方法是从意识形态的功能定位出发，如奥地利心理学家西格蒙德·弗洛伊德就持有意识形态和宗教合二为一的观点，认为宗教是一种“幻觉”[①]，通过构造一种幻想向人们提供一种安全感，而宗教的这一功能使其与意识形态构建的需求不谋而合。他认为两者都基于满足人们的愿望而存在，由此，他构造

① 〔奥〕弗洛伊德：《一个幻觉的未来》，杨韶刚译，华夏出版社，1989，第1页。

出宗教为体、意识形态为用的逻辑关系。马克思主义揭示了特定阶级意识形态的虚假性，而在弗洛伊德看来，这种虚假性则是社会团体与个体无意识的“自欺”。另一种方法是从意识形态与“理论”的对立关系出发，以德国哲学家莫里茨·盖格尔为代表，他将意识形态纳入虚假理论范畴，认为两者均以命题形式呈现，但“理论”用以描述外部经验并且能够被证实或证伪，而“意识形态”是背离经验事实的虚假理论且无法被证实或证伪，可以视之为有意的谎言和无意的谬论。

还有一种观点则从知识社会学的定制方法出发，以德国社会学家卡尔·曼海姆为代表，他重新界定了意识形态的分类方法及历史成因。在《意识形态与乌托邦》一书中，意识形态被定义为一种社会知识，具有价值中立的特征，作为研究社会思想史的一种方法，逐渐从一种明确的政治工具转变为多元社会中的思想工具，其影响力渗透至文化、科学乃至日常生活的各个方面。意识形态与乌托邦均隶属于超越性的信仰系统，但与乌托邦能够变成现实不同的是，意识形态只是华而不实、无法实施的观念。上述界定意识形态的不同方式，在一定程度上提供了研究意识形态的不同视角，但也反映出西方思想界意识形态研究分流的特征，为意识形态悖论的产生以及研究整体性的缺失埋下了伏笔。

其二，关于意识形态内涵的认识差异。随着 20 世纪资本主义社会矛盾与危机的周期性爆发，无产阶级革命和世界社会主义运动从一国到多国的实践不断发展深化，其中既有高歌猛进又有坎坷曲折。如何认识意识形态及其内涵逐渐成为一个时代命题，结构主义创始人阿尔都塞和西方马克思主义学者葛兰西各自提出了具有代表性的理论观点。

葛兰西致力于“实践哲学”的阐释。他以此指称马克思主义哲学和社会历史观，宣称超越了唯物主义和唯心主义，主张以实践一元论替代物质一元论。葛兰西在其代表作《狱中札记》中认为，上层建筑特别是意识形态的变革由经济基础决定的观点，属于原始的幼稚病，是对历史唯物主义的机械理解。经济基础和上层建筑之间存在“交互作用”并表现为“真实的辩证过程”。改变上层建筑而不是改变经济基础，才是无产阶级革命最重要的任务。葛兰西继而把上层建筑分为“市民社会”和“政治社会（或国家）”两部分①，并赋予市民社会“文化—意识形态领导权”功能。需要特别阐明的是，葛兰西定义的“市民社会”只是私人的组织的总和，类似于“公民社会”概念，与马克思将物质生活关系总称为“市民社会”进而衍生出经济基础概念有着本质区别。葛兰西

① 〔意〕安东尼奥·葛兰西：《狱中札记》，曹雷雨、姜丽、张跣译，中国社会科学出版社，2000，第 280 页。

更为强调意识形态的反作用与实践功能，把意识形态领导权比喻为战争中的“壕沟”，认为其保护着统治阶级的政治领导权。葛兰西的意识形态理论主要围绕无产阶级革命在西方国家失败的原因而展开，但在方法论上，他将市民社会纳入上层建筑范畴，最终演变为意识形态“调和论”和“政治无意识”，在一定程度上削弱了无产阶级革命斗争的坚定性与革命理论的现实基础，落入了唯心主义的怀抱。

阿尔都塞主张意识形态中立，希望借此弥合马克思和列宁在意识形态文本表述上存在的差异。他指称的意识形态属于一种结构性存在，是通过想象性表述反映的永恒的非历史性存在，是经济社会特有的社会历史现象。其在论著《保卫马克思》中认为，“意识形态是具有独特逻辑和独特结构的表象（形象、神话、观念或概念）体系，它在特定的社会中历史地存在，并作为历史而起作用”[①]。阿尔都塞总体肯定被统治阶级的意识形态反映了被统治阶级自身的反抗，认为意识形态具有相对独立性，提出了科学与意识形态对立的命题。他认为：“只有承认意识形态的存在和必要性，才能去影响意识形态，并把它改造成为用以审慎地影响历史发展的一个工具。”[②] 其“意识形态国家机器”概念奠基于葛兰西“国家=政治社会+市民社会”的命题，并且对应“政治的上层建筑”与“观念的上层建筑”。阿尔都塞将国家机器划分为强制性功能和意识形态主导性功能两大类别，意识形态国家机器虽不像强制性国家机器那样显而易见，却更具隐蔽性和持久性，能悄无声息地影响个体的思想、信仰与价值观，进而维系着整个社会的凝聚力与稳定性，故而，阿尔都塞呼吁人们关注并批判意识形态的潜在影响，以更加理性的态度审视国家机器的运作。

其三，关于意识形态批判的理论偏好。西方思想界以“社会批判理论”著称的法兰克福学派，在方法论上倡导反实证主义，被视作“新马克思主义”的阵营。其理论演进过程经历了20世纪30年代至第二次世界大战的批判理论形成阶段、第二次世界大战后至20世纪60年代确立的“否定的辩证法”阶段、20世纪60年代末以后的理论解体阶段。

早期的法兰克福学派吸收了西方非理性主义和新康德主义的思想，援引并借鉴马克思早期论著中的“异化”概念和卢卡奇的“物化思想”[③]，将资产阶级意识形态作为彻底批判的对象。霍克海默和阿多尔诺认为：“技术上的合理性，

① 〔法〕路易·阿尔都塞：《保卫马克思》，顾良译，商务印书馆，2009，第227~228页。

② 〔法〕路易·阿尔都塞：《保卫马克思》，顾良译，商务印书馆，2009，第229页。

③ 有研究者认为，卢卡奇物化理论存在着理论悖结，“描述的不是马克思面对的19世纪的资本主义市场交换中的社会关系的颠倒状况，而是韦伯所描述的从泰罗制以来的20世纪工业文明对象化技术进程中的合理化”。参见张一兵《市场交换中的关系物化与工具理性的伪物性化——评青年卢卡奇〈历史与阶级意识〉》，《哲学研究》2000年第8期。

就是统治上的合理性本身，它具有自身异化的社会的强制性质。”① 现代社会中的文化工业仅仅大量传播并复制标准化的文化产品，削弱了文化的多元性。现代工业社会中的理性进步已经被实证主义颠覆，技术理性和工具理性成为统治和奴役人们思想的一种意识形态，这种技术理性和工具理性的泛滥，不仅导致了人性的扭曲与异化，还加剧了社会的不平等与分化。

走向成熟的法兰克福学派竭力倡导激进的批判主义，认为现代资本主义制度无法拯救和实现人的精神价值。一度被作为其认识论根据的“否定的辩证法”，涵盖了对“虚假事物”的“肯定陈述”，强调科学和技术统治着现代工业社会，成为支配人的意识形态。法兰克福学派试图构建一种特殊的知识社会学体系。其社会批判理论涉及意识形态的起源、形成和社会功能等论题，坚持站在与结构主义将现代工业社会作为有机整体的相反立场上，将批判的矛头直接对准实证主义方法论，具有浓厚的左派激进主义和极端主义色彩。譬如，马尔库塞这样揭示技术的意识形态属性并认为：“由于对自然的改造导致了对人的改造，由于‘人的创造物’出自社会整体又返归社会整体，技术先验论是一种政治先验论。”② 现代工业社会不是一个健全的机体而是一个病态的机体，现代科学技术已经成为一切剥削和奴役的最深刻根源。据此引申出西方社会学必须正视并进行“价值重估”的问题。其中也关联着如何评价意识形态的问题。

晚期的法兰克福学派逐渐退出激进主义的阵营，开始质疑早期社会批判理论的有效性。主要从批判现代资本主义转向了承认现代资本主义，从认同马克思主义转向了批判马克思主义，主张改变崇拜社会结构和意识形态批判的原有立场，开始尝试在承认社会现实的基础上，寻找改革与进步的新路径，希望搭建起批判理论和实证科学之间的桥梁。晚期具有代表性的理论家哈贝马斯就曾断言：“技术理性的概念，也许本身就是意识形态。”其中浓厚的非政治化倾向则被直接表述为“马克思学说的两个主要范畴——阶级斗争和意识形态——再也不能不根据情况而加以运用”③。这在一定程度上削弱了其原有的理论锋芒。尽管少数学者还持守早期的理论观点，但随着哈贝马斯在理论界影响的日益扩大及其政治立场的日趋退让，统一的法兰克福学派最终走向解体。

综上而论，意识形态理论研究出现凹陷及其魅影的原因极为复杂，在很大程度上反映出背离马克思主义立场观点方法的倾向。必须深刻认识到，就意识

---

① 〔德〕马克斯·霍克海默、特奥多·威·阿多尔诺：《启蒙辩证法》，洪佩郁等译，重庆出版社，1990，第113页。

② 〔美〕赫伯特·马尔库塞：《单向度的人——发达工业社会意识形态研究》，刘继译，上海译文出版社，1989，第138页。

③ 〔德〕尤尔根·哈贝马斯：《作为“意识形态”的技术与科学》，李黎等译，学林出版社，1999，第39、65页。

形态问题而言，马克思主义立场观点方法的内在统一性不但以差异性为条件，而且反映出“观念上层建筑”自身发展的阶段性与层次性。研究方法不同甚至是研究者思维方式的差异，并不能决定意识形态的多样性和差异性。恰恰相反，“观念上层建筑”的物质条件和社会历史动因，才是决定并影响意识形态变化发展的基础和前提。这种物质条件和社会历史动因的深刻性，要求我们在研究意识形态时，必须超越抽象的理论演绎，深入社会经济的深层结构，明晰不同社会阶层、利益集团和文化因素如何塑造其意识形态。

意识形态发展将是一部永远不会终结的历史。要认识意识形态与社会历史之间的关系，可从与之相适应的思想体系的逻辑演变中找到主要线索。社会历史的曲折发展，加剧了意识形态的“内在紧张”关系，孕育着更为深刻的思想变革。社会历史深处的意识形态变动不居，总会与“官方哲学”产生千丝万缕的联系，甚至会随着统治阶级的“官方哲学”停滞而陷于停滞状态。马克思主义对意识形态的基本论断，澄清了旧思想体系的本来面目，贯彻着哲学批判精神，但哲学批判并不是意识形态批判的最终目的。哲学的批判孕育着深切的现实需求和经济基础，剖析意识形态深处的生产关系和物质动因，彰显了构建意识形态及其话语体系的底层逻辑。

党史党建论苑

延安时期中国共产党农村基层组织建设方法探析*

刘武根　朱弘韬**

【摘　要】农民是中国革命的主力军。在半殖民地半封建社会的中国，通过加强农村基层党建把占人口绝大多数的农民组织起来以推翻“三座大山”，既是一个重大的理论问题，也是一个重大的实践问题。延安时期，中国共产党人探索出以强化农村党支部建设为组织保证、以提升农村干部队伍素质为骨干支撑、以加强农民党员教育管理为重要内容、以加强农村党员队伍作风建设为有力手段的农村基层党建方法，这既为中国共产党构建农村基层党建理论积累了宝贵经验，也为新时代新征程高质量推动农村基层党建提供了重要启示。

【关键词】延安时期；中国共产党；农村基层组织建设

农村基层党组织是党在农村全部工作和战斗力的基础，是党的路线方针政策在农村落地生根、开花结果的重要保证。延安时期，面对民族矛盾、国内阶级矛盾日益复杂和全国性革命高潮再次到来的新形势，中国共产党高度重视农村基层党组织建设，探索出以强化农村党支部建设为组织保证、以提升农村干部队伍素质为骨干支撑、以加强农民党员教育管理为重要内容、以加强农村党员队伍作风建设为有力手段的农村基层党建方法，这既为我们党在农村生存发展奠定了重要的组织基础，又为我们党充分发动农民这一最广大的革命力量以推翻“三座大山”提供了坚实的力量支撑。深入阐析延安时期中国共产党农村基层组织建设方法，对于在新时代新征程上以高质量党建引领乡村振兴、加快建设农业强国、扎实推进农业农村现代化，具有重要的理论价值和现实意义。

---

* 本文系北京市习近平新时代中国特色社会主义思想研究中心重大项目“健全城乡基层治理体系研究”（项目编号：24LLZZA098）的阶段性成果。

** 刘武根，哲学博士，中国农业大学马克思主义学院副院长，教授、博士生导师，主要研究方向为马克思主义中国化、农村基层党建；朱弘韬，中国农业大学马克思主义学院硕士研究生，主要研究方向为马克思主义中国化、农村基层党建。

一　多措并举强化农村党支部建设

农村党支部是党在农村的基本组织，是贯彻落实党的路线方针政策的重要载体。延安时期，我们党着力提升农村党支部工作效能，推动农村党支部设置形式多样化，确立农村党支部在农村的领导核心地位，不断提升党在农村的政治领导力、思想引领力、群众组织力、社会号召力，夯实党在农村的组织根基，使农村党支部成为党在农村领导革命战争、推动经济发展、密切联系群众的坚强战斗堡垒。

（一）加强农村党支部制度化建设

“支部领导机关的健全与否，对于党的任务的完成有决定性的作用。”① 延安时期，为了保证农村党支部充分发挥领导核心和战斗堡垒作用，我们党综合施策，不断提升农村党支部的工作效能。一是建立支部委员会选举制度。1937年，陕甘宁边区党委规定：“支委会由党员大会选举之，区、县、分区及特区党委由代表大会选举之，不应指派。”② 与过去指派干部的做法相比，这种制度更加民主、更为科学，使我们党能够吸收一批政治立场坚定、忠实执行党的政策、具有群众威信、熟悉农村实际的优秀分子到农村党支部委员会中来工作，较好地克服了过去支部工作中出现的徇私舞弊、脱离群众等问题，有效提升了农村党支部的实际工作能力。二是明确支部委员的工作分工。七七事变后，为了充分动员农村各群众团体广泛参与抗日救亡运动，党的扩大的六届六中全会提出：“支部委员会之下，不设各部，由各委员分掌组织、宣传、民运、统一战线、战争动员等工作。”③ 1939年6月，时任中央组织部部长陈云在《党的支部》一文中进一步提出，支部委员应当进行明确的工作分工。“支部委员会（或干事会）人数的多少，按党员的数量和工作的范围、工作的需要来决定。在我们领导的政权下（如陕甘宁边区），则分书记、组织、宣传、军事（自卫军）、政府、工会、农会、青年、妇女等各种工作的委员。”陈云还提出，为了处理日常工作的便利，可以设立支部委员会常委。④ 在这一思想的指导下，陕甘宁边区党委进一步要求支部工作要“实行严格的分工，各人负责，以发挥各个干部的积极性、创造性与工作效能”⑤，并建立了集体领导、分工管理与个人负责制。这种制度

---

① 《陈云文选》第1卷，人民出版社，1995，第147页。

② 《中共陕甘宁边区党委文件汇集（1937—1939）》，中央档案馆、陕西省档案馆，1994，第1页。

③ 《建党以来重要文献选编》第15册，中央文献出版社，2011，第776页。

④ 《陈云文选》第1卷，人民出版社，1995，第147页。

⑤ 《中共陕甘宁边区党委文件汇集（1937—1939）》，中央档案馆、陕西省档案馆，1994，第314页。

设计“进一步地改变了支部的领导方式与工作方法，克服了领导上各种混乱状态与支书一人包办的现象”[1]，使整个支部委员会都行动起来，共同推动农村党支部各个方面的工作，既提升了支部工作的积极性和主动性，也为支部执行党的各项决议、完成抗战动员的各项任务、提高党在群众中的影响力提供了重要的组织保障。

（二）推动农村党支部设置形式多样化

农村党支部的设置形式是党的农村组织体系建设的重要内容，对发挥党的组织效能具有重要作用。抗战初期，我们党采取自上而下的方式，在广大农村地区设立中心支部，迅速扩大了党的组织和政治影响。

随着全国革命形势的不断推进，为了保证党的路线方针政策能够快速、准确、有效地深入农村基层，同时使上级党组织能够更好地根据基层的真实情况对下级党组织作出及时有效的指导，我们党将行政村党支部建设作为农村党支部建设的重点内容。1939 年，陈云提出，“党的支部按最低级的行政单位组织起来，以便利于领导乡村政权机关”[2]，并要求将行政村一级的党组织建设作为“发展群众运动的中心一环”和“县的工作的枢纽”[3]。这样广大党员干部才能够真正深入群众中去了解情况、解决问题、扎扎实实开展群众工作，有效保证党的工作深入农村最底层。与此同时，延安时期，为解决由农村地广人稀、交通不便等因素造成的党员和党组织分布不均衡的问题，我们党将自然村作为建设党的基层组织的重要单位。1939 年，陕甘宁边区党委明确规定，“为了工作和领导上的便利，太大的乡可成立分支，分支由三人至五人组织之”[4]。在乡村党支部以下以自然村等为单位设立分支部、党小组的做法严密了党在农村的组织体系，极大提升了党组织在农村地区的覆盖程度，有效增强了支部工作的灵活性、便利性，对加强各自然村之间的联系、开展经常性的组织生活、落实党在农村的路线方针政策具有重要意义。

（三）明确农村党支部在农村的领导核心地位

确立农村党支部的一元化领导地位，是延安时期统一农村革命根据地党、政、军、民、学行动步调的一项重要举措。延安时期，中国共产党人逐步认识到党支部在农村各组织中发挥领导核心作用的重要性，并在实践中不断强

---

① 《中共陕甘宁边区党委文件汇集（1937—1939）》，中央档案馆、陕西省档案馆，1994，第 347 页。
② 《陈云文选》第 1 卷，人民出版社，1995，第 146 页。
③ 《陈云文选》第 1 卷，人民出版社，1995，第 174 页。
④ 《中共陕甘宁边区党委文件汇集（1937—1939）》，中央档案馆、陕西省档案馆，1994，第 267～268 页。

化农村党支部的领导核心地位。延安时期，陕甘宁边区乡一级政府以下设有包括抗日自卫军、青救会、妇救会、代耕队、互济会、锄奸队等在内的各种民间组织和群众团体。同时，由于主观主义、宗派主义等错误思想的影响，一些农村基层党员干部对各组织间的关系缺乏正确的认知，导致农村地区党政军民学关系存在着一些不协调的现象。1939年，为了廓清错误思想、增强党支部的领导权威，陈云提出，“支部是乡村政权机关的领导者，地方武装（如自卫军）的领导者，民众团体的领导者。党、政、军、民、学的工作都是支部所必须管理的工作”①。1942年，为有效应对日本帝国主义的“扫荡”和封锁所产生的负面影响，进一步加强党支部对农村各项工作的集中统一领导，中共中央制定了《关于统一抗日根据地党的领导及调整各组织间关系的决定》。该决定明确指出，“党是无产阶级的先锋队和无产阶级组织的最高形式，它应该领导一切其他组织，如军队、政府与民众团体”②，并强调“‘一切服从战争’是统一领导的最高原则”③。该决定从根据地生死存亡的高度阐明了确保农村党支部在农村各组织中一元化领导地位的重要性，为确立农村党支部在农村各组织中的领导核心地位提供了政策支持。明确农村党支部在农村的领导核心地位，不仅使农村革命根据地能够更好适应抗日战争地区性、游击性的特点，也为农村革命根据地党、政、军、民、学统一行动步调，顺利完成革命任务提供了政治保证。

二　多管齐下提升农村干部队伍素质

着力提升农村干部队伍素质，是中国共产党农村基层组织建设的有力抓手。延安时期，我们党通过对农村干部开展系统的培训教育，坚定了农村干部的理想信念，提升了农村干部的文化素养和政策水平，为党在农村各项工作的顺利开展注入了强大动力。

（一）筑牢农村干部信仰之基

坚定的理想信念是保证广大党员干部前赴后继推动中国革命走向胜利的力量之源，也是全党统一意志、统一行动、统一纪律的重要基础。延安时期，中国共产党始终将“忠实于无产阶级事业，忠实于党”④作为选拔干部的第一要求，这不仅为考核、提拔、任用农村干部确立了鲜明的政治标杆，也有效保

① 《陈云文选》第1卷，人民出版社，1995，第152页。

② 《建党以来重要文献选编（1921—1949）》第19册，中央文献出版社，2011，第423页。

③ 《建党以来重要文献选编（1921—1949）》第19册，中央文献出版社，2011，第429页。

④ 《陈云文选》第1卷，人民出版社，1995，第212页。

证了农村干部队伍的先进性和纯洁性。1940年，为了有效加强农村干部的理想信念教育，中共中央宣传部印发《关于各抗日根据地内党支部教育的指示》。该指示明确规定："支干的政治教育，一般的应当包含：党的建设初步（党章的教育），以中国革命为主要内容的政治常识，以区乡工作为主要内容的建设根据地的初步知识，关于游击战争的初步知识，临时的策略教育。"[①] 1941年，中共中央西北局提出，各分区、直属县每年都要举办为期六个月的乡级干部训练班，并把党员基本知识、政策法令与实际工作和文化课等列为乡级干部教育培训的重要内容。同时，为了保证农村干部的学习质量，中共中央西北局还强调："每期训练结束时应向西北局作总结报告，并对每个参加受训的同志的成绩及表现作出明确的鉴定表送交西北局。"[②] 这些措施将坚定农村干部的理想信念、提升农村干部的思想政治水平的工作落到了实处，提升了农村干部队伍的理论水平和政治素养，确保了农村的各项工作牢牢掌握在先进干部的手中。

（二）提升农村干部文化素养

"文化与政治是密切相联的。如果没有文化的提高，要提高政治水平是不可能的。"[③] 加强文化学习是农村干部深刻领悟党中央决策部署、正确判断革命战争形势、有效贯彻执行党的路线方针政策的重要前提。延安时期，中国共产党把提升农村干部文化素养作为加强农村干部队伍建设的重要抓手，通过采取一系列措施，有效消灭了党内文盲，提升了农村干部队伍的文化水平，增强了农村干部队伍的战斗力。延安时期，为了有效提升农村干部的文化素养，中共中央印发了《关于干部学习的指示》《关于延安在职干部学习的决定》等重要文件。这些文件对干部识字教育的目标、材料、形式等作出具体规定，并强调"凡不识字的或文化水平过低的干部必须以学习文化课消灭文盲为主"[④]。陕甘宁边区党委高度重视提升农村干部文化素养的问题，认为"只有消灭党内文盲，提高干部政治文化水平，才能加强抗战力量，完成党给与我们的严重任务"[⑤]。边区党委还要求，各级党组织要把干部完成识字任务的情况作为评判干部的首要标准，党员干部"在识字运动中应起绝对的模范作用，如不完成这一任务，其他工作不管做得多好，仍要受到严厉的批评，并不能算是好的共产党员"[⑥]。从1937年开

① 《建党以来重要文献选编（1921—1949）》第17册，中央文献出版社，2011，第597页。
② 《中共中央西北局文件汇集（1941）》，中央档案馆、陕西省档案馆，1994，第177页。
③ 《陈云文选》第1卷，人民出版社，1995，第178页。
④ 《建党以来重要文献选编（1921—1949）》第17册，中央文献出版社，2011，第2页。
⑤ 《中共陕甘宁边区党委文件汇集（1940—1941）》，中央档案馆、陕西省档案馆，1994，第22页。
⑥ 《中共陕甘宁边区党委文件汇集（1940—1941）》，中央档案馆、陕西省档案馆，1994，第24页。

始，陕甘宁根据地印发了《边区党委宣传部关于干部学习问题的通知》《边区党委组织部、宣传部关于消灭党内文盲问题的通知》等一系列文件，要求“普遍的实行各种竞赛及鼓励的办法，推动识字工作的进行，造成热烈的识字空气”①。与此同时，为了有效推动农村干部识字工作，陕甘宁边区还以乡为单位成立识字促进会，并通过举办识字组、开办夜校等多种形式有效激发农村干部的识字热情。这些举措为保证党的政治宣传工作深入农村地区、做好抗战动员奠定了重要基础。

（三）提升农村干部的政策水平

政策水平集中体现了党员干部对党的政策的了解和运用能力。党员干部的政策水平与他们对党的路线方针政策的理解和执行情况息息相关。延安时期，为了使大量新干部快速适应农村革命斗争的实际需要，我们党多管齐下，不断提高农村干部的政策水平。

一方面，高度重视农村干部的政策教育工作。延安时期，各革命根据地将农村干部的政策教育视为农村干部培训的重要环节。比如，在陕甘宁边区，1941年，中共中央西北局提出要举办为期六个月的乡级干部短期训练班。中共中央西北局规定，“政策法令与实际工作方面的教育，时间应占整个学习时间的百分之五十”②，并将婚姻法、优抗条例、税收条例、施政纲领及解释等条例法规作为农村干部培训的重要内容。与此同时，中共中央西北局还明确指出：“一个共产党员的天职之一，就在于要忠实且百折不回地执行党的决议；而要真正了解党的决议，就决不允许不阅读党的刊物和文件。”③ 为此，中共中央西北局将《解放》《共产党人》《解放日报》《团结》《党的工作》列为党员干部必须经常阅读的刊物。在晋察冀边区，边区党委将“对党的政策的了解和掌握能力”以及“工作的积极性和纪律性”④ 作为干部个人审查鉴定的重要标准，将策略教育作为党内教育的重要内容，要求在实际教学中“把中共中央指示和边区各项具体政策结合起来”⑤。

另一方面，在实践中快速提升农村干部的实际工作能力。延安时期，为了使大量新干部快速适应革命斗争的需要，陈云提倡采取“热炒热卖”的方针来提升干部的工作能力。“热炒热卖”以短期训练班的形式，使大量新吸收进革命队伍的青年知识分子在实际工作中得到了锻炼，快速提升了农村干部的政策

---

① 《中共陕甘宁边区党委文件汇集（1940—1941）》，中央档案馆、陕西省档案馆，1994，第24页。
② 《中共中央西北局文件汇集（1941）》，中央档案馆、陕西省档案馆，1994，第16页。
③ 《中共中央西北局文件汇集（1941）》，中央档案馆、陕西省档案馆，1994，第2页。
④ 谢忠厚、肖银成主编《晋察冀抗日根据地史》，改革出版社，1992，第185~186页。
⑤ 谢忠厚、肖银成主编《晋察冀抗日根据地史》，改革出版社，1992，第189页。

素养和实际工作能力，有效解决了农村地区干部短缺的问题。1944 年，为了进一步提升农村干部解决实际问题的能力，中共中央西北局提出："各分区各县今年冬季均应以训练区乡干部作为最中心的工作，作为转变与推动一切工作的关键。"① 冬训这一培训形式，充分利用了农村地区冬日的农闲时间，"把区乡干部在实际工作中所反映的材料加以分析、总［综］合与充实，区别优点、缺点，区别何者是模范例子，何者是坏的典型，又根据各县的具体情况提出明年的工作计划"②。这种做法有效纠正了过去"搬书本子"及缺乏群众观点的教条主义包办教学形式的弊端，使干部教育培训同具体的生产工作有机结合起来，极大提升了农村干部的实际工作能力。

三 大力发展农民党员并加强农民党员教育管理

大力发展农民党员并加强农民党员教育管理，是有效提升党在农村的组织力、凝聚力、影响力和战斗力的重要途径。延安时期，我们党积极吸收优秀农民入党，着力提升农民党员的党性修养，并开展系统深入的农民党员审查登记工作，为战胜日本帝国主义、推翻"三座大山"提供了强大的先锋力量。

（一）大力发展农民党员

党员是党的肌体最基本的细胞，是党组织最基本的力量。发展壮大党员队伍，是增强党的组织力量、提升党的影响力的重要手段。延安时期，面对抗日战争的严峻形势和民族革命的新高潮，中共中央在 1938 年作出《关于大量发展党员的决议》，将扩大党的组织规模作为党的建设的重要任务。

农民占中国人口的绝大多数，是中国革命的主力军。大量吸收贫雇农入党，"把发展党的注意力放在吸收抗战中新的积极分子与扩大党的无产阶级基础之上"③，既是延安时期巩固党的阶级基础的内在要求，也是壮大党的队伍、提升党的政治影响力的现实需要。在中共中央作出《关于大量发展党员的决议》后，各农村革命根据地的党员人数迅速增加。据统计，从 1937 年到 1939 年，陕甘宁边区农民党员队伍急剧扩大，两年中新发展党员 18674 名，其中贫农占比为 65%④，到 1939 年，贫雇农占陕甘宁边区全体党员的 79.6%⑤。与此同时，其他革命根据地的农民党员数量也迅猛增长。在晋察冀边区，截至

① 《中共中央西北局文件汇集（1944）》，中央档案馆、陕西省档案馆，1994，第 120 页。
② 《中共中央西北局文件汇集（1944）》，中央档案馆、陕西省档案馆，1994，第 121 页。
③ 《建党以来重要文献选编（1921—1949）》第 15 册，中央文献出版社，2011，第 186 页。
④ 《中共陕甘宁边区党委文件汇集（1937—1939）》，中央档案馆、陕西省档案馆，1994，第 340 页。
⑤ 《中共陕甘宁边区党委文件汇集（1937—1939）》，中央档案馆、陕西省档案馆，1994，第 329 页。

1938 年 6 月，党员数量共有 10460 人，其中 90%是在全面抗战以后发展的。[①] 在太行地区，党员数量从 1938 年 2 月的 1000 余人迅速发展到 1939 年 9 月的 30150 人。[②] 大量农民加入共产党，不仅为我们党补充了新鲜血液，也为开展抗战动员、抓好革命生产、推动土地改革等各项工作提供了坚实的阶级基础和组织基础。此外，延安时期，随着大生产运动的开展，农民群众的生活水平逐渐提高。为了处理好农民生产积极性与过去优先发展贫雇农党员政策之间的矛盾，中共中央西北局提出："生产运动、防奸运动中涌现出了大批的劳动英雄、积极分子，他们都是农村中的活动分子、正派人，我们应该把他们吸收进来。"[③] 这肯定了劳动英雄的政治地位，把劳动英雄纳入发展对象，使得陕甘宁边区农民党员队伍继续扩大，为促进陕甘宁边区发展生产力、开展抗战动员等提供了新动力。

尽管在不同的历史阶段，中国共产党发展农民党员的政策有所不同，但是农民党员数量总体呈扩大趋势，全国党员数量从长征结束时的 4 万余人发展到新中国成立时的 448. 8 万余人，其中农民党员占比约 60%。[④] 这充分说明，大力发展农民党员对中国共产党团结带领全国各族人民取得新民主主义革命胜利具有重要意义。

（二）锤炼农民党员的党性修养

党性是无产阶级阶级意识与阶级觉悟的集中体现，是全党统一意志和行动的重要基础。延安时期，一些地区缺乏高度的阶级警觉性与原则性，通过突击、拉夫等方式在短时间内发展了大量党员，致使不少普通抗日分子、同情分子乃至异己分子趁机混入了党组织。1941 年，中共中央印发的《关于增强党性的决定》指出："我们的环境，是广大农村的环境，是长期分散的独立活动的游击战争的环境，党内小生产者及知识分子的成分占据很大的比重，因此容易产生某些党员的'个人主义'、'英雄主义'、'无组织的状态'、'独立主义'与'反集中的分散主义'等等违反党性的倾向。"[⑤] 理论学习和教育培训是对各种错误思想进行彻底斗争的重要途径。要在大量发展党员的同时有效保证党的无产阶级先锋队性质，就必须从思想上正本清源，通过加强农民党员思想政治教育工作，切实提升农民党员的党性修养。

---

① 《中国共产党组织史资料》第 3 卷（下），中共党史出版社，2000，第 442~443 页。

② 太行革命根据地史总编委会：《太行革命根据地史稿（1937—1949）》，山西人民出版社，1987，第 44 页。

③ 《中共中央西北局文件汇集（1945）》，中央档案馆、陕西省档案馆，1994，第 225 页。

④ 《什么样的人才能加入中国共产党?》，共产党员网，https：//www. 12371. cn/2021/04/06/ARTI1617679363052531. shtml。

⑤ 《建党以来重要文献选编（1921—1949）》第 18 册，中央文献出版社，2011，第 443~444 页。

延安时期，为了有效推进农民党员的教育培训工作，陕甘宁边区党委组织编写了《新党员训练大纲》《党员须知》《党员课本》等一系列教材。这些教材用农民通俗易懂的语言介绍了党的历史、党的组织以及土地改革、全国革命形势等内容，为开展农民党员思想政治教育、肃清种种错误思想的影响提供了丰富的学习资料。同时，为了使农民党员的训练工作更好适应相对分散的农村环境，我们党充分发挥农村基层党组织在农民党员教育培训工作中的重要作用，不仅要求将农村党支部作为“教育党员训练党员最基本的学校”①，还提出“党的小组一般的应当兼有学习小组的作用”②，党支部的学习培训要“引导党员根据实际事例、根据各人心里的想法，发表意见、启发大家讨论批评、检讨思想、检查工作、提出改进办法”③ 等。此外，延安时期，在中共中央领导下，我们党还探索出了集中训练支部干部、农村党员巡回教育、农村党员流动训练班、农村干部冬训、党小组学习会等多种学习机制，极大丰富了支部教育的形式，使我们党逐步建立起系统、全面、多样化的农民党员教育体系，农民党员的思想政治水平、文化水平都得到有效提高。

（三）开展农民党员审查登记工作

党员审查登记工作是保证党组织先进性和纯洁性的有效手段。1939 年，随着抗战形势和国内政局逐步紧张，中共中央政治局发布的《关于巩固党的决定》指出：“在思想上、政治上、组织上巩固党，成为我们今天极端严重的任务”④，并要求“必须详细审查党员成分，清刷混入党内的异己分子（地主、富农、商人）、投机分子、以及敌探奸细”⑤。这为巩固和整理农民党员队伍提供了重要遵循。根据中共中央的指示，各革命根据地纷纷开展农民党员审查登记工作，坚决清理不合格党员，严肃纯洁农民党员队伍。比如，陕甘宁边区党委要求：“严密与巩固党的组织，审查党员干部，转变党的组织形式与工作方法，使边区党成为坚强的战斗堡垒，形成全国党最坚强的组成部分。”⑥ 据统计，从 1937 年到 1939 年，经过党组织的多次整理与审查，陕甘宁边区共洗刷了 3180 个阶级异己分子。⑦ 从 1939 年至 1941 年，陕甘宁边区又洗刷了 4810 名不合格党员。⑧ 在晋冀豫革命根据地，经过审查登记，全区党员由 1939 年 11 月的

① 《陈云文选》第 1 卷，人民出版社，1995，第 151 页。

② 《建党以来重要文献选编（1921—1949）》第 17 册，中央文献出版社，2011，第 598 页。

③ 中共中央西北局宣传部编《党员课本》，新华书店西北总分店，1948，第 1~2 页。

④ 《建党以来重要文献选编（1921—1949）》第 16 册，中央文献出版社，2011，第 579 页。

⑤ 《建党以来重要文献选编（1921—1949）》第 16 册，中央文献出版社，2011，第 580 页。

⑥ 《中共陕甘宁边区党委文件汇集（1937—1939）》，中央档案馆、陕西省档案馆，1994，第 338 页。

⑦ 《中共陕甘宁边区党委文件汇集（1937—1939）》，中央档案馆、陕西省档案馆，1994，第 329 页。

⑧ 《中共陕甘宁边区党委文件汇集（1940—1941）》，中央档案馆、陕西省档案馆，1994，第 283 页。

36111 人减至 1940 年的 24978 人。在南方各省，湖南省由 5000 多人减至 2300 余人，川东地区由 3500 多人减至 2900 余人，川康地区由 4500 多人减至 3700 余人，鄂西地区由 1900 多人减至 1500 余人。[①] 随着农民党员审查登记工作的逐步深入，我们党还逐步探索并完善了农民党员审查登记的标准。陕甘宁边区把重新登记和鉴定党员干部作为党的工作的“重要一环”，并通过建立统一的按级审查负责制度、制定“对人公道、对己模范、经常到会、缴纳党费”的审查标准，对农民党员进行重新登记，洗刷了一批“发财党员”“老好党员”“二流子党员”“投机分子”。1944 年，中共中央西北局在广泛深入调查研究的基础上提出了“好劳动、能公道、能工作”的新党员考察标准和“热心工作、主张公道、积极生产、努力学习、遵守纪律、勇于革命”[②] 的老党员登记新标准。新标准较过去标准更加具体，有效提高了农民党员审查登记工作的针对性和精准性，使农民党员审查登记工作更加准确，为发展边区生产力、满足群众生活需求、确保大生产运动健康发展提供了重要的组织保障。总体而言，延安时期，农民党员的审查登记工作虽然在一定程度上使发展农民党员的速度有所放缓，但这极大提高了农民党员队伍的先进性和纯洁性，有效保证了党的战斗力和凝聚力。

四　多措并用加强农村党员队伍作风建设

党的作风是党的性质宗旨的集中体现，关系到党的形象，关系到人心向背，关系到党的生死存亡。延安时期，我们党高度重视农村党员队伍作风建设，通过充分发挥农民党员的先锋模范作用、严厉整治侵犯农民利益的不正之风、建立健全党内外民主生活等途径，为推进农村革命工作、巩固和发展农村革命根据地奠定了重要基础。

（一）充分发挥农村党员先锋模范作用

1943 年，毛泽东在《开展根据地的减租、生产和拥政爱民运动》的党内指示中指出：“一切未脱离生产的农村党员，应以发展生产为自己充当群众模范的条件之一。”[③] 充分发挥党员在农业生产中的先锋模范作用，既是我们党全心全意为人民服务宗旨的直接体现，也是农村基层党组织得到广大农民群众拥护的重要前提。延安时期，面对战争环境和国民党的经济封锁，我们党通过在农村革命根据地创建模范乡、模范支部等方法，充分发挥农村党员队伍在农业生产

① 张明楚：《中国共产党基层组织建设史》，福建人民出版社，2016，第 105 页。

② 《延安时期加强党支部建设的举措》，求是网，http：//qstheory.cn/2018-05/16/c_1122841131.htm。

③ 《毛泽东选集》第 3 卷，人民出版社，1991，第 911 页。

运动中的先锋模范作用，切实改善根据地群众的生活，有效增进了农村革命根据地的党群关系。1939 年，为了有效应对抗日战争和国民党封锁导致的经济困境，切实加强农村党支部建设，陕甘宁边区党委印发的《关于改进支部工作的指示信》指出，各分委和县委要根据模范条例创建模范支部和模范小组，“并以模范支部的经验教训推动整个支部工作的改进”[①]。1941 年，陕甘宁边区党委进一步提出：“每一县委应直接领导建立起一个模范乡来。”[②] 随着大生产运动的开展，为及时了解群众的生产情绪、提高群众的生产热情，中共中央西北局强调，“党的支部、党员的领导和模范作用乃是组织群众生产热潮，完成生产任务的有决定意义的条件”[③]。1943 年，针对一些党员干部在大生产运动中不积极、不作为的问题，中共中央西北局明确提出要“号召每个党员根据行政上的生产计划，定出自己的生产计划”，“互相勉励、互相竞赛，支部要经常注意发扬生产好的同志，纠正生产不积极的同志”[④]，“模范村、模范乡支部工作做得好不好，群众工作做得好不好也要以这个运动领导得好不好为标尺测量，这也就是整党最实际的工作”[⑤]。与此同时，华北、华中等其他革命根据地也纷纷效仿陕甘宁边区的做法，积极动员农民党员在生产运动中发挥先锋模范作用。晋冀鲁豫边区各级党组织要求，乡村党员“应该高度发挥革命的生产热情，高度发挥生产中的积极性与创造性，并以此来影响与推动其他生产者”[⑥]。总之，延安时期，中国共产党高度重视发挥农村党员干部在根据地生产建设中的先锋模范作用，并在此过程中逐步培养形成了党员干部全心全意为人民服务的意识和密切联系群众的优良作风，有效巩固了农村基层党组织的领导核心地位。

（二）严厉整治农村党员干部队伍中的不正之风

实现好、维护好农民群众的切身利益，是我们党在农村开展一切工作的出发点和落脚点。严厉整治在农村党员干部队伍中存在的侵犯农民利益的现象、重点惩治农村党员干部的贪污腐败行为，是切实推进农村党员队伍作风建设的有效手段。1939 年，针对在征收救国公粮过程中一些农村干部存在的官僚主义、命令主义等不良倾向，陕甘宁边区党委要求“激发群众自觉的积极的起来交纳。坚决反对自上而下强迫命令、摊派等方式”[⑦]，“防止以多报少或贪污等现象”[⑧]。

---

① 《中共陕甘宁边区党委文件汇集（1937—1939）》，中央档案馆、陕西省档案馆，1994，第 269 页。
② 《中共陕甘宁边区党委文件汇集（1940—1941）》，中央档案馆、陕西省档案馆，1994，第 291 页。
③ 《中共中央西北局文件汇集（1943）》第 1 册，中央档案馆、陕西省档案馆，1994，第 111 页。
④ 《中共中央西北局文件汇集（1943）》第 1 册，中央档案馆、陕西省档案馆，1994，第 69 页。
⑤ 《中共中央西北局文件汇集（1943）》第 1 册，中央档案馆、陕西省档案馆，1994，第 112 页。
⑥ 《太岳抗日根据地重要文献选编》，中央文献出版社，2006，第 283 页。
⑦ 《中共陕甘宁边区党委文件汇集（1937—1939）》，中央档案馆、陕西省档案馆，1994，第 176 页。
⑧ 《中共陕甘宁边区党委文件汇集（1937—1939）》，中央档案馆、陕西省档案馆，1994，第 173 页。

1941 年，陕甘宁边区党委又明确指出，“一切简单摊派、不公平、耍私情的办法（如系过去某些干部和党员曾犯过的），对于党与政府在群众中领导作用和动员工作是有极大损失的”[①]。通过教育引导、开展群众运动和公开斗争等手段，陕甘宁边区党委严厉打击了在抗战动员和征收救国公粮过程中“命令多于说服、强迫多于自愿、包办多于民主”[②] 的错误领导方式和工作方法，坚决惩治了一批以官僚态度压迫农民的“土霸王”“土皇帝”，洗刷了为群众所痛恨的党内“害群之马”，使边区的党群关系得到明显改善。此外，延安时期，我们党还对农村党员干部的贪污腐败予以重点惩治。1943 年，毛泽东在《开展根据地的减租、生产和拥政爱民运动》的党内指示中明确指出：“在一切党政军机关中讲究节省，反对浪费，禁止贪污。”[③] 这一时期，陕甘宁边区公布施行的《陕甘宁边区惩治贪污条例（草案）》《陕甘宁边区惩治贪污条例》《陕甘宁边区施政纲领》等对贪污腐败罪的定性、犯罪动机的分类和相应的惩罚措施作出了明确规定，并要求对党员干部的贪污腐败行为从严从重处罚。在上述政策的综合作用下，我们党获得了广大农民的衷心拥护与爱戴，农村出现了“只见公仆不见官”的生动局面，为我们党迅速由小变大、由弱变强奠定了重要的群众基础。

（三）建立健全党内外民主生活制度

“哪个党的组织脱离了群众，失掉了群众，那就等于失掉了基础，失掉了斗争力量。”[④] 密切的党群关系是我们党始终立于不败之地的根基。广泛发动农民群众参与政治生活，是增进农村党支部和农民群众相互了解、有效发挥农民群众革命积极性和主动性的重要途径。延安时期，随着土地改革运动的开展，个别农村党员干部利用政治地位为非作歹、侵占土改果实，既引起了农民群众的强烈不满，也损害了农村党支部的良好形象。1945 年 4 月，中共中央西北局要求改变过去少数党员秘密开会决定、以行政命令的方式让群众执行的做法，并指出整党要采取党内民主和党外民主相结合的办法。“支部和党员均公开，农村党小组和支部不开秘密会，一般乡村工作问题可以请群众旁听，要具体指定每个党员和一定群众联系，经常向他们宣传党的主张，帮助他们解决问题”，“使两方面都有充分的思想准备”。[⑤] 1948 年 2 月，为进一步推进土地改革工作，消除党组织和群众间的隔阂，中共中央印发的《老区半老区的土地改革与整党工

① 《中共陕甘宁边区党委文件汇集（1940—1941）》，中央档案馆、陕西省档案馆，1994，第 191 页。

② 《中共陕甘宁边区党委文件汇集（1937—1939）》，中央档案馆、陕西省档案馆，1994，第 347 页。

③ 《毛泽东选集》第 3 卷，人民出版社，1991，第 911 页。

④ 《建党以来重要文献选编（1921—1949）》第 18 册，中央文献出版社，2011，第 810 页。

⑤ 《习仲勋同志指示义延两区工作团严肃进行纠偏整党》，《人民日报》1945 年 4 月 25 日。

作指示》强调，“调剂土地的工作，必须与整党工作相结合，有时还须从整党开始，才能发动群众的积极性”[①]，并要求“一切党的支部，在其讨论有关群众利益的问题的一切会议上，包括党的批评检讨会议在内，均应有党外群众参加，不许开秘密会议，借以破除群众对党的组织与党的会议的神秘感觉，使党内一切好的与坏的现象暴露于群众之前，为群众所监督，为群众所批评或拥护”[②]。通过建立健全党内外民主生活制度，农村党支部可以根据群众意见和需求对相关问题进行全面的考虑，制定正确的政策，从而提升了农村党支部在农民群众中的威信，增强了农村党支部领导土地改革等革命工作的战斗力。

① 《建党以来重要文献选编（1921—1949）》第25册，中央文献出版社，2011，第171页。

② 《建党以来重要文献选编（1921—1949）》第25册，中央文献出版社，2011，第172页。

抵制历史虚无主义的方法论思考：基于三个历史决议的文本分析*

史 巍 何有英**

【摘 要】三个历史决议是中国共产党百年奋斗历史征程的真实记载、历史成就的客观概括、历史经验的科学总结，是中国共产党运用辩证唯物主义和历史唯物主义世界观和方法论正确处理历史和现实、未来关系的纲领性文件，为抵制历史虚无主义提供了方法论启示。在原则态度上，历史决议以实事求是原则对错误思想进行根源式彻底批判，为揭示历史虚无主义本质提供启示；在理论方法上，历史决议以辩证思维方法看待历史事件和历史人物，为廓清历史虚无主义的形而上学思维陷阱提供启示；在精神指向上，历史决议以历史主动精神正视历史意义，为识辨历史虚无主义意识形态进路提供启示。

【关键词】历史决议；历史虚无主义；方法论

方法论不同于一般的方法和具体的手段，而是从原则和规律的高度对如何处理问题进行指导。《关于若干历史问题的决议》《关于建国以来党的若干历史问题的决议》《中共中央关于党的百年奋斗重大成就和历史经验的决议》是中国共产党百年奋斗历史征程的真实记载、历史成就的客观概括、历史经验的科学总结，是中国共产党运用辩证唯物主义和历史唯物主义世界观和方法论正确处理历史和现实、未来关系的纲领性文件，为抵制历史虚无主义错误思潮提供了方法论启示。历史决议的诞生体现了中国共产党在历史关键节点主动反思的历史自觉，其实事求是的原则和对错误思想的彻底批判态度为揭示历史虚无主义的本质提供了启示。历史决议的内容体现了中国共产党直面历史问题和解决历史难题的历史自信，其

---

* 本文系 2022 年度国家社科基金高校思想政治理论课研究专项（项目编号：22VSZ140）、2023 年吉林省高教科研课题（项目编号：JGJX2023D253）、2024 年吉林省教育厅优秀青年项目（项目编号：JJKH20240343SK）阶段性研究成果。

** 史巍，哲学博士，东北师范大学马克思主义学部副部长，教授、博士生导师，主要研究方向为国外马克思主义、西方哲学；何有英，东北师范大学马克思主义学部博士研究生，吉林建筑大学教师，主要研究方向为马克思主义理论。

看待历史事件和历史人物的辩证思维为廓清历史虚无主义形而上学陷阱提供了思维方法。历史决议的要求体现了中国共产党遵循历史规律和把握历史主动性的精神，其对历史意义的正视为破解历史虚无主义意识形态进路提供了精神指向。

一　原则态度：以实事求是原则和彻底批判态度揭示历史虚无主义的本质

“坚持真理，修正错误”是三个历史决议一以贯之的精神品格。《关于若干历史问题的决议》强调：“从思想根源上纠正了党的历史上历次‘左’倾以及右倾的错误。”① 习近平总书记在关于《中共中央关于党的百年奋斗重大成就和历史经验的决议》的说明中直接指出：“要旗帜鲜明反对历史虚无主义，加强思想引导和理论辨析……正本清源。”② 虽然“左”倾、右倾思想和历史虚无主义的根本目的有着本质区别，但是它们在认识的性质上都是与事实不符并引起消极影响的错误思想。因此，对于“左”倾、右倾等错误思想的实事求是批判原则和根源式彻底批判态度同样适用于历史虚无主义。

以实事求是原则揭示历史虚无主义的错误实质。党的历史决议从思想根源和社会根源两个方面对错误思想进行了实事求是的批判。《关于若干历史问题的决议》指出：“一九四二年以来，毛泽东同志所领导的全党反对主观主义、宗派主义、党八股的整风运动和党史学习，更从思想根源上纠正了党的历史上历次‘左’倾以及右倾的错误。”③ 这里的“从思想根源”是指在延安整风运动和党史学习中所阐明的实事求是的思想认识路线，纠正了以往从主观出发的思想认识路线。在第一个历史决议中，中国共产党正是秉持实事求是的理论原则，揭示了“左”倾错误的思想根源，强调“一切政治路线、军事路线和组织路线之正确或错误，其思想根源都在于它们是否从马克思列宁主义的辩证唯物论和历史唯物论出发，是否从中国革命的客观实际和中国人民的客观需要出发”④，并指出三次“左”倾错误的思想实质是脱离现实的主观主义。这启示我们，从实事求是原则出发判断思想认识的正确性，就要看其思想根源。这个思想根源有三个思考点，即坚持的指导理论是否科学、思考的视角是否从实际出发、价

① 《关于若干历史问题的决议》《关于建国以来党的若干历史问题的决议》，中共党史出版社，2010，第22页。

② 习近平：《关于〈中共中央关于党的百年奋斗重大成就和历史经验的决议〉的说明》，《求是》2021年第23期。

③ 《关于若干历史问题的决议》《关于建国以来党的若干历史问题的决议》，中共党史出版社，2010，第22页。

④ 《关于若干历史问题的决议》《关于建国以来党的若干历史问题的决议》，中共党史出版社，2010，第41页。

值的选择是否符合人民群众的实际需要。

从思想根源角度分析历史虚无主义的指导思想、思考立场、价值追求。在指导思想上，历史虚无主义秉持唯心史观。这主要体现为历史虚无主义从社会意识出发看待历史，以抽象人性论置换阶级分析法，认为少数英雄人物及其精神是历史发展的根本动力。因此，历史虚无主义得出历史是“思想的历史”、历史事件是主观阐释的产物、历史不存在客观事实的错误结论。在思考立场上，历史虚无主义基于动摇主流意识形态的目的，以主观臆断的方式认识历史、评价历史，其典型表现是不尊重历史的客观实际，夸大历史的主观认识，对待历史的态度不是“还历史以本来面目”，而是随意剪裁，为反面历史人物翻案，试图以此掩盖历史的真实图景。在价值追求上，历史虚无主义的根本目的是维护资本主义意识形态。从历史虚无主义虚无内容的选择及其虚无影响的指向可以清晰看到其政治意图。历史虚无主义虚无的历史事件具有明确的方向指向性，这些被虚无的历史事件主要是关涉国家前途命运、历史转折点的重大选择。历史虚无主义否定的历史人物往往是历史进程中具有重要影响的政治领袖和英雄人物，试图通过对人物形象的诋毁消解历史人物精神符号的价值意义。

从社会根源角度剖析历史虚无主义的形成发展。事实上，第一个历史决议除了强调在思想根源上揭示错误思想，也强调“‘左’倾路线的上述四方面错误的产生，不是偶然的，它有很深的社会根源”①。所以，要进一步揭示历史虚无主义的错误实质，还要剖析其社会根源。“意识在任何时候都只能是被意识到了的存在，而人们的存在就是他们的现实生活过程。”② 思想意识是由社会存在决定的，历史虚无主义作为资产阶级的意识形态根源于资本主义社会存在。资本逻辑形塑着历史虚无主义的孕育、产生、发展和蔓延。资本逻辑带来的虚无主义没有局限于资本主义社会，而是随着资本的扩张、世界市场的开发、历史向世界历史的转变，从西方蔓延到东方，从价值领域蔓延到历史认知、历史研究中。资本逻辑对中国历史虚无主义的影响可以从现代化的历史进程角度进行分析。近代，西方列强在资本扩张的推动下打开了中国闭关锁国的大门。迫于资本的外部压力，中国被动开启了现代化进程。国家的破碎、救亡图存的迫切为历史虚无主义在中国的现实发生提供了社会情境与心理场域。改革开放以来，我们主动进行现代化建设，取得了举世瞩目的成就，面对中国改革开放取得的巨大进步，历史虚无主义的应激反应在表现形式上愈趋隐蔽，但其虚无指向却愈加强烈。可以说，只要资本逻辑仍然运行、意识形态的对峙仍然存在，历史虚无主义就会一直存在。要想彻底消除历史虚无主义的消极影响，就要超越资

① 《关于若干历史问题的决议》《关于建国以来党的若干历史问题的决议》，中共党史出版社，2010，第 45 页。

② 《马克思恩格斯选集》第 1 卷，人民出版社，2012，第 152 页。

本逻辑，实现对历史虚无主义基因的狙击。

以坚决彻底的态度批判历史虚无主义的意识形态本质。综观历史决议的三个文本，“坚决”“彻底”多次出现，如“坚决加以克服”[①]“彻底否定”[②]“彻底地克服”[③]等，其使用的语义情境主要有以下两种维度。第一种是在意义维度上强调“彻底”的重要性。如“必须彻底克服教条主义和经验主义的思想，马克思列宁主义的思想、路线和作风，才能普及和深入全党”[④]。第二种是在方法维度上强调人们只有在思想认知上彻底认清错误的实质，才能实现对错误的彻底克服。《关于若干历史问题的决议》指出党史上有过的陈独秀主义的斗争的缺点就是“没有在思想上彻底弄清错误的实质及其根源”[⑤]，因此要“彻底地克服教条主义、经验主义、宗派主义”[⑥]等。这两个维度的“彻底”的使用启示我们要对历史虚无主义的消极影响、错误事实进行彻底批判。

三个历史决议回答了为什么要对历史虚无主义进行彻底批判。三个历史决议虽然诞生于不同的历史时期，主要内容也各有侧重，但是其文本中都贯穿着批判错误思想、夯实正确认识，进而实现“统一思想、统一意志、统一行动”[⑦]的目的。具体来看，历史决议还强调了“不彻底批判”错误思想的消极影响。一是如果对错误思想不进行彻底的批判，那么这个错误在事物发展过程中就会反复出现。第一个历史决议总结党史上曾有过的陈独秀主义的斗争主要缺点是“没有在思想上彻底弄清错误的实质及其根源，也没有恰当地指出改正的方法，以致易于重犯错误”[⑧]。同理，对于历史虚无主义的批判只有彻底，才能有效提高人们抵制错误历史观念渗透的能力。二是如果不彻底地批判错误思想，那么错误思想的影响可能会蔓延。第二个历史决议强调：“‘左’倾错误在经济工作的指导思想上并未得到彻底纠正，而在政治和思想文化方面还有发展。”[⑨]第三

---

① 《关于若干历史问题的决议》《关于建国以来党的若干历史问题的决议》，中共党史出版社，2010，第113页。

② 《中共中央关于党的百年奋斗重大成就和历史经验的决议》，人民出版社，2021，第17页。

③ 《关于若干历史问题的决议》《关于建国以来党的若干历史问题的决议》，中共党史出版社，2010，第53页。

④ 《关于若干历史问题的决议》《关于建国以来党的若干历史问题的决议》，中共党史出版社，2010，第44页。

⑤ 《关于若干历史问题的决议》《关于建国以来党的若干历史问题的决议》，中共党史出版社，2010，第52页。

⑥ 《关于若干历史问题的决议》《关于建国以来党的若干历史问题的决议》，中共党史出版社，2010，第53页。

⑦ 《中共中央关于党的百年奋斗重大成就和历史经验的决议》，人民出版社，2021，第78页。

⑧ 《关于若干历史问题的决议》《关于建国以来党的若干历史问题的决议》，中共党史出版社，2010，第52页。

⑨ 《关于若干历史问题的决议》《关于建国以来党的若干历史问题的决议》，中共党史出版社，2010，第77页。

个历史决议也强调历史虚无主义等错误思潮的不时出现“严重影响人们思想和社会舆论环境”①。历史虚无主义的原初发生就伴随着价值虚无主义、文化虚无主义，在新的历史时期如果不对历史虚无主义进行彻底批判，不仅影响人们的历史观，而且影响人们的文化观、价值观、政治观。

三个历史决议回答了应该如何对历史虚无主义进行彻底批判。“为什么要对历史虚无主义进行彻底批判”指明了现实批判的动力，问题的关键则落到如何对历史虚无主义进行彻底的批判。前文只是从实质层面对历史虚无主义的思想根源和社会根源进行了剖析，还需要“具体地分析错误的内容及其危害，说明错误之历史的和思想的根源及其改正的办法”②，唯有如此，才能真正实现正本清源、固本培元。

其一，“具体地分析错误的内容及其危害”。对历史虚无主义的批判不仅要从理论抽象维度分析其逻辑机理，还要从具体事实维度揭示其具体表现。正如《关于若干历史问题的决议》对于错误思想的批判，就采取将错误思想在政治、军事、组织上的表现与正确路线的内容进行对照的方式，这样不仅直观清楚地指出错误思想错在哪里，而且使人们对正确思想为什么正确有了更为明确的认知。

其二，“纠正的办法”。对历史虚无主义采取什么方法也是实现对其彻底批判的重要内容。“辩证唯物主义是中国共产党人的世界观和方法论。”③“唯物史观是我们共产党人认识把握历史的根本方法。”④辩证唯物主义和历史唯物主义是被历史和实践证明了的彻底理论，要以之为“批判的武器”，对历史虚无主义的内容和表现进行彻底的批判。但是，理论的批判不会一劳永逸，随着时代发展、国际局势变化，历史虚无主义会有新的表现形态、新的变异。因此，对历史虚无主义的彻底批判，还要以“批判的武器”提高人们对错误历史认识的识别能力，从而实现对历史虚无主义的持续性批判，不给其落地的思维土壤。

二　思维方法：以辩证思维方法廓清历史虚无主义形而上学的思维陷阱

三个历史决议是中国共产党正确运用辩证思维方法直面历史问题、正视历

---

① 《中共中央关于党的百年奋斗重大成就和历史经验的决议》，人民出版社，2021，第 43 页。

② 《关于若干历史问题的决议》《关于建国以来党的若干历史问题的决议》，中共党史出版社，2010，第 51 页。

③ 习近平：《辩证唯物主义是中国共产党人的世界观和方法论》，《求是》2019 年第 1 期。

④ 习近平：《在党史学习教育动员大会上的讲话》，人民出版社，2021，第 24 页。

史问题、解决历史问题的理论文献。所谓问题，从范围来看，分为抽象问题和具体问题，或者整体问题和部分问题；从性质特征来看，分为真问题和假问题。“问题”是历史虚无主义虚无历史的关键点位。通常，历史虚无主义以形而上学的思维方式从两个方向对待问题：一是夸大历史问题，以历史细节置换历史主流；二是以逻辑假设历史问题，倡导对于历史的“普遍怀疑论”，以“学术”的名义质疑历史共识。因此，有必要进一步分析在三个历史决议中中国共产党如何以辩证思维方法正确认识历史问题，并在这个过程中廓清历史虚无主义的形而上学陷阱。

第一，坚持用矛盾分析法看待历史发展。矛盾分析法是辩证法的核心方法，是中国共产党正确看待历史发展、制定路线方针政策的根本方法。矛盾分析法要求人们用矛盾的观点全面认识事物，坚持“两点论”和“重点论”的统一。历史虚无主义违背辩证法的基本原则，以形而上学思维方法片面、孤立、静止地看待历史事件、历史人物、历史选择。三个历史决议对于历史问题的认识和评价，既有对矛盾分析法的坚守运用，也有对矛盾分析法的丰富发展，具体主要包括以下三个方面。

其一，对于任何问题都应采取分析态度，不要否定一切，要一分为二地看问题。综观党的三个历史决议，不仅总结了党在奋斗征程中所取得的成就，而且全面分析了党在探索社会主义建设过程中遭遇的曲折。《中共中央关于党的百年奋斗重大成就和历史经验的决议》全面系统地总结了中国特色社会主义新时代党和国家事业取得的历史性成就，也反思了第二个百年面临的挑战、要解决的问题和奋斗的目标。在第三个历史决议的说明中，习近平总书记强调：“正确对待党在前进道路上经历的失误和曲折，从成功中吸取经验，从失误中吸取教训，不断开辟走向胜利的道路。”[①] 而历史虚无主义在资本主义意识形态目的的驱使下，只宣扬对其有利的历史符号而遮蔽或曲解历史。这启示我们，在批判历史虚无主义时，不仅要全面“破”其虚假性和片面性，也要“立”起中国共产党运用矛盾分析法正确看待历史发展中的成功与失误的典范。

其二，矛盾具有普遍性，正视社会历史发展中的矛盾。三个历史决议的诞生就是党直面问题的体现。三个历史决议形成于重要历史关头：第一个历史决议总结了党在新民主主义革命时期所取得的成就，分析了土地革命战争时期存在的若干历史问题，指出“党正是在克服这些错误的斗争过程中而更加坚强起来”[②]；第二个历史决议仍然坚持辩证唯物主义的根本立场，科学回答了毛泽东

① 习近平：《关于〈中共中央关于党的百年奋斗重大成就和历史经验的决议〉的说明》，《求是》2021年第23期。

② 《关于若干历史问题的决议》《关于建国以来党的若干历史问题的决议》，中共党史出版社，2010，第54页。

的历史贡献并评价了毛泽东思想的历史地位，特别指出“忽视错误、掩盖错误是不允许的，这本身就是错误，而且将招致更多更大的错误。但是，三十二年来我们取得的成就还是主要的，忽视或否认取得这些成就的成功经验，同样是严重的错误”①；第三个历史决议明确指出“党的伟大不在于不犯错误，而在于从不讳疾忌医，积极开展批评和自我批评，敢于直面问题，勇于自我革命”②，并将其作为党百年奋斗的历史经验之一。

其三，矛盾具有特殊性，在社会的不同领域存在不同的矛盾，在历史发展的不同阶段也有不同的矛盾，要具体分析特殊矛盾。中国共产党坚持矛盾特殊性与普遍性原理，具体分析中国社会各阶段的主要矛盾，并根据社会主要矛盾的变化制定行动路线。第一个历史决议强调当时社会的基本矛盾没有解决，中国革命依然是资产阶级民主革命，“指出了党在当时的总任务不是进攻，不是组织起义，而是争取群众”③。而“告别革命”则是历史虚无主义进行政治攻击的口号之一。历史虚无主义没有从具体社会状况出发分析革命产生的社会历史条件，而是认为革命的产生是人为主观政治需要的产物。第二个历史决议坚持矛盾分析法，“对建国三十年来历史上的大事，哪些是正确的，哪些是错误的，要进行实事求是的分析，包括一些负责同志的功过是非，要做出公正的评价”④。

第二，坚持逻辑与历史相统一的分析历史本质。逻辑与历史相统一是基本的辩证思维方法，是中国共产党对历史本质进行抽象分析的基础方法。历史是逻辑的前提和基础，与唯心史观相反，唯物史观“不是在每个时代中寻找某种范畴，而是始终站在现实历史的基础上”⑤。马克思主义强调历史决定逻辑，并不是否认逻辑把握历史的可能性和必要性，而是要在历史进程中进行思维再现，进而实现逻辑进程与历史进程的统一。逻辑与历史相统一方法要求在“前后一贯”的整体历史进程中运用逻辑，而不是只从逻辑出发随意裁剪历史。中国共产党在三个历史决议中对于逻辑与历史相统一的方法的运用体现在三个方面。

首先，对于历史结论及历史时期的认知，坚持历史阶段性与连续性的统一。第三个决议划分了四个历史时期，具体分析了四个历史时期的阶段性任务，总结概括了每个时期取得的伟大成就，同时这四个历史时期都服务于中华民族伟大复兴这一历史主题，上一个历史时期是下一个历史时期发展的基础。三个历

① 《关于若干历史问题的决议》《关于建国以来党的若干历史问题的决议》，中共党史出版社，2010，第67页。

② 《中共中央关于党的百年奋斗重大成就和历史经验的决议》，人民出版社，2021，第70页。

③ 《关于若干历史问题的决议》《关于建国以来党的若干历史问题的决议》，中共党史出版社，2010，第9页。

④ 《邓小平文选》第2卷，人民出版社，1983，第292页。

⑤ 《马克思恩格斯选集》第1卷，人民出版社，2012，第172页。

史决议是党在不同历史时期的经验总结，线索清晰、时间连续、结论接续。第三个历史决议的说明强调“决议稿最鲜明的特点是实事求是、尊重历史，反映了党的百年奋斗的初心使命，符合历史事实；决议稿对重大事件、重要会议、重要人物的论述和评价，同党的历史文献既有论述和结论相衔接”①，坚持了历史的阶段性与连续性的统一。

其次，对于历史事件的分析，置于历史过程中，作为统一的整体进行分析，以阐明历史的联系。“在分析任何一个社会问题时，马克思主义理论的绝对要求，就是要把问题提到一定的历史范围之内”②，人们认识复杂历史事件时，要意识到历史现象是一定社会历史的产物，不能简单地将事件成功与否只归功或归咎于个人，而应以历史发展的全过程来分析事物产生的历史条件和现实结果。三个历史决议中的重要结论，正是中国共产党坚持大历史观，“准确把握党的历史发展的主题主线、主流本质”③，摒弃偶然的历史表象所作出的。在这一点上，历史虚无主义则走了相反路线，力图歪曲历史的主线、遮蔽历史的本质，以历史进程中某个环节上的历史支流代替主流，必然得出错误的历史结论。

最后，对于历史人物的评价，置于具体的历史环境中，放在当时的历史范围内，给出实事求是的结论。对于历史人物的评价，“应该放在其所处时代和社会的历史条件下去分析”④，而不是脱离其所处的历史环境，用今天的时代眼光评价前人。历史虚无主义在唯心主义本质驱使下，坚持历史统一于逻辑，认为一切历史都是通过逻辑把握才得以呈现的“当代史”，以逻辑范畴的推演代替历史的真实发展。历史虚无主义割裂历史必然性和偶然性的联系，对历史人物进行机械化分类，即非好即坏的脸谱化认知，脱离当时具体历史环境，用今天的意识去推导当时人物的活动。这些都是历史虚无主义将逻辑和历史对立起来，运用形而上学思维方法肢解历史，使之符合自身利益诉求的表现，是我们要予以驳斥的。

三　精神指向：以历史主动精神解蔽历史虚无主义对历史意义的消解

历史虚无主义对历史意义的消解主要表现为歪曲历史事实，瓦解历史共

① 习近平：《关于〈中共中央关于党的百年奋斗重大成就和历史经验的决议〉的说明》，《求是》2021年第23期。

② 《列宁选集》第2卷，人民出版社，2012，第375页。

③ 《中共中央关于党的百年奋斗重大成就和历史经验的决议》，人民出版社，2021，第79页。

④ 习近平：《在纪念毛泽东同志诞辰120周年座谈会上的讲话》，人民出版社，2013，第11页。

识，否定马克思主义所揭示的社会历史发展规律，从而动摇实现中华民族伟大复兴中国梦的历史自信。历史主动精神是指主动作为的担当精神、尊重规律的自觉精神，是中国共产党在不同历史时期明辨历史方位、把握历史方向、推动历史发展的精神力量。三个历史决议正是党在关键历史时期运用历史主动精神正视历史意义、总结历史经验、把握历史规律、统一思想意志的真实写照。因此，在精神指向上，要充分运用历史主动精神来抵制历史虚无主义。

主动澄清历史事实，凝聚历史共识。历史事实是历史认识的基础保障，没有历史事实的历史认识是无本之木。历史认识是对历史事实的思辨与去蔽，没有历史认识的历史事实是未知的真相，将导致历史意义的迷途。三个历史决议关于重要历史时期、重要历史事件、重要历史人物的结论之所以能够统一思想、达成共识，是因为这些正确结论是基于中国社会发展的历史事实作出的科学判断。

历史事实是历史虚无主义消解历史意义的关键。历史虚无主义为了达到其意识形态目的，对历史事实采取消解的态度，在逻辑前提上认为不存在绝对真实的历史事实，夸大历史事实发生的未在场性和历史叙述的主体性之间的矛盾，强调历史事实只是“一系列被认可的判断”。在行为实践上，历史虚无主义颠倒历史事实、虚构历史事迹，具体表现为对历史英雄人物事实、历史事件过程事实的虚无。关于历史英雄人物事迹的事实，历史虚无主义质疑英雄人物行为的真实性，虚无英雄人物行为选择的信仰动机，诋毁英雄人物宣传的目的，从而虚无英雄人物所代表的精神符号。关于历史事件的事实，历史虚无主义既否定重大历史事件发生的必然性，又否定历史事件蕴含的精神品格。历史虚无主义的目的不是确认历史的发生、追思历史的意义，而是企图通过消解历史事实来影响人们的思维认知、政治判断和精神追求。所以，抵制历史虚无主义必须加强对历史事实的重视。

党的三个历史决议中贯穿着对历史事实的主动重视精神。《关于若干历史问题的决议》草案的说明强调：“哪些政策或者其中的哪些部分是正确的或者不正确的，如果讲得合乎事实，在观念形态上再现了二十四年的历史，就对今后的斗争有利益，对今后党和人民有利益。”[①] 邓小平在《关于建国以来党的若干历史问题的决议》起草意见中强调：“我们党在运用马克思列宁主义解决中国实际问题的过程中，的确有很多发展。这是客观的存在，历史的事实。”[②] 关于《中共中央关于党的百年奋斗重大成就和历史经验的决

① 《毛泽东文集》第 3 卷，人民出版社，1996，第 282 页。

② 《邓小平文选》第 2 卷，人民出版社，1994，第 300 页。

议》的说明指出："一致认为，决议稿最鲜明的特点是实事求是、尊重历史，反映了党的百年奋斗的初心使命，符合历史事实。"① 对历史事实的主动重视精神不仅体现在历史决议的起草过程中，历史决议的正文也高度重视历史事实对重大事件、重要会议、重要人物评价的依据作用。党的历史决议之所以能够结束争议、统一思想、统一意志，就是因为以事实回击诋毁、以事实回应争议、以事实坚定历史选择。

自觉遵循历史规律，坚定历史自信。中国共产党历史认识的基本链路是"历史成就—历史经验—历史规律—未来趋势—新的历史任务"②。历史虚无主义者虽然也遵循"过去—现在—未来"的叙事主线，但是对于过去的认识，即历史的真实性，持普遍怀疑态度，夸大人的主体选择性，否定历史规律蕴含的必然趋势。因此，要破解历史虚无主义的认识路线，就要澄清历史规律对社会未来发展预测的必然性，澄清历史规律和人的选择的关系，以及中国共产党遵循历史规律创造的伟大成就，进而坚定人们的历史自信。

首先，历史规律对社会未来发展具有预测的必然性。历史规律不同于"历史事实的一次性、历史现象的相似性"，它体现的是事物发展背后根本动力的重复性或者原因与结果联系的必然性，是在历史发展过程中必然的本质的联系。历史规律的必然性告诉人们，在进行行为选择时，想要达到某种结果就要具备该结果的原因，当出现某种原因时，要积极促成好的结果并谨慎预防坏的结果。那么，如何把握历史规律呢？历史经验则是关键的钥匙。历史规律是对历史经验的升华，它剔除了历史经验中偶然性因素的影响，达到了对必然性的把握，是赢得历史主动的关键。历史决议本身就是中国共产党在关键历史时期对历史经验的总结，这些经验总结将进一步深化我们对人类社会发展规律、社会主义建设规律和共产党执政规律的认识。习近平总书记在关于《中共中央关于党的百年奋斗重大成就和历史经验的决议》的说明中指出："深入研究历史发展规律和大势，始终掌握新时代新征程党和国家事业发展的历史主动，增强锚定既定奋斗目标、意气风发走向未来的勇气和力量。"③ 历史虚无主义不承认历史规律的重复性，片面强调历史事实的独特性，割裂历史事实之间的联系，否定马克思主义关于历史规律的论断。历史虚无主义的这些错误认识无疑是在消解历史规律对于未来发展的根本指导作用。

其次，关于历史规律的决定性和人们选择的规律性。"历史永远提供的是可

① 习近平：《关于〈中共中央关于党的百年奋斗重大成就和历史经验的决议〉的说明》，《求是》2021年第23期。

② 何怀远：《历史决议：中国共产党重大历史关头凝神聚力的重要形式》，《思想理论教育》2022年第1期。

③ 习近平：《关于〈中共中央关于党的百年奋斗重大成就和历史经验的决议〉的说明》，《求是》2021年第23期。

能性，必然性的实现总是要通过由可能性变为现实的过程。”① 如何将可能转化为现实，这受人们实践活动的影响。中国共产党坚持人民群众是历史创造者的观点，而历史虚无主义则认为是关键少数人的意志、精神决定历史发展的进程，把历史进程中的成绩和失误完全归于个人。第三个决议在回顾党的百年奋斗历史经验时，将“人民至上”作为主要经验之一，强调“党的根基在人民、血脉在人民、力量在人民，人民是党执政兴国的最大底气”②。在总结党的百年历史成就的实现主体时，强调的是“团结带领全国各族人民”“党领导人民”③，指出是“党和人民的事业”④。这些经典表述说明，党的历史成就取得、历史任务完成离不开发挥人民群众的主体作用。中国共产党领导人民团结奋斗的征程是坚持马克思主义关于人类社会发展规律的征程，捍卫了马克思主义的指导地位，展示了马克思主义的强大生命力，正如习近平总书记在哲学社会科学工作座谈会上强调：“只有真正弄懂了马克思主义，才能在揭示共产党执政规律、社会主义建设规律、人类社会发展规律上不断有所发现、有所创造，才能更好识别各种唯心主义观点、更好抵御各种历史虚无主义谬论。”⑤

最后，遵循历史规律，创造伟大成就，坚定历史自信。在社会历史发展规律上，历史虚无主义遵循唯心史观认识路线，否认规律的客观性，否定物质生产方式作为根本动力的作用。马克思主义唯物史观认为，“物质生活的生产方式制约着整个社会生活、政治生活和精神生活的过程”⑥。中国共产党遵循这样的历史性规律，带领人民实现了民族独立与人民解放，实现了人民生活水平由温饱不足到全面小康的历史性跨越。党的百年奋斗“从根本上改变了中国人民的前途命运”，“开辟了实现中华民族伟大复兴的正确道路”⑦，“展示了马克思主义的强大生命力”⑧，“影响了世界历史进程”⑨。从国家蒙辱、人民蒙难、文明蒙尘到国家富强、人民幸福、民族振兴，中国共产党人用科学理论和现实成就瓦解了历史虚无主义者的“历史终结论”，证实了“马克思主义行、中国共产党能、中国特色社会主义好”，坚定了人们的历史选择，增强了人们实现中华民族伟大复兴的历史自信。

综上所述，中国共产党每在历史关键时期都以决议的形式进行历史总结，

---

① 陈先达：《历史唯物主义与当代中国》，中国人民大学出版社，2019，第146页。
② 《中共中央关于党的百年奋斗重大成就和历史经验的决议》，人民出版社，2021，第66页。
③ 《中共中央关于党的百年奋斗重大成就和历史经验的决议》，人民出版社，2021，第62页。
④ 《中共中央关于党的百年奋斗重大成就和历史经验的决议》，人民出版社，2021，第64页。
⑤ 习近平：《在哲学社会科学工作座谈会上的讲话》，人民出版社，2016，第11页。
⑥ 《马克思恩格斯选集》第2卷，人民出版社，2012，第8页。
⑦ 《中共中央关于党的百年奋斗重大成就和历史经验的决议》，人民出版社，2021，第62页。
⑧ 《中共中央关于党的百年奋斗重大成就和历史经验的决议》，人民出版社，2021，第63页。
⑨ 《中共中央关于党的百年奋斗重大成就和历史经验的决议》，人民出版社，2021，第64页。

其目的就是要形成关于党的历史的正确认识，以思想认识端正政治认识，激发人们走向美好未来的信心。决议起草、决议内容所坚持的原则态度、所运用的思维方法、所体现的精神指向，正是抵制历史虚无主义的“有力武器”。但是，抵制历史虚无主义仍然是一个长期工程，因为只要意识形态对立存在，两种社会制度并存，历史虚无主义就会以不同的“外衣”有所表现。方法论是总的指导和方向原则，在具体工作中，要针对历史虚无主义的具体形式进行具体应对。

强国论坛

教育强国的理论内涵、模式创新与路径选择

张 智 高书国*

【摘 要】教育强国是中国化的概念，是中国教育思想和强国思想时代创新的产物，是中华优秀传统文化转化为当代马克思主义的重要成果。建设教育强国是国家意志、人民意愿和世界潮流。从工业时代教育向智能化时代教育的转换，是中国从教育大国到教育强国的系统性跃升和质变。建成教育强国的总战略是以优先发展为先导，以改革创新为动力，以教育现代化为路径，为中国式现代化和中华民族伟大复兴提供有力支撑。要以中国特色社会主义制度优势缔造教育强国新样态，以全体人民的共同发展奠基全体人民的共同富裕，以教育高质量发展推动教育强国建设，以教育数字化促进协同育人模式变革，赋能人的全面发展和人才培养，到2035年建设成为教育综合实力、人才培养能力、教育国际竞争力和影响力均处于突出地位、具有强大世界影响的国家。

【关键词】教育强国；教育现代化；教育思想

2024年9月10日，习近平总书记在全国教育大会上指出："建成教育强国是近代以来中华民族梦寐以求的美好愿望，是实现以中国式现代化全面推进强国建设、民族复兴伟业的先导任务、坚实基础、战略支撑。"① 这一论述进一步明确了建成教育强国的战略目标和建设教育强国的重大战略意义。教育强国是指教育综合实力、人才培养能力、教育国际竞争力和影响力均处于突出地位、具有强大世界影响的国家。教育强国要具备强大的现代化教育体系、现代化教育制度、高水平的教育质量和强有力的教育保障条件，即体系完备、制度先进、

* 张智，管理学博士，教育部学校规划建设发展中心，主要研究方向为教育战略、教育规划；高书国，教育管理学博士，教育战略规划专家，首都师范大学特聘教授，中国教育学会副秘书长，研究员，主要研究方向为教育战略规划、教育政策、家庭教育。

① 《习近平在全国教育大会上强调 紧紧围绕立德树人根本任务 朝着建成教育强国战略目标扎实迈进》，中国政府网，https：//www. gov. cn/yaowen/liebiao/202409/content_6973522. htm。

质量领先、保障有力是现代化教育强国的必备条件。

教育强国是一个中国化的概念，它是中国教育思想和强国思想时代创新的产物，是中国共产党基于世界教育与人力资源发展趋势所作出的政治选择，凝聚了党的领导集体的智慧。2023年5月29日，习近平总书记在中共中央政治局第五次集体学习时强调："从教育大国到教育强国是一个系统性跃升和质变。"① 如何实现中国教育的系统性跃升和质变，是从教育大国转变为教育强国的时代性战略课题。为加快建设教育强国，构建高质量教育体系，实现教育高质量发展，必须改革旧有的教育思想、办学理念、教育内容和教育方法，实现从改革到变革、从提升到跃升、从量变到质变的转变。

一 教育强国的理论内涵

强国必先强教，教育强则国强，教育恒强则国恒强。教育强国是中国教育发展战略的重要指导思想，是中国特色社会主义教育发展理论创新与实践创新的重要成果。教育强国的核心内涵可以分为两个层次：一是建设一个具有强大培养能力、综合实力和竞争能力的教育强国；二是通过立足国家发展全局，实施教育优先发展战略，实现教育高质量发展，促进全体人民的共同富裕、共同发展，推动国家繁荣富强和中华民族伟大复兴。

（一）教育强国思想的理论基础

许慎《说文解字》对"强"字的解释是"强者健也"。在现代汉语中，"强"则有强大、强健、强盛等含义。从词性上分析，"强"既是形容词，也是动词。教育强国的内涵，既可以形容一个国家教育综合实力强大、制度先进、质量领先、培养实力雄厚，具有世界先进水平的优质教育；也可以说，是通过持续推进教育优先发展战略，全面提升国民教育水平和民族整体素质，使国家更加强大、更加文明。《礼记·学记》曰："建国君民，教学为先。"这是中国古代教育强国思想的最早体现。人众国强，人兴邦兴。著名政治家管仲曾说："夫争天下者，必先争人。"唐朝战略思想家李筌在《太白阴经》中指出："国愚则智可以强国，国智则力可以强人。用智者，可以强于内而富于外；用力者，可以富于内而强于外。"明朝学者朱之瑜曾说："敬教劝学，建国之大本；兴贤育才，为政之先务。"（《舜水先生文集·劝兴篇》）中国是一个拥有5000

① 《习近平在中共中央政治局第五次集体学习时强调 加快建设教育强国 为中华民族伟大复兴提供有力支撑》，中国政府网，https：//www.gov.cn/yaowen/liebiao/202305/content_6883632.htm。

年文明发展史的国家，具有悠久的教育发展历史。宋朝时期的中国曾是世界教育最发达的国家之一。以教治愚、以智强国体现了中国古代思想家和政治家对于教民强国的高度重视，从国愚到国智，从国弱到国强，离不开发展教育、振兴科技和培养人才。

（二）当代中国教育强国思想的演进

建设教育强国是无数仁人志士和中国共产党几代领导人的伟大梦想。从严复的“教育救国”，到孙中山的“建国方略”；从毛泽东指出“教育必须为无产阶级政治服务”[①]，到邓小平明确“教育要面向现代化，面向世界，面向未来”[②]；从江泽民的“科教兴国”[③]战略，到胡锦涛提出“教育是民族振兴的基石”[④]；再到党的十九大报告提出“建设教育强国”[⑤]目标，以及党的二十大报告中明确“教育强国、科技强国、人才强国、文化强国、体育强国、健康中国”[⑥]六位一体的强国思想，并强调教育强国的首要地位，充分体现了教育强国思想发展的历史脉络、理论创新和实践创新。

教育强国思想是习近平总书记关于教育重要论述的核心内容，是当代中国教育强国思想理论创新和实践创新的重要成果。党的二十大报告进一步强调：“建成教育强国、科技强国、人才强国、文化强国、体育强国、健康中国。”[⑦] 2023年5月29日，习近平总书记在中共中央政治局第五次集体学习时强调指出：“我们要建设的教育强国，是中国特色社会主义教育强国。”“建设教育强国，基点在基础教育。”[⑧]基础教育是国家教育体系的基座，是教育强国建设的基点。基础教育的高质量发展是基本的民生福祉，是全体人民获得感、满足感和幸福感的基石。“建设教育强国，龙头是高等教育。”[⑨]高等教育应当成为教育高质量发展的领跑者、教育综合实力的领先者、教育改革创新的领衔者、全民终身学习的领航者和国际教育竞争的领军者。

2024年9月10日，习近平总书记再一次全面系统深刻地强调了教育强国

---

① 《建国以来重要文献选编》第19册，中央文献出版社，1998，第68页。

② 《邓小平文选》第3卷，人民出版社，1993，第35页。

③ 《江泽民文选》第1卷，人民出版社，2006，第428页。

④ 《胡锦涛文选》第2卷，人民出版社，2016，第642页。

⑤ 习近平：《决胜全面建成小康社会　夺取新时代中国特色社会主义伟大胜利——在中国共产党第十九次全国代表大会上的报告》，人民出版社，2017，第45页。

⑥ 习近平：《高举中国特色社会主义伟大旗帜　为全面建设社会主义现代化国家而团结奋斗——在中国共产党第二十次全国代表大会上的报告》，人民出版社，2022，第24页。

⑦ 《习近平著作选读》第1卷，人民出版社，2023，第20页。

⑧ 《习近平在中共中央政治局第五次集体学习时强调 加快建设教育强国 为中华民族伟大复兴提供有力支撑》，中国政府网，https：//www. gov. cn/yaowen/liebiao/202305/content_6883632. htm。

⑨ 《建设教育强国，龙头是高等教育》，人民网，http：//edu. people. com. cn/n1/2023/0922/c1006－40082841. html。

的鲜明特征、先导任务、重要使命、基本路径、核心功能和根本保障。在全国教育大会上，习近平总书记进一步强调指出："我们要建成的教育强国，是中国特色社会主义教育强国，应当具有强大的思政引领力、人才竞争力、科技支撑力、民生保障力、社会协同力、国际影响力，为以中国式现代化全面推进强国建设、民族复兴伟业提供有力支撑。"① 从现代化强国和中华民族伟大复兴的视角出发，阐释了教育强国的创新概念、创新内涵和创新理论，这是中国特色教育强国理论与实践发展的最新成果。具体而言，教育强国的思政引领力是方向，人才竞争力是核心，科技支撑力是关键，民生保障力是基础，社会协同力是路径，国际影响力是标志，战略目标是以中国式现代化推进中华民族伟大复兴。建成教育强国的方向更加坚定，目标更加明确，理论更加完善，措施更加有效。

从本质上讲，教育强国思想是当代中国教育理论发展与实践创新的重要指南，是马克思主义教育理论的最新成果。建成一个教育综合实力、教育服务能力和教育国际竞争力强大的国家，构建促进教育高质量发展的教育体系，形成更加优质的教育基本公共服务制度，让人民享受世界先进水平的优质教育，是建成教育强国的重要使命，也是推进国家富强、实现人民富裕的根本动力。

（三）建设教育强国的战略意义

当今世界百年未有之大变局风起云涌，经济全球化、政治多极化趋势不可阻挡。与英美德法等世界级教育强国相比，中国教育强国建设面临的条件更为有利、时间更加紧迫、环境更加复杂、挑战更加激烈。在中国这样一个社会主义国家建成现代化教育强国，对21世纪世界教育改革发展格局的影响将全面而深刻。建设教育强国的重大战略意义在于以下几点。

第一，建成教育强国是国家意志，是强国之基。教育强国思想是科教兴国思想的重要体现，是党中央、国务院的重大战略部署，是国家意志、国家战略和国家行动。教育可以强国，国家必须依靠教育实现富强。以中国式现代化推进中华民族伟大复兴，需要建设科技强国和人才强国；而建设科技强国和人才强国，又必须建设教育强国。要锚定建成教育强国的宏伟目标，以教育之力厚植人民幸福之本，以教育之强夯实国家富强之基，为中国式现代化和中华民族伟大复兴提供战略性支撑和系统性保障。

第二，教育强国是人民意愿，是富民之本。新时代全面建成社会主义现代化强国呼唤教育强国。建设教育强国是全党、全国和全体人民的共同奋斗目标。

① 《习近平在全国教育大会上强调 紧紧围绕立德树人根本任务 朝着建成教育强国战略目标扎实迈进》，中国政府网，https：//www.gov.cn/yaowen/liebiao/202409/content_6973522.htm。

在全国教育大会上，习近平总书记强调，“建设教育强国是一项复杂的系统工程”，“是实现以中国式现代化全面推进强国建设、民族复兴伟业的先导任务、坚实基础、战略支撑”。[①] 这是教育强国在中华民族伟大复兴中的新定位、新使命，也是新时代中国特色社会主义教育事业的新特征、新征程。富民之本在于富智，智穷则恒穷，智富则常富。教育可以富民，人民必须依靠教育才能富裕。

第三，教育强国是世界潮流，是竞争保障。教育强则国强，教育强则国恒强。面对激烈竞争的全球化时代，只有实现教育的强大，才能赢得经济的强大。从人类现代化的历史来看，在一个占全球五分之一人口的发展中国家建成教育强国，不仅将加快中国式现代化和中华民族伟大复兴的历史进程，也将改变世界的教育格局和人力资源开发版图，提升世界人口的受教育水平。

二　教育强国的模式创新

建设教育强国是一项伟大、艰巨而复杂的系统工程。从教育发展长河来看，建设教育强国是一个世界性的历史进程：17 世纪，意大利依靠其发达的贸易和先进的大学，最先成为教育强国；18～19 世纪，德国和英国借助城镇化和工业化的力量，不断创新大学发展模式，成为教育强国；20 世纪，特别是第二次世界大战以后，美国依靠先进文化、制度创新和大学领先的国家优势，最早步入高等教育普及化阶段，发展成为世界高等教育中心，至今仍是高等教育最发达的国家。

21 世纪第 3 个 10 年，世界主要发达国家教育发展进入以提高质量为中心的时代，美国、英国、德国、法国、澳大利亚等国争相制定面向智能化时代教育高质量发展的国家战略，持续提升人力资源开发质量，维持经济可持续增长。中国作为一个拥有 14 多亿人口的发展中国家，有自身特殊的国情，中国不可能也没有必要走发达国家的老路。面对世界政治、经济和教育正在发生的格局性变化，基于中国教育现代化建设的成就与实力，我们必须走出一条适应中国国情、中国制度、中国文化和中国未来发展需要的社会主义现代化教育高质量发展新道路。

习近平总书记正式提出推动构建人类命运共同体理念，体现了在全球范围内实现共同发展、共同富裕的全球理想，顺应了世界发展大势和世界各国人民的普遍诉求，为解决人类问题贡献了中国智慧和中国方案。习近平总书记指出：“加快推进教育现代化，以教育之力厚植人民幸福之本，以教育之强夯实国家富

① 《习近平在全国教育大会上强调 紧紧围绕立德树人根本任务　朝着建成教育强国战略目标扎实迈进》，中国政府网，https：//www.gov.cn/yaowen/liebiao/202409/content_6973522.htm。

强之基，为全面推进中华民族伟大复兴提供有力支撑。”① 建设教育强国，是全体人民共同富裕的有效途径。

（一）社会主义是教育强国的本质属性

以中国特色社会主义制度优势打造教育强国新样态。当今世界，国家之间的教育竞争主要表现为教育体系、教育质量、发展水平和教育制度的竞争。构建体现中国特色、具有世界先进水平的教育体系、教育结构和教育制度，是世界级教育强国实力、竞争力和影响力的核心。只有建立与教育强国相适应的教育体系、教育结构和教育制度，才能保持和彰显社会主义教育的制度优势。中国教育现代化进程起步晚、发展快、水平高、差异大，拥有比较完善的教育基础条件、优秀的教师队伍、独特的教研优势、较高的教育教学质量，规模优势、质量优势、水平优势和制度优势比较明显，中国建成世界一流的教育强国具备良好的基础。

（二）共同发展是教育强国的根本目标

党的二十大报告明确提出：“中国式现代化是全体人民共同富裕的现代化。”② 以全体人民的共同发展奠基全体人民的共同富裕，是教育事业的光荣使命与责任担当。中国特色社会主义教育制度的核心是坚持党对教育工作的全面领导，要以建成社会主义现代化教育强国和办好人民满意的教育为目标，持续推动教育公平，提升教育质量，促进教育优质均衡发展和人的全面发展，满足人民日益增长的精神文化需要，提高人民群众对教育的获得感、幸福感和满意度。为此，教育现代化和教育强国的总体策略目标是：以全体人民的共同发展奠基全体人民的共同富裕。

1. 共同发展是共同富裕思想的继承发展

经过改革开放40多年的努力，我国的教育发展和人力资源水平不断提高，为实现教育公平和均衡发展奠定了坚实的基础。1985年普及小学教育，2000年普及九年义务教育，2015年普及高中阶段教育，2019年高等教育进入普及阶段，2023年高等教育毛入学率达到60.20%。③ 共同富裕思想体现在物质层面、文化层面和精神层面，持续提升全体人民受教育水平，丰富人民的精神世界，

---

① 《以教育之强夯实国家富强之基——习近平总书记在中共中央政治局第五次集体学习时的重要讲话指明教育强国建设方向》，中国政府网，https：//www.gov.cn/yaowen/liebiao/202305/content_6883868.htm。

② 习近平：《高举中国特色社会主义伟大旗帜 为全面建设社会主义现代化国家而团结奋斗——在中国共产党第二十次全国代表大会上的报告》，人民出版社，2022，第22页。

③ 《教育部：2023年我国高等教育入学机会增加 毛入学率超60%》，央广网，https：//baijiahao.baidu.com/s? id=1792289868759353390&wfr=spider&for=pc。

其核心就是要追求和实现全体人民的共同发展，真正实现全体人民稳定而持续的共同富裕。换句话说，只有实现了全体人民的共同发展，才能真正实现全体人民的共同富裕。

2. 共同发展是教育高质量发展的核心体现

共同发展是社会主义教育的本质要求，是全体人民的共同期盼。实现全体人民的共同发展必须以教育高质量发展为标志。中国将坚定不移地走共同富裕道路，坚持城乡教育一体化发展，持续提升教育公共服务质量和水平，高水平实现幼有所育、学有所教、人尽其才、共同发展，真正实现发展为了人民、发展依靠人民、发展成果由人民共享。共同发展是实现中国式现代化的必然要求和必由之路。

3. 共同发展是教育强国建设的目标选择

与经济发展道路相同，中国教育发展走过了一条从率先发展到共同发展的道路。在建设教育强国进程中，要采取分区规划、分类指导和分步推进的总体策略。进入 21 世纪第 3 个 10 年，要以共同发展为理念，让全体人民全面享受优质公平的教育，实现人力资源高水平开发，努力形成人才辈出、人尽其才、才尽其用和创新能力迸发的生动局面。

（三）跨越发展是教育强国的实现方式

常言道："聪者听于无声，明者见于无形。"（《汉书·伍被传》）中国教育强国建设处于与英美德法四个世界级教育强国不尽相同的特定时代。中国教育强国建设面临着第四次工业革命、第四次科技革命、第四次教育革命和第四次学习革命的叠加影响，这四个"第四次革命"相互叠加，生成了无比强大的趋势力，一定能够催生新的教育强国。2020 年《全球人力资源竞争力指数报告》显示，中国人力资源竞争力从全球排名的第 39 位上升到第 11 位，离人力资源强国仅一步之遥。[①] 中国正实行教育发展战略转型升级，旨在实现从"以量谋大"到"以质图强"的战略转变。

自改革开放以来，中国教育发展水平全面提升，已经建成世界最大规模的教育体系。2023 年，我国学前教育毛入园率为 91.1%，九年义务教育巩固率为 95.7%，高中阶段毛入学率达到 91.8%，高等教育毛入学率达到 60.2%[②]，教育现代化发展总体水平跨入世界中上行列。劳动年龄人口人均受教育年限为 10.9 年，新增劳动力人均受教育年限提升到 14 年，人力资源竞

① 高书国、杨晓明：《东升西降：全球人力资源竞争力评价 2020 年总报告——中国即将进入人力资源强国行列》，《现代教育管理》2022 年第 2 期。

② 教育部发展规划司：《2023 年全国教育事业发展基本情况》，教育部网站，http：//www. moe. gov. cn/fbh/live/2024/55831/。

争力上升到全球第 11 位。[①] 中国已经从文盲大国转变为教育大国，正在向教育强国迈进，跨越发展是中国建设教育强国的实践路径和重要标志。建设高质量教育体系，以教育高质量发展引领中国特色教育强国建设，正在成为未来发展趋势。一个体系更加完善、制度更加先进、结构更加合理、发展质量更高的教育强国正在建设之中。

（四）建设教育强国的总体思路

中国特色社会主义教育现代化建设进入了新时代，这是我国教育发展新的战略定位和历史方位。中国教育的新时代是一个构建现代化教育体系、实现教育高质量发展的新时代，是一个教育从大到强、建成教育强国的新时代，是一个让中国人民享受世界先进水平的现代化教育的新时代，是一个中国更加自信地走近世界教育舞台中央的新时代。要实现从教育大国向教育强国的战略转变，重点是实现从规模发展向质量提升的战略转移，主体策略是推进教育综合改革，实施教育供给侧结构性改革。

站在新的改革发展起点上，要以中国式教育现代化为引领，以教育高质量发展为主题，以高质量教育体系为支撑，以建成教育强国为目标，“以质图强”，实现各级各类教育高质量发展，全面提升中国教育的综合实力、竞争力和影响力。到 2025 年，现代化教育强国的体系框架、制度框架、能力框架和评价框架将更加健全完善，教育发展水平和人口受教育水平将持续提升；到 2035 年，教育发展水平、教育教学质量和教育竞争力、影响力将全面提升，我国将进入人力资源强国行列，真正实现从战略追赶到战略超越的发展模式转变，实现建成中国特色社会主义现代化教育强国的宏伟目标。

笔者建议，建设教育强国的总体思路应该是：锚定世界级教育强国目标，以教育高质量发展为引领，以高质量教育体系为支撑，以技术变革为杠杆，以制度变革为核心，构建高质量发展教育体系，实现学前教育优质普惠发展、义务教育优质均衡发展、高中阶段教育特色发展、职业教育融合发展、高等教育创新发展，展现我国强大的教育发展能力、竞争力和影响力，实现以中国式教育现代化推进教育强国建设的战略目标。

三　建设教育强国的重大策略

建设教育强国是由国家意志、理论体系、建设目标和行为策略构成的系

① 高书国、杨晓明：《东升西降：全球人力资源竞争力评价 2020 年总报告——中国即将进入人力资源强国行列》，《现代教育管理》2022 年第 2 期。

统性重大战略工程。要紧紧把握建成教育强国的新机遇、新目标、新任务、新要求，深刻把握世界教育未来发展新趋势，统筹实施科教兴国战略、人才强国战略、创新驱动发展战略，深刻把握人民群众教育需求的新特点，深刻把握未来人口结构和社会结构变化的新特征，运用教育智慧和教育“十五五”规划，谋划好加快建设教育强国的新目标、新任务和新方略，落实好教育强国规划、策略与方法，谋划好未来教育发展的整体布局和资源配置。

（一）实施教育强国理论与政策研究计划

教育强国是习近平新时代中国特色社会主义思想的重要内容。建议成立“教育强国研究中心（基地）”，主要发挥以下几个方面作用：第一，系统组织开展习近平新时代中国特色社会主义思想的研究，形成具有原创性的重大理论研究成果；第二，深入研究中国成为“具有强大影响力的世界重要教育中心”的理论支撑、实现方式和实施步骤；第三，持续追踪研究发达国家教育强国建设的历史进程，系统总结提炼中国教育强国建设的成功经验、创新理论和典型模式，为党中央教育决策提供参考；第四，策划重大研究项目和行动计划，助推教育强省、教育强县、教育强区建设，为地区教育高质量发展提供服务；第五，在教育部的领导和支持下，组织编辑并连续出版年度“教育强国报告”，系统地进行理论研究、政策咨询服务、方案设计、发展评估和实践引领。

（二）实现中国特色教育发展模式战略转型

教育转型是社会转型的关键要素与核心内容。自从物质世界产生以来，生物和人类社会就处在不断“进化”或“发展”的演变过程之中，不断地由一种状态向另一种状态提升和发展。这种事物从一种运动形式向另一种运动形式转变的过程就是“转型”。中国社会从宏观到微观、从意识形态到经济基础、从形态到结构的转型，是整体的、系统有序的和分类分层的。中国处于多重社会转型的交汇点上，其转型的广度、深度、难度和影响力，前所未有。

全球教育正在从工业时代教育发展模式向智能化时代教育发展模式转型。经过改革开放 40 多年的发展，中国进入并基本完成了工业化进程，实现了教育规模从小到大、从教育弱国向教育大国的战略转变；未来，人类将进入智能化时代，中国教育将实现从教育大国到教育强国的战略转变。从教育大国到教育强国是一个系统性跃升和质变。从工业时代教育发展模式向智能化时代教育发展模式转型，正是教育实现系统性跃升和质变最明显的趋势特征和最重要的战略机遇。

中国敢于并善于在世界教育发展大潮中，实现自身教育发展模式的战略转型，实现从教育大国到教育强国的华丽转身。一方面，信息技术革命颠覆着人类认知模式，深刻地改变着教育生态系统，改变着人类的学习方式、学校的教育教学方式和治理模式。另一方面，中国要率先探索智能化时代教育发展新样态，以教育数字化转型为引领，以教育教学方式转型为核心，以育人方式改革为动力，实现教育高质量发展和高质量育人，有顶层设计、有实施策略，推进中国教育体系、培养模式和教育教学方式转型。更为重要的是，要为学习者提供丰富的学习资源，以及更加自由、个性化和人性化的学习空间，构建虚实融合的学习环境，为学生学习、教师教学、学校管理和政府评价提供多样化、智能化的服务。要以中国特色、世界水平的理论创新和模式创新更好地参与和引领全球教育改革发展，讲好中国基础教育的故事，提高中国基础教育的全球竞争力和影响力。

（三）构建覆盖国家与地方的高质量教育体系

教育体系是指由相互联系的各种教育机构构成的总系统，包括学前教育机构、学校教育机构以及为终身学习和职业发展所设立的各种文化技能教育机构。教育体系的变革与提升是战略之变、系统之变和全局之变。建设具有世界先进水平的现代化高质量教育体系是21世纪中国教育发展的重点任务和重要支撑，其最重要特点是开放性、普惠性和均等化。第一，从总体定位上来讲，高质量教育体系是一个全系统、全方位、全过程的现代化教育体系。要构建以国家整体教育体系为主体，地方教育体系为支撑，服务于国家和区域经济社会发展和人的全面发展的高质量教育体系。第二，从教育功能上来讲，要构建正规教育体系和非正规教育体系紧密结合、正式教育体系和非正式教育体系分工明确的现代化教育体系，以服务于终身学习体系的全面建成。第三，从层次划分上来讲，要构建高质量的学前教育体系、小学教育体系、中学教育体系和大学教育体系，以实现高质量教育体系的全系统、全方位和全过程覆盖。第四，从横向体系上来讲，要实现学校教育体系、家庭教育体系和社会教育体系的现代化，全面建成高水平、高质量的家庭、学校、社会协同育人体系。

要完善教育对外开放战略，有效利用世界一流教育资源和创新要素，使我国成为具有强大影响力的世界重要教育中心。优化区域教育资源配置，优化高等教育布局。要从教育发展和国家总体战略出发考虑，以城市群为纽带、以特大城市为引领，形成全国教育中心和区域教育中心，使之成为21世纪中国教育的增长极，带动全国教育改革和发展，将中国建设成为世界重要教育中心。

（四）打造中国特色世界先进水平基础教育

建设教育强国，基础教育是基点。基础教育搞得越扎实，教育强国步伐就越稳、后劲就越足。基础教育是民族振兴的基业、国家富强的基石和共同富裕的基础。建设教育强国，必须谋求基础教育的战略之道和变革之道。一是构建支撑基础教育高质量发展的法律体系。研究制定“学前教育法”“学校教育法”等一系列新的法律法规，形成更加完善的基础教育法律制度，支撑教育高质量发展。二是形成更加先进的培养目标、课程体系、教学体系和评估体系，健全德智体美劳全面育人的新体制机制，让每个学习者都得到全面发展和个性发展的机会。三是减轻学生课业负担，深化教育考试制度改革，促进学生身心健康发展，办好老百姓家门口的每一所学校，真正减轻中等收入群体的教育焦虑，让人民的满意度更高、幸福感更强、安全感更足。四是提升基础教育国际化水平，积极参与国际学生评估项目（PISA），为发展中国家研制优质教材，积极参与国际教育治理，面向海内外举办高水平中小学，开展国际教师培训，编辑出版中国基础教育的最新研究成果，提升中国基础教育的国际竞争力和影响力。

（五）建设世界一流水平的高等教育强国

在建设教育强国的伟大征程中，高等教育应当成为教育高质量发展的领跑者、教育综合实力的领先者、教育改革创新的领衔者、全民终身学习的领航者和国际教育竞争的领军者。中国高等教育已经实现从精英化到大众化，再到普及化，进入建设教育强国的新阶段，这是中国高等教育发展的历史转变和战略提升。

第一，习近平总书记强调指出：“人才是第一资源。古往今来，人才都是富国之本、兴邦大计。”[①] 当今世界的综合国力竞争极为重要的方面就是人才竞争。要充分发挥高等学校的人才、智力和资源优势，造就一大批世界水平的科学家、科技领军人才、工程师和高水平创新团队，培养一大批大国工匠、能工巧匠和高技能人才。着力培养一大批一线创新人才和青年科技人才，实现人才培养水平、科学研究水平和社会服务水平的整体提高，全面提升创新人才自主培养能力。

第二，一流大学和一流学科建设是高等教育强国的重要标志与核心指标，要把加快建设中国特色、世界一流的大学和学科作为重中之重，有效推动教育发展、科技创新、人才培养一体化进程。以一流学科为引领，建成一批国际知名、有特色、高水平的高等职业院校，使若干所大学达到或接近世界一流水平。

第三，加强基础研究和知识创新。加大应用研究、工程技术研究力度，在

---

① 习近平：《在网络安全和信息化工作座谈会上的讲话》，人民出版社，2016，第23页。

共性关键技术、前沿引领技术、现代工程技术、颠覆性技术等领域实现突破。深化政产学研融合，加快科研成果转化，促进人才链、知识链、创新链和产业链精准对接。

第四，在科学研究、技术创新、人才培养和社会服务方面全面对接京津冀协同发展、长江经济带、粤港澳大湾区等国家重大战略，提供研究服务、技术支撑和人才保障。提升高等教育国际化水平和国际竞争力，促进国家综合教育实力和竞争力的整体提升。

（六）发展高水平高质量现代化职业教育

构建面向全体公民、满足不同群体需求、兼顾特殊人群技能需求的现代技能教育培训体系。满足不同年龄人群的就业、转岗、创业的技能学习需求，为个人贯穿终身的技能发展提供全面支持，实现技能教育普及化、终身化，让技能教育惠及生命全周期。

第一，加强职业教育发展战略咨询和决策咨询研究。积极应对学龄人口波动对职业技术教育带来的冲击，研究发展新质生产力给职业教育发展带来的新挑战和新机遇。持续实施“现代职业教育体系建设改革行动”，统筹高等教育、职业教育、终身教育协同创新，探索职业技术教育现代化体制、现代化课程和现代化育人方式。创办一大批职普融通、产教融合、具有国际竞争力的职业院校，为新质生产力发展培养高水平新质人才。

第二，进一步打通职业人才培养和发展通道。适度提升职业教育办学层次，扩大职业本科和研究生教育规模。依托先进制造业、高端人才和高新技术，提升职业院校综合办学实力和管理能力，全面提升职业教育品质和水平，培养一大批技术能手和大国工匠，提升职业教育服务国家、地方和企业经济社会发展的能力。

第三，进一步提升学校、企业、社会协同育人能力。以省级区域为单位，以城市群为重点，促进区域职业教育协同创新、资源共享、人才共育、共同发展。提升职业教育与培训课程研制开发水平，为职业院校学生提供先进而丰富的教育资源，提升职业院校人才培养和教育质量监测水平。

第四，提升服务经济社会发展和人的全面发展的能力。积极面对现代农业、先进制造业、现代服务业、战略性新兴产业发展新趋势和新需求，积极推进职业院校结构调整和供给侧改革。构建由政府、大学、企业等主体共同参与的区域“产学研融创体系”，创造更具包容性的产学研融合创新制度环境，打造政产学研共同体，构建高效的政产学研协同创新机制，探索建立共同体协同育人新模式。

（七）构筑促进人的可持续发展的终身教育体系

习近平总书记在全国教育大会上提出："深入实施国家教育数字化战略，扩大优质教育资源受益面，提升终身学习公共服务水平。"① 全球化、数字化、老龄化是影响 21 世纪教育发展的三大趋势。可持续发展的核心与关键是人的可持续发展。早在 2500 多年前，荀子在《劝学》一文中就提出"学不可以已"的终身学习思想。20 世纪 70 年代以来，UNESCO（联合国教育、科学及文化组织，United Nations Educational，Scientific and Cultural Organization）、OECD（经济合作与发展组织，Organisation for Economic Co-operation and Development）和欧盟相关机构，就倡导"学习是终身性活动，而且所有教育都应该围绕这一原则组织展开"。终身学习是实现人的可持续发展的基本保障，构建终身学习体系是建设教育强国、实现教育现代化的战略任务。为此需要采取以下措施。

一是构建全民终身学习的制度体系。制度是保障，是建设全民终身学习体系的法律基础和政策基础。应尽快研究制定具有中国特色的"终身学习促进法"，整体设计全民终身学习的制度框架和政策体系，增加各级政府、企业、事业单位对终身学习的投入，为全民终身学习提供法律和资金保障。二是拓展全民终身学习的学习空间。城乡中小学要面向社会、面向社区办学，为学习者提供良好的学习空间；各级各类职业学校要建立持续终身的教育与培训体系，为学习者提供技能提升的空间；中央和地方高等学校要发挥知识库、资源库和人才库的重要作用，为全民终身学习提供源源不断的学习资源。三是健全全民终身学习的资源平台。现代信息技术是学习型社会从理想走向现实的重要推手。要依托人工智能、大数据、区块链等新理念、新技术和新方法，构建覆盖城乡的网络化、数字化、智能化、个性化、终身化的学习资源平台，真正建成人人皆学、处处能学、时时可学的学习型社会。

（八）提升家庭学校社会协同育人能力

习近平总书记在中共中央政治局第五次集体学习时的重要讲话明确强调："学校、家庭、社会要紧密合作、同向发力，积极投身教育强国实践，共同办好教育强国事业。"② 学校、家庭、社会协同育人是一项有组织合作育人的系统工程，是新时代中国教育高质量发展的战略主题。要动员全社会力量，着眼于学校、家长、社会协同育人的体制机制、政策支持、资源短板、特殊需要等重点

① 《习近平在全国教育大会上强调 紧紧围绕立德树人根本任务 朝着建成教育强国战略目标扎实迈进》，中国政府网，https：//www. gov. cn/yaowen/liebiao/202409/content_6973522. htm。

② 《习近平总书记在中共中央政治局第五次集体学习时的重要讲话精神》，中国政府网，https：//www. gov. cn/govweb/yaowen/liebiao/202305/content_6883868. htm。

问题，引入儿童友好社会的理念，建设具有普适性、可及性、便捷性的协同育人机制，建立畅通的信息沟通机制和接诉即办机制，更加有针对性地解决人民群众在教育中的急难愁盼问题。

一是构建目标协同、主体协同、机制协同和网络支撑的学校、家庭、社会协同育人体系，全面提升协同育人能力，实现全员参与、全系统协同、全要素创新和全过程育人的目标。以数字化转型为动力，全面提升学校、家庭、社会协同育人体系、制度、机制与基础建设水平，以教育数字化赋能学校、教师和家长。以教育数字化促进协同育人模式变革，赋能人的全面发展和人才培养。

二是探索协同育人理论、策略、路径和方法，培育、提炼、总结和推广协同育人典型经验，不断深化对育人方式变革规律的认识、把握，从实践的自觉迈向理论的自觉，发挥理论对实践的引领作用，努力培养一代又一代德智体美劳全面发展的社会主义建设者和接班人，培养一代又一代在社会主义现代化建设中可堪大用、能担重任的栋梁之材。

总之，建设教育强国是中国教育发展模式的战略转变和系统跃升，是一项伟大的系统工程。以高质量发展推进教育强国建设是当代教育人的光荣使命和责任担当，建设教育强国需要各级政府和全体人民的不懈努力。努力建设一支高素质、专业化、现代化的教师队伍，需要持续坚持高水平教育开放与交流，构建与教育强国相适应的财政投入体制，不断进行实践创新、持续总结经验，更需要全社会共同努力、统筹推进。全党、全社会和全国人民要坚定信心、久久为功，为早日实现教育强国目标共同努力。

高质量教育体系建设的“体系突破”：内涵、必要与实现

李政涛　思　远*

【摘　要】高质量教育体系建设是马克思主义中国化的生动实践。作为政策话语、理论话语、实践话语与中国话语的综合融通概念，高质量教育体系是一种不可分解的整体表达。新时代，作为一项复杂的系统工程，教育高质量发展亟须以马克思主义体系观念为精神底色，实现“体系化”的战略转型与“体系化”的回归突破。推进高质量教育体系建设的“体系突破”具有多重维度与多元路径，表现为形上之维的思维突破、基础要素层面的范畴突破、内外张力层面的边界突破、运行保障层面的机制突破、力量源泉层面的动力突破、育人指向层面的功能突破。

【关键词】高质量教育体系；教育强国；中国教育学

2020年10月，中国共产党第十九届中央委员会第五次全体会议通过的《中共中央关于制定国民经济和社会发展第十四个五年规划和二〇三五年远景目标的建议》（以下简称《建议》）明确提出“建设高质量教育体系”①。2021年，《中华人民共和国国民经济和社会发展第十四个五年规划和2035年远景目标纲要》（以下简称《纲要》）更是直接指出，要“把提升国民素质放在突出重要位置，构建高质量的教育体系和全方位全周期的健康体系，优化人口结构，拓展人口质量红利，提升人力资本水平和人的全面发展能力”②。作为2035年教育现代化和教育强国远景目标的核心战略任务，高质量教育体系建设正面临深

---

* 李政涛，教育学博士，中国教育学会副会长，教育部中学校长培训中心主任，华东师范大学基础教育改革与发展研究所所长，教授，博士生导师，主要研究方向为教育基本理论、基础教育改革与发展；思远，华东师范大学教育学系博士研究生，主要研究方向为教育基本理论。

① 《中共中央关于制定国民经济和社会发展第十四个五年规划和二〇三五年远景目标的建议》，《人民日报》2020年11月4日。

② 《中华人民共和国国民经济和社会发展第十四个五年规划和2035年远景目标纲要》，《人民日报》2021年3月13日。

刻的“体系化”战略转型，亟待深入研究与回应“体系突破”的前提性、优先性与结构性问题。如何系统认识高质量教育体系的整体定位，厘清高质量教育体系的基本内涵、首要任务和战略意义，进而探讨从多元实现路径层面保障和促进高质量体系建设的“体系突破”，是建设高质量教育体系进程中必须予以积极回应的重大命题。

一　“体系突破”的前提：高质量教育体系是不可分解的整体表达

建设高质量教育体系是一项整体化的系统工程。高质量教育体系不仅是一个高水平的人才培养体系，更是一个“全员、全程、全方位”的协同育人体系①，涵盖推进基本公共教育均等化、增强职业技术教育适应性、提高高等教育质量、建设高素质专业化教师队伍、深化教育改革等不同方面。“高质量教育体系”不等于“高质量+教育体系”，也非各教育阶段（学前教育、义务教育、高中阶级教育、高等教育）的简单相加。建设高质量教育体系注重上下衔接、左右互通，具有全纳性和终身学习的特点②，旨在满足人民群众更高质量、更公平、更多样化、更可持续发展以及更安全可靠的教育需求③。可见，“高质量教育体系”是一个不可分解的核心概念④，是政策话语、理论话语、实践话语与中国话语的综合统一与整体表达。

（一）作为政策话语的高质量教育体系

在加快建设教育强国的宏观背景下，高质量教育体系建设持续遵循高质量发展理念。党的十八大以来，国家在制定涉及重大综合性和全局性教育政策时，始终保持审慎态度。在此之前，常用“高质量教育”与“高质量教育改革”等政策话语来描述相关决策。党的十九大报告明确指出：“我国经济已由高速增长阶段转向高质量发展阶段。”⑤ 这一重要论断深刻揭示了我国社会经济发展的内在规律与必然趋势。高质量发展旨在满足人民对美好生活的需要，既是对当前经济形势的科学判断，也是对教育发展方向的明确指引。直至《建议》

① 周鑫、戴亮：《高质量教育体系的系统工程性之辨》，《东北大学学报》（社会科学版）2022年第6期。

② 刘宝存、张金明：《国际视野下的高质量教育体系：内涵、挑战及建设路径》，《重庆高教研究》2022年第1期。

③ 周洪宇：《建设高质量教育体系　迈向教育发展新征程》，《民主》2020年第12期。

④ 周元宽、鲁沛竺：《“高质量教育体系”概念：问题、机理与建构策略》，《教育研究与实验》2023年第2期。

⑤ 《习近平著作选读》第2卷，人民出版社，2023，第150页。

与《纲要》两份重大政策文件颁布，“高质量教育体系”作为一个表征国家教育事业发展方向与价值取向的核心概念，依照政策话语的语言规范与话语逻辑被完整地提炼出来。这标志着，我国高质量教育建设已从初步试点、局部试行的层面，深化到了更为全面系统的“体系建设”层面。可以说，作为一个重大政策话语，“高质量教育体系”的提出，凸显了在新征程上教育体系建设之于国家现代化建设的极端重要性，凸显了教育的政治属性、战略属性、民生属性。

（二）作为理论话语的高质量教育体系

作为对当前我国教育事业发展诉求与未来愿景的理性表达，高质量教育体系蕴含丰富的学理意涵与独特的思想观念。其中，“高质量”是建设高质量教育体系的内在要求，旨在解决人民日益增长的美好教育生活需要和不平衡不充分的教育发展之间的矛盾，指向一种更加优质均衡、更加安全可靠、更加持续发展的教育体系。在这个意义上，高质量教育体系代表了高质量教育实践变革的价值追求和发展方向。此外，“体系建设”是实现教育高质量发展的必然路径，旨在为教育高质量发展提供一种结构化的认知框架与系统化的方法论。可见，高质量教育体系蕴含了教育理论演进与教育实践变革的转化逻辑，是中国教育学知识体系的重要组成部分。而任何理论话语如果缺乏学术内涵、学术底蕴和学术支撑，缺乏学术界的总体性认同，都将行之不远。因此，作为一种理论话语的高质量教育体系，需要通过不断完善和优化学理支撑，实现体系升级。

（三）作为实践话语的高质量教育体系

高质量教育体系是社会实践的产物。实践是话语存在的基础，体现社会现实的历史逻辑和实践理性。教育实践是一个不断探索、不断创新的过程。高质量教育体系建设，关涉我国教育实践变革领域的诸多重大问题，是对教育实践关键领域、关键环节、关键步骤的系统建构，是对缺乏整体融通且尚未达成共识的教育体制机制改革的全面回应。高质量教育体系建设涉及推动义务教育均衡发展和城乡一体化、健全学校家庭社会协同育人机制、提升教师教书育人能力素养、引导高中阶段学校多样化发展等诸多实践领域。可以说，高质量教育体系是在满足人民基本教育需求的基础上，进一步改善教育民生、增进教育福祉的话语实践。可见，作为一种实践话语，高质量教育体系不仅是全面贯彻党的教育方针与坚持立德树人的话语实践，更是培养德智体美劳全面发展的社会主义建设者和接班人的重要保障。因此，高质量教育体系建设要不断总结实践经验，发现问题症结所在，从教育实践中汲取智慧，积极创新教育方法与思想，不断完善终身学习体系，持续建设学习型社会。

（四）作为中国话语的高质量教育体系

作为马克思主义中国化在教育领域的生动表现，高质量教育体系是中国教育事业发展历程中的重大理论创新和重大实践探索，能够为中国教育事业发展提供强大的内驱动力和思想支持。高质量教育体系既是一种具有民族文化独特性的"中国话语"①，更是一种政策话语、理论话语与实践话语相互作用、彼此融通的整体表达。高质量教育体系是党和国家对教育事业发展的整体布局与战略规划，反映了中国社会发展对教育实践变革的广泛期待和积极参与。建设高质量教育体系蕴含"中国特色"，彰显"中国智慧"，表现为政策话语"在中国"提出，理论话语"在中国"建设，实践话语"在中国"落地。因此，高质量教育体系建设承载着中国特色社会主义教育的发展方向，体现着中国教育改革实践对世界教育事业发展的独特贡献。

二 "体系突破"的内涵：高质量教育体系建设的精神底色

构建具有中国特色的高质量教育体系是当前中国教育事业发展的时代命题，需要以马克思主义为审思视域与精神底色，作出具有本土民族性、历史文化性与世界适用性的全面解答。这一解答涵盖高质量教育体系建设的主要依据、基本原则、方式方法等核心要素，既需要考察马克思主义对传统体系的"解构过程"，更需要明晰新体系的"建构过程"与"突破过程"。

（一）何为"体系"与"体系突破"

创建新体系是马克思恩格斯的初心。马克思恩格斯体系革命的核心目标是推翻唯心主义哲学体系和旧唯物主义哲学体系，特别是黑格尔的体系哲学。黑格尔的体系哲学是指黑格尔哲学中关于绝对精神的发展过程和绝对精神在不同阶段的表现形态的完整体系。黑格尔将绝对精神作为宇宙万物的本质和本源，认为绝对精神通过辩证法的运动，不断地从低级阶段向高级阶段发展，最终实现自我认识和自我实现。黑格尔的体系哲学包括逻辑学、自然哲学和精神哲学三个部分，其中逻辑学是绝对精神在思维领域的表现，自然哲学是绝对精神在自然界的表现，精神哲学是绝对精神在人类社会的表现。

体系是由各个不同的要素基于一定的关系或结构，相互结合而形成的具

① 李政涛、王晓晓：《高质量教育体系建设的中国特色与中国贡献》，《国家教育行政学院学报》2022年第7期。

有特定功能的整体。马克思恩格斯宣布体系哲学终结，但并未否认新世界观体系建构的必要性。他们所倡导的哲学革命的核心，实质上是用新的唯物主义体系来替代传统的思辨唯心主义哲学体系以及旧的唯物主义哲学体系。马克思以唯物史观和辩证法为基础，提出新唯物主义观点，主张从实际对象出发，通过辩证思维构建科学理论体系。马克思主义的体系观在强调整体性的同时兼顾辩证性，认为哲学体系是一个不断发展和变化的有机整体。马克思恩格斯运用唯物辩证法的独特视角，揭示了现代社会中人与自然、人与人（社会）之间错综复杂的整体联系。他们的理论不仅深入剖析了自然世界和社会世界的运动发展过程，还强调了各领域内部和领域之间存在的“近乎系统的形式”的内在逻辑联系。这种联系使得整体的功能与性能超越了部分之和，实现了“1+1>2”的卓越效果。同时，体系的整体性并不意味着它是一种固定不变的真理表达，而是暂时性的出场形态。因此，体系不仅涵盖了各个相对独立的部分，更深入地揭示了部分之间复杂而有序的相互作用和协同关系。

“体系突破”实质上是历史与方法论的有机结合。马克思运用唯物史观、唯物辩证法，结合现实深入分析，实现了体系突破。历史与方法论是体系突破的双翼，相互支撑，共同推动。历史为研究者提供了广阔的视野和深刻的洞见，而方法论则为这些洞见提供了实证支持和操作路径。在马克思主义看来，体系突破不仅要求对事物进行全局性的认识，更要求揭示事物之间的联系和发展规律。其重要性不仅在于它对事物内部结构的深入分析，更在于它对事物发展规律的揭示。马克思主义认为，应该从实际对象的本质性和规律性出发，以“反思的问题学”穿透现实，真实地反映和表达实证科学的材料，既不能由先验思辨观念代替现实，作为“提问方式的思辨形而上学”，也不能停留在“问题的实证主义”，作为表象的直观。这就要求，体系的突破不仅要看到事物的表面现象，更要洞察其背后的本质和规律。只有这样，才能对体系进行全面的认识，才能对事物的发展进行科学的预测和引导。

（二）高质量教育体系的“体系突破”以马克思主义体系观为精神底色

马克思主义认为，一切体系都是历史的科学，渗透着唯物辩证法的发展性和开放性，具有鲜明的实践性品格，必须从持续的运动中把握其现有的出场形态。“体系建构是一个在现实基础的历史性变化中动态的出场过程，具有开放性，每一个体系都不是一经出场就永恒在场的形而上学，而是一种历史的、具体的出场形态。”① 教育体系并非一成不变，而是持续演进、不断生成

① 任平、周欢：《从“观”到“体系”：马克思〈资本论〉“体系观”的出场逻辑》，《苏州大学学报》（哲学社会科学版）2023年第3期。

的。它兼具现实性、过程性和未来性，反映了教育的动态性和前瞻性。[①] 一个高质量的教育体系，必须内在一致、协调，运行流畅，且能自动调节适应各种情况。高质量教育体系深刻体现了唯物辩证法的发展性和开放性。它不是一个僵化的框架，而是一个不断发展、不断更新的过程。它要求我们在实践中不断总结经验，不断调整和完善体系的结构和功能，以适应时代的发展和社会的变化。

"体系突破"的思想引线是教育体系观的变革。学术界对于高质量教育体系至少有四种解释方案：结构要素式、过程环节式、问题要务式和综合式。[②] 结构要素论认为，一个体系是由多个子系统组成的。这些子系统之间的结构关系是该体系的独特之处。只有当这些子系统之间发生耦合或相互作用时，才能形成一个更高阶的总体系统。因此，实践层面的体系建设需要先调整教育事业整体的结构和布局。生成性系统论认为，体系是开放的，需要外部环境输入信息才能实现创生和演化，达到可能的平衡状态。可见，体系观是高质量教育体系理论构建和实践探索的线索，不同的体系观建构出不同的教育理论解释框架，引领着不同教育实践变革的发展方向。

"体系突破"的灵魂在于方法论的突破。构建高质量的教育体系，本质上是一个方法论问题。"方法论"作为"体系"的核心与灵魂，其存在与应用领域的必然展开即为"体系"。作为抽象层面的核心指导原则，方法论能够在特定对象领域中被深入拓展与精确把握，是构建完整而系统的框架体系的核心保障。"体系突破"不是仅局限于特定领域或局部问题，而是一场关乎全局的、深层次的系统性变革，是一项涉及方法论的重要议题。

方法论与思维方法的科学性和创新性紧密相连，同时也与批判性的反思能力和综合性的建构能力息息相关。[③] 在"体系突破"的过程中，方法论的科学性和创新性至关重要。科学的方法论能够保证教育内容的准确性和有效性，而创新的方法论则能够推动教育的进步和发展。因此，需要不断地灵活更新和完善教育方法论，以适应时代的变化和社会的需求。其中，优化与迭代是实现体系突破的两种核心手段。二者的区别在于，优化侧重于在现有框架内进行微调和完善，而迭代则强调对体系进行根本性的重构。尽管方式不同，但共同目标均是打破固有的思维模式和框架，以全新的视角和方法来全面改进与优化组织的各个方面，以此实现高质量教育体系的整体提升与质的飞跃。

---

① 高书国：《教育强国视域下中国教育的变革之道——从工业教育时代步入智能教育时代的系统跃升》，《中国教育学刊》2024年第1期。

② 周元宽、鲁沛竺：《高质量教育体系的逻辑理路和实践取向》，《重庆高教研究》2022年第4期。

③ 叶澜：《教育研究方法论初探》，上海教育出版社，2014，第25页。

三 “体系突破”的深化：高质量教育体系建设的战略要义

（一）“体系突破”是高质量教育体系建设的第一要务

“体系突破”要作为推动高质量教育体系建设的第一要务加以研究与转化。“高质量教育体系”的解释重心应在“体系”，体系建设本身既是突破目标，也是实现路径。建设高质量教育体系要以马克思主义体系观为指导，全面、辩证、长远地系统谋划中国在教育事业发展与实践变革进程中所面临的复杂环境与多样化问题。有学者认为，建设高质量教育体系的关键在于优化和创新教育结构与体制，要积极确立一种全新的、全面整合的高质量标准。① 因此，积极推进“质量话语”建设、强化“质量话语”，成为建设高质量教育体系的时代命题。② 事实上，高质量教育体系的研究母题为“体系建设”③。建设高质量教育体系是构建新发展格局的基础环节。体系自身的建设或突破是比评价标准的优化更具紧迫性的议题。因此，从体系突破与战略部署的角度出发，全局性的规划与设计，是确保高质量教育体系拥有坚实的制度基础与切实可行的实施路径的必要保障，能够为中国教育事业的持续优化和迭代更新提供强有力的系统支撑。

当前，在建设高质量教育体系的过程中，“体系突破”尚显不足，不能很好地体现高质量教育体系建设的结构性与其内生发展的逻辑连贯性。其一，在探索实现路径上，针对当前高质量教育体系中存在的教育质量低等突出问题，研究者们提出了以解决问题为导向的关键策略与应对方法，这些方法能够在一段时期内缓解教育矛盾，化解教育危机，但它们是片段式的、局部式的。综观已有研究，基于实践体系指标的构建与实然层面的专题分析较多，主要聚焦于单一要素的优化完善，包括但不限于构建高水平人才培养体系④、加强高素质教师队伍建设⑤、消除教育评价中的“五唯”现象⑥、建立高质量教育保障体系、

① 卢晓中：《基于系统思维的高质量教育体系构建与教育评价改革——兼论拔尖创新人才培养的系统思维》，《国家教育行政学院学报》2021 年第 7 期。

② 毛迎新、谭维智：《构建中国特色教育学的“质量话语”——基于高质量教育体系建设的思考》，《教育发展研究》2022 年第 19 期。

③ 周元宽、鲁沛竺：《“高质量教育体系”概念：问题、机理与建构策略》，《教育研究与实验》2023 年第 2 期。

④ 李立国：《高等教育内涵式发展下的高水平人才培养体系建设：逻辑框架与作用机制》，《清华大学教育研究》2019 年第 6 期。

⑤ 刘旭东：《论中国式现代化视野下高质量教师教育体系的构建》，《当代教师教育》2023 年第 4 期。

⑥ 范国睿：《高质量教育体系建设：价值、内涵与制度保障》，《南京师大学报》（社会科学版）2022 年第 2 期。

适应教育服务新发展格局、推进教育治理体系和治理能力现代化，以及利用信息化手段助推教育现代化等。其二，建设高质量教育体系的层次趋于固定化，无法凸显体系动态突破的生成过程。在宏观层面，主要依据教育的基本秩序展开，既包括制度体系、结构体系、育人体系和治理体系四个维度的划分方式①，也包括布局体系、制度体系、目标体系、要素体系、供给体系五个维度的重构；② 在中观层面，主要是对标各级各类学校，分为高质量基础教育体系、高质量职业技术教育体系、高质量高等教育体系、高质量教师教育体系、高质量终身学习体系、高质量教育保障体系与高质量教育治理体系七个维度；③ 在微观层面，主要是从单一学科、单一体系的建设展开，如围绕"四梁八柱"将我国高质量学前教育指标体系划分为价值体系、条件体系、过程体系和结果体系。④

（二）"体系突破"的加快建成"教育强国"的核心途径

"体系突破"对于实现"教育强国"的目标具有全局性的重要意义。⑤ 2021年3月，《纲要》进一步巩固和深化了这一战略方向。《纲要》明确提出，"展望2035年，我国将基本实现社会主义现代化"，"建成教育强国"。⑥"建设高质量教育体系"的提出，彰显了鲜明的时代性，是当今我国教育发展的阶段性、整体性表达。⑦ 相较于"教育强国"的表述，"高质量教育体系"更注重教育体系的整体品质。教育强国战略目标的提出，为构建高质量教育体系提供了持续的知识支撑。同时，作为核心途径，高质量教育体系建设能够为加快推动教育强国建设注入新的活力，为其发展打下稳固的基石。这种相互依存、相互促进的关系，蕴含了教育强国背景下教育理论与实践的新变革、新挑战与新路径，彰显了高质量教育体系建设的历史使命和时代价值。

"体系突破"对于中国教育学知识体系的稳定性具有至关重要的作用。随着规范科学的逐渐瓦解，传统的宏大叙事、一般演绎和体系思维已逐渐失去主导地位。对"体系"及其思维方式的忽视，以及对体系内部结构与关系的解构，给教育学的知识生产与教育实践探索带来了虚无化的潜在风险。因此，对

① 高书国：《高质量教育体系的时代内涵与实践策略——基于系统理论的战略分析》，《中国教育学刊》2022年第1期。

② 刘义兵、陈雪儿：《中西部高等教育高质量发展的内涵、体系与路径》，《中国电化教育》2022年第1期。

③ 周洪宇、李宇阳：《论建设高质量教育体系》，《现代教育管理》2022年第1期。

④ 霍力岩、孙蔷蔷、龙正渝：《中国高质量学前教育指标体系建构研究》，《华东师范大学学报》（教育科学版）2022年第1期。

⑤ 陈宝生：《建设高质量教育体系》，《光明日报》2020年11月10日。

⑥ 《中华人民共和国国民经济和社会发展第十四个五年规划和2035年远景目标纲要》，中国政府网，https：//www.gov.cn/xinwen/2021-03/13/content_5592681.htm。

⑦ 李政涛、周颖：《建设高质量教育体系与中国教育学的知识供给》，《教育研究》2022年第2期。

高质量教育体系建设之“体系突破”的强调，成为使教育学知识生产与教育实践探索回归中国教育学知识体系的迫切需求。教育学知识体系与高质量教育体系具有互动生成性。只有通过体系化的知识供给，才能使教育学知识生产在高质量教育体系建设中充分展现自身价值，为中国教育学合理性与合法性的存在提供理论依据。[①] 这一过程需要严谨、稳重、理性的实证态度，以确保中国教育学知识体系的持续构建与特色发展。

四 “体系突破”的路径：高质量教育体系建设的多重维度

高质量教育体系的“体系突破”是一个充满风险和博弈的复杂任务。“体系突破”全程充满变化和不确定因素，甚至可能以某种强烈的方式介入，尽管不能完全预测，但可认识、可设计。在实现路径上，为了推动教育质量的全面提升，破旧立新是必由之路，即直面多种不确定性因素的交互作用，在不确定性中寻求高质量教育体系的新内涵、新特征与新秩序。高质量教育体系的“体系突破”需要从思维突破、范畴突破、边界突破、机制突破、动力突破、功能突破等多重维度探寻创生路径。这些要素相互交织，在“突破”中生成，共同支撑起一个稳固且富有活力的高质量教育体系。

（一）思维突破：体系突破的形上之维

高质量教育并非局限于某一层次、维度或方面的高质量，而是应具备整体性、全局性和协同性的特征。[②] 这意味着，在处理教育发展的问题时，应将其置于更广阔的教育体系中进行深入分析和审视，转变原有的“逐个击破”的解决思路，转向“通盘设计”的战略视角。随着科技的飞速发展以及全球化和信息化的推进，社会对人才培养的需求也在不断变化。实现教育强国的目标，迫切需要树立新的教育理念和思维方式。因此，思维突破是实现高质量教育体系突破的形上之维，是推动高质量教育体系变革的核心力量。要实现高质量教育体系的突破，必须从根本上改变思维方式，寻求思维突破。

高质量教育体系突破是一项系统工程，需要各地统筹推进、协同联动，不断推进高质量教育体系的观念转型和思维跃升。其中，最根本的任务是将高质量教育体系建设融入“五位一体”总体布局和“四个全面”战略布局中去。[③]

① 李政涛、周颖：《建设高质量教育体系与中国教育学的知识供给》，《教育研究》2022 年第 2 期。

② 高书国：《教育强国视域下中国教育的变革之道——从工业教育时代步入智能教育时代的系统跃升》，《中国教育学刊》2024 年第 1 期。

③ 汤贞敏：《建设高质量高等教育体系：时代背景、内涵指向与实现策略》，《高教探索》2021 年第 1 期。

这种思维突破应以体系思维为引导。所谓体系思维，是指能够将一系列零散的问题进行有序整理，并以全面的、整体的视角分析问题的思维方法。体系思维表现出整体性、灵活性和层次性的特点，意在表征体系的内外关联性，它不仅注重体系的内部结构，还注重对体系的相关环境进行整体性考量。因此，应深刻认识到观念创新和思维转型的重要性，以融合、协同、衔接和生态的理念为指引，充分发挥教育强国建设的思想引领和战略驱动作用。

（二）范畴突破：体系突破的基础要素

范畴是高质量教育体系建设的基石。范畴突破是高质量教育体系突破的基础要素。在教育领域，范畴是理解和指导教育实践的基本单元。没有扎实的范畴基础，任何教育体系都难以稳固。要建设高质量教育体系，就必须对范畴进行解释优化与拓展更新。这里的范畴不仅指教材、课程等教育资源，更涵盖了教育理念、教育政策、教育目标等深层次的内容。从范畴的产生程序来看，人文社会科学中的范畴是在具体的使用中呈现其含义的，它是通过“抽象”的程序得以产生的，因而必须基于现实的历史，“这些抽象本身离开了现实的历史就没有任何价值”[①]。因此，高质量教育体系需要按照这些文本的性质和要求，建立起完善的言说系统。范畴可以按照重要程度分为核心范畴、重要范畴与次要范畴等。

随着时代的变迁和社会的进步，传统的教育范畴已经无法适应新的教育需求和发展趋势。例如，当前对于“学习”这一范畴的解释已经优化，不再仅仅将其理解为知识的记忆和应试的技能，而是更加注重学习的过程、方法和体验，强调学习的主动性、探究性和合作性。这种范畴的解释优化需要教育者具备批判性思维、创新能力和跨学科知识，以更加全面、深入、系统的视角来审视教育范畴，理解当下的教育实践所反映的时代新需求。此外，范畴本质上是人类“精神生产”的结晶与产物，高质量教育体系作为中国话语，必然要吸纳生长于中国大地的教育概念，以实现范畴的拓展更新。因此，高质量教育体系建设要以挖掘中国教育学发展的传统教育智慧和经验为基础，选择、梳理、凝练及传播具有鲜明中国特色且被国际社会认同的教育新概念、新范畴、新表述。[②]

（三）边界突破：体系突破的内外张力

边界突破是高质量教育体系突破的必要条件，也是高质量教育体系建设的关键一环。在体系的研究中，任何范畴均应设定明确的边界。边界的存在本质

---

① 《马克思恩格斯选集》第1卷，人民出版社，2012，第153页。

② 李政涛、王晓晓：《高质量教育体系建设的中国特色与中国贡献》，《国家教育行政学院学报》2022年第7期。

上是为了界定体系中范畴的独立性，并作为主客观特征相结合的衡量标准。明确范畴的边界，对于深入探究范畴之间的相互关系至关重要。此外，边界突破至少存在双重意义：其一，在边界之内寻求体系优化的极限；其二，在边界之外思考如何进行结构的重组。因此，高质量教育体系的边界突破意味着实现各子系统之间的跨界关联。

人类已步入“跨界教育”的时代，跨界教育作为一种综合性的教育体系，旨在实现教育模式的跨界互补，推动知识体系的跨界融合，并促进人才培养各方的跨界合作。它试图充分融合不同教育类型的优势，形成更为综合、灵活、多元、互补的教育形态。[①] 坚持“跨界”并非模糊教育问题的边界，而是拓展教育的问题域。以边界突破助推高质量教育体系建设，至少存在两条路径：其一，从内打通教育系统之间的信息壁垒、资源壁垒与平台壁垒，包括关注教育的全过程，从学制层面探索学前—高中贯通、普职融通、公办—民办协同的教育体系之可能；[②] 其二，向外加强教育与经济、科技、人文、社会治理、生态等多个领域的跨界互补，如推动学校与社区、企业、科研机构等合作，共同开展教育活动和研究项目等。高质量教育体系建设要通过打破传统教育模式的局限，整合不同领域的教育资源，构建全方位、多层次的教育体系，以此提升人才培养的质量和效果。

（四）机制突破：体系突破的运行保障

机制是在承认体系范畴的前提下，通过协调各部分关系来发挥体系运作效能的方式，它体现了体系运作的内在机理和规律。在教育体系中，各部分必须通过机制加以整合，以此协调彼此关系，发挥体系运作的整体效能。高质量教育体系的机制突破，需要通过机制联动统筹各种要素，实现更灵活高效的运行效果，包括教育管理制度改革、资源配置优化、评价体系革新等。比如，我国义务教育领域存在城乡、区域、校际以及不同群体的差距。构建优质均衡的基本公共教育服务体系是实现机制突破的重要环节。教育资源的不均衡分配一直是教育领域的一大难题，也是教育资源浪费和教育质量参差不齐的重要原因。

对此，2023 年 6 月，中共中央办公厅、国务院办公厅联合发布的《关于构建优质均衡的基本公共教育服务体系的意见》中强调，要强化对教育优质均衡发展的全面规划和统筹，同时明确了四个重点方向以加速缩小各类差距。[③] 首

---

① 李政涛：《跨以成人：跨界教育的历史、现实与未来》，《教育研究》2023 年第 5 期。

② 薛二勇、李健：《高质量教育体系建设：涵义、挑战与着力之处》，《教育与经济》2022 年第 6 期。

③ 《中共中央办公厅 国务院办公厅印发〈关于构建优质均衡的基本公共教育服务体系的意见〉》，中国政府网，https：//www. gov. cn/zhengce/202306/content_6886110. htm。

先，通过推进学校建设的标准化，努力缩小区域间的教育差距。其次，注重城乡教育一体化的实施，以缩小县域内城乡之间的教育差距。再次，优化师资配置的均衡性，以提升各学校办学质量，缩小校际差距。最后，通过教育关爱制度的建立与完善，努力缩小不同群体间的教育差距。通过推动区域、城乡之间及强弱学校之间的交流互动，确保优质教育资源最大程度地惠及广大区域师生，彰显中小学教育“公共服务”的属性。通过“一校一案”的思路，对优质学校资源进行挖潜扩容，通过教育联盟、集团办学等形式，充分发挥其引领、带动、帮扶作用。

（五）动力突破：体系突破的力量源泉

动力突破是推动高质量教育体系构建的力量源泉，是高质量教育体系建设的核心驱动力。动力突破意味着警惕体系的保守性，并敢于进行“自我革新”。它如同生命线一般，维系着体系整体动态有序的运行，其内在张力支撑着体系维持相对稳定的结构。一个高质量的教育体系，必须保持高度的内在统一性与协调性，运行流畅，并具备自我调节的能力，以适应各种复杂情况。高质量教育体系的突破并非一次性的短暂行为，而是始终处于持续演进、持续优化与不断生成之中，是一个需要持续审视与完善的长期过程。因此，实现高质量教育体系的动力突破，至少存在两条必要路径：一是深入挖掘新质生产力，以创新和变革推动教育体系的升级与发展，如以数字化转型赋能高质量教育体系建设，实现协同育人体系、教育治理体系、教育评价体系、资源配置体系及教师教育体系的动力突破；[①] 二是有效激活内生动力，通过稳步并有预见性地推进教育改革创新，激发教育体系的内在活力和潜力，推动其持续、健康、稳定的发展。

推动高质量教育体系实现动力突破的主要力量在于教师。习近平总书记强调，要“大力弘扬教育家精神”[②]，为高素质教师队伍的建设提供了强大的精神动力和价值引导。教育家精神对于激发教师群体的内在动力具有关键作用，是推动强师建设的强大引擎。它不仅能够激励广大教师树立自信、自强不息，还能够激发他们的创造力和凝聚力。要培养和弘扬教育家精神，需要每位教师不断地进行内在修炼和实践探索，将其融入个人生命成长的价值追求之中。弘扬教育家精神是一项长期而持续的任务，它将激励每位教师不断书写精彩的教育篇章，为中国高质量教育体系的建设贡献智慧和力量。

---

① 万力勇、熊若欣：《以数字化转型赋能高质量教育体系建设：底层逻辑、实现机制与关键路径》，《现代远距离教育》2023年第4期。

② 习近平：《在科学家座谈会上的讲话》，人民出版社，2020，第11页。

（六）功能突破：体系突破的育人指向

教育是支撑国家繁荣与民生福祉的事业，在新时代背景下越发凸显基础性、先导性和全局性。人民群众对教育改革发展、教育内涵发展、教育教学质量提升、教育评价制度改革等，都提出了更新、更高的要求。[①] 高质量教育体系建设坚持以人民为中心的发展理念，意味着教育的高质量发展必须坚持发展为了人民、发展依靠人民、发展成果由人民共享，这亦是对教育公益性原则的坚守。因此，高质量教育体系必须坚定以人民为本的功能导向，致力于为人民提供优质的教育服务，其最终指向是满足人民对教育的期待。面对城镇化、人口和社会结构的变化，不断提高教育体系的服务能力，准确把握人民群众对教育的新关切和新期待，将教育公平融入教育综合改革的各个领域和环节，以确保教育发展的成果能够更广泛地惠及全体人民。

高质量教育体系建设的核心功能在于培养人。作为中国教育事业发展的基础保障与未来希望，高质量教育体系需要始终回应“为谁培养人”“培养什么人”“如何培养人”的核心问题。在“为谁培养人”的问题上，高质量教育体系建设要始终坚守为党育人、为国育才的初心和立场；在“培养什么人”的问题上，高质量教育体系建设要坚持立德树人，提升学生文明素养、社会责任意识、实践本领，培养德智体美劳全面发展的社会主义建设者和接班人；在“如何培养人”的问题上，高质量教育体系建设要将“五育融合”作为撬动高质量教育体系的支点或杠杆[②]，深入挖掘立德树人的内涵，探索德智体美劳全面发展的育人路径，推动高质量教育体系在功能层面实现重大突破，为培养新时代全面发展的人才奠定坚实基础。

① 范国睿：《高质量教育体系建设：价值、内涵与制度保障》，《南京师大学报》（社会科学版）2022 年第 2 期。

② 李政涛：《“五育融合”推动基础教育高质量发展》，《人民教育》2020 年第 20 期。

教育与劳动关系的多重面向

——基于政策话语的考察*

程　亮　耿媛媛**

【摘　要】 在当代中国的政策话语中，教育与劳动之间存在多重关联。在教育方针上，体现为“教育与生产劳动相结合”；在教育目的上，劳动与德、智、体、美并举，构成了全面发展教育的内容；在教育内容上，从生产劳动课拓展到劳动技术课，逐渐发展为涵盖生产劳动、服务劳动等在内的劳动科目；在教育方式上，劳动也逐步从作为落实思想政治教育、道德教育、职业教育等的载体，发展为实施全面发展教育的重要手段。因此，劳动已经关联到我国教育的目的与方针、内容与方法等各个层面，成为回答为谁培养人、培养什么人、如何培养人等基本问题的重要方面。作为具有鲜明中国特色的教育话语，劳动不仅是马克思主义教育思想中国化的重要方面，是社会主义教育优越性的重要内容，也是中国特色社会主义教育学的基本范畴。

【关键词】 教育与生产劳动相结合；劳动教育；全面发展；劳动课程

无论是在政策话语中，还是在理论探讨上，教育与劳动（尤其是生产劳动）的关系一直以来都是一个具有中国特色、彰显中国道路的重要议题。特别是2018年9月10日习近平总书记在全国教育大会上强调，要“坚持中国特色社会主义教育发展道路，培养德智体美劳全面发展的社会主义建设者和接班人，努力构建德智体美劳全面培养的教育体系”①。由此，劳动作为国家教育的目的和内容，重新被提上政策议程，全面融入国民教育体系，化为课程方案与标准，

---

* 本文系教育部人文社会科学重点研究基地重大项目“面向高质量发展的中国特色基础教育学体系研究”（项目编号：22JJD880019）阶段性研究成果。

** 程亮，教育学博士，华东师范大学教育学系教授、系副主任，基础教育改革与发展研究所研究员，主要研究方向为教育基本理论、教育伦理学、学校变革、儿童哲学等；耿媛媛，华东师范大学教育学系硕士研究生，主要研究方向为教育基本理论、教育社会学等。

① 《习近平在全国教育大会上强调 坚持中国特色社会主义教育发展道路 培养德智体美劳全面发展的社会主义建设者和接班人》，教育部网站，http：//www.moe.gov.cn/jyb_xwfb/xw_zt/moe_357/jyzt_2018n/2018_zt18/zt1818_yw/201809/t20180910_348145.html。

并被赋予了崭新的时代意义。尽管有关教育与劳动关系的探索不断“升温”，形成了颇为多样且非常可观的研究成果，但很多研究只是以“劳动教育”概念为核心进行统摄性的分析，这不仅使这个概念本身变得宽泛或模糊，而且在很大程度上也忽视了对教育与劳动关系的多重面向的深入考察。有鉴于此，本文将遵循逻辑与历史相统一的原则，以政策话语为中心，试图厘清教育与劳动之间的多重关联及其内在逻辑，以丰富和深化人们对中国特色社会主义教育发展道路的认识和理解。

一　作为教育方针的“劳动”

在我国政策话语中，教育与劳动的关联最初体现在教育方针中，主要表述为“教育与生产劳动相结合”（以下简称“教劳结合”）。总体上，“教劳结合”在思想上根源于马克思主义有关教育的重要论述，并在实践中发展成为社会主义教育的根本原则。[①] 不过，在不同时期，它所针对的问题、内含的意味、产生的影响却不尽相同。

（1）面向生产需要的“教劳结合”。从中国共产党成立到新中国成立初期，为了应对经济基础薄弱、生活物资匮乏的状况，服务生产建设的现实需要，“教劳结合”观念逐步形成，在实践中多表现为“半工半读”“勤工俭学”等形式。五四运动时期，一批早期共产主义者和无政府主义者掀起了一阵“工读”主义教育思潮，主张“把‘工’和‘读’结合起来，读书与劳动结合起来”[②]。到1934年，毛泽东在第二次全国苏维埃代表大会上提出，苏维埃文化教育的总方针“在于使教育与劳动联系起来”[③]。其后，在这一方针指引下，苏区一方面加强教育与劳动的联系，动员社会进行生产，以应对国民党封锁政策下物资匮乏的困境；另一方面加强劳动与教育的联系，以推动建立相应的劳动伦理和劳动文化。[④] 抗日战争时期，解放区面临严重的物资紧缺，迫切需要鼓励社会生产以实现劳动自救，这进一步推动了教育与劳动相关联。新中国成立初期，我国教育明确“为工农服务，为生产建设服务”的工作方针[⑤]，特别是针对当时轻视体力劳动（者）的思想，面对高小和初中毕业升学的压力，进一步强化教育系统与生产建设的结合与衔接，组织学生参与工农业生产，使学生直接参与到社会主义建设中来。

① 胡君进、檀传宝：《马克思主义的劳动价值观与劳动教育观——经典文献的研析》，《教育研究》2018年第5期。

② 毛礼锐、沈灌群主编《中国教育通史》第5卷，山东教育出版社，1988，第60页。

③ 《建党以来重要文献选编（1921~1949）》第11册，中央文献出版社，2011，第127页。

④ 刘向兵、曲霞：《党史百年历程中劳动教育的功能及其实现》，《教育研究》2021年第10期。

⑤ 钱俊瑞：《当前教育建设的方针》，《人民教育》1950年第1期。

（2）凸显政治价值的“教劳结合”。随着我国进入全面建设社会主义时期，教育领域的供需矛盾越发突出。这一时期，升学问题不仅是教育系统内部的挑战，还被政治化地解读为“为教育而教育，劳心与劳力分离”的资本主义倾向。[①] 为了保证学生的政治方向正确并对其进行思想改造，“教劳结合”原则被正式写入新中国的教育方针。1958年6月，陆定一在全国教育工作会议上的讲话中强调，“教育与劳动结合，是教育革命的主要内容之一”[②]。同年8月，陆定一又发表了经毛泽东审定的《教育必须与生产劳动相结合》一文，强调“教育为工人阶级的政治服务，教育与生产劳动相结合；为了实现这个方针，教育必须由共产党领导”[③]。同年9月，中共中央、国务院《关于教育工作的指示》正式提出：“党的教育方针是教育为无产阶级的政治服务，教育与生产劳动相结合。”[④]

（3）回归全面发展的“教劳结合”。改革开放以来，随着党的工作重心向经济建设战略转移，教育战线上对新时期脑力劳动与体力劳动的关系、教育与生产劳动的结合等问题进行了深入讨论，对“教劳结合”的方针也进行了相应的调整[⑤]。这一时期，“劳动”不再被片面理解为体力劳动，而是兼顾了强调知识获取和技能习得的脑力劳动。1981年6月，中国共产党第十一届六中全会通过《关于建国以来党的若干历史问题的决议》，指出要“坚持德智体全面发展、又红又专、知识分子与工人农民相结合、脑力劳动与体力劳动相结合的教育方针”[⑥]。其后，一些政策文件也开始用“知识分子与工人农民相结合、脑力劳动与体力劳动相结合”取代以往的“教劳结合”提法。但到1993年，出于以简明、系统的表述统一各方面认识的需要[⑦]，中共中央、国务院印发《中国教育改革和发展纲要》，又重新确定了“教劳结合”的说法，明确将教育方针表述为“教育必须为社会主义现代化建设服务，必须与生产劳动相结合”[⑧]。1995年，相关表述被列入《中华人民共和国教育法》第五条。进入21世纪，我国进入了全面建设小康社会、加快推进社会主义现代化的新发展时期，同时根据时代要求对教育方针作出了新调整。这一阶段，面对全球化、信息化、知识经济的时代浪潮，相较于单纯的生产劳动，人们越发注重知识与技能在社会实践中

---

① 何东昌主编《中华人民共和国重要教育文献（1949-1975）》，海南出版社，1998，第852~855页。

② 何东昌主编《中华人民共和国重要教育文献（1949-1975）》，海南出版社，1998，第836页。

③ 何东昌主编《中华人民共和国重要教育文献（1949-1975）》，海南出版社，1998，第852~855页。

④ 中共中央文献研究室：《建国以来重要文献选编》第11册，中央文献出版社，2011，第425页。

⑤ 李珂、曲霞：《1949年以来劳动教育在党的教育方针中的历史演变与省思》，《教育学报》2018年第5期。

⑥ 何东昌主编《中华人民共和国重要教育文献（1976-1990）》，海南出版社，1998，第1952页。

⑦ 何东昌主编《中华人民共和国重要教育文献（1998-2002）》，海南出版社，2003，第203页。

⑧ 何东昌主编《中华人民共和国重要教育文献（1991-1997》），海南出版社，1998，第3471页。

的运用与创新。为了更好地贯彻“教劳结合”的原则，2001年，中共中央、国务院发布《关于基础教育改革与发展的决定》，将“坚持教育必须为社会主义现代化建设服务，为人民服务，必须与生产劳动和社会实践相结合”[①] 作为21世纪基础教育改革与发展的基本方针。而后，该方针又正式写入党的十六大报告和2015年修订发布的《中华人民共和国教育法》，其中教育“必须与生产劳动和社会实践相结合”的表述也一直延续至今。

二　作为教育目的的“劳动”

如上所述，“教劳结合”在很大程度上有助于促进个体的全面发展，克服人的劳动异化，实现人的劳动解放。但是，劳动本身，或者更准确地说，个体在劳动方面的发展，是不是个体全面发展的重要方面？“劳动教育”是否可以或应该与德育、智育、体育、美育并列，构成全面发展教育的重要内容？实际上，这涉及的是“劳动”在我国教育目的中的定位问题。对于这些问题，不仅在理论上有持续的探讨或争鸣[②]，而且在政策上也在不断调整。

（1）作为教育目的的“劳动者”。中国共产党成立后，劳动主要被看作教育的重要手段，但也部分隐含了劳动本身作为目的的思想。这主要体现在对“劳动”和“劳动者”本体价值的强调上。比如，早期社会主义青年团机关刊物《先驱》提到，“共产党的骨子是劳动者，劳动者是将来社会的主人翁，将来社会上的人都应当是劳动者”[③]。新中国成立初期，中学和小学的暂行规程都规定对学生实施德、智、体、美全面发展的教育[④]，但在具体的教育工作中，都非常强调“劳动”和“劳动者”的价值，要求学生尊重劳动、珍惜劳动、热爱劳动，成为真正独立的社会主义劳动者。1957年，毛泽东在《关于正确处理人民内部矛盾的问题》一文中明确提出：“我们的教育方针，应该使受教育者在德育、智育、体育几方面都得到发展，成为有社会主义觉悟的有文化的劳动者。”[⑤] 这一表述确定了新中国培养“劳动者”的教育目标。

（2）“隐而不显”的劳动教育目的。20世纪80年代，劳动概念一方面开始摆脱过往仅仅与体力劳动挂钩的狭隘理解，另一方面成为宏观层面上连接教育

① 何东昌主编《中华人民共和国重要教育文献（1998-2002）》，海南出版社，2003，第887页。

② 黄济：《关于劳动教育的认识和建议》，《江苏教育学院学报》（社会科学版）2004年第5期；瞿葆奎：《劳动教育应与体育、智育、德育、美育并列？——答黄济教授》，《华东师范大学学报》（教育科学版）2005年第3期；郑金洲：《劳动教育的“自立性”辨析——兼谈黄济、瞿葆奎先生的为学与对劳动教育的论辨》，《教育研究》2021年第2期；等等。

③ 转引自段颖惠《建党初期至苏维埃时期劳动教育的价值取向》，《中国社会科学报》2020年12月22日。

④ 《毛泽东文集》第7卷，人民出版社，1999，第226页。

⑤ 何东昌主编《中华人民共和国重要教育文献（1949-1975）》，海南出版社，1998，第725页。

事业与国民经济发展的关键枢纽。[①] 由此，劳动在教育体系中的角色和价值得到了重估和提升。1986 年，李鹏在第六届全国人民代表大会第四次会议上强调，在“贯彻德、智、体、美全面发展的方针”之余，还要“适当进行劳动教育，使青少年儿童受到比较全面的基础教育”[②]。尽管如此，这里的劳动教育仍然没有变成与德育、智育、体育、美育并列的范畴。而且，由于德、智、体三育的表达在实践中更为人们所熟知和认同，劳动教育在政策上更容易被纳入广义德育和体育的范围。比如，1988 年 12 月 25 日，中共中央《关于改革和加强中小学德育工作的通知》强调，中小学德育要以“爱祖国、爱人民、爱劳动、爱科学、爱社会主义”为基本内容，提出要进行爱国主义教育、集体主义教育、社会主义民主和遵纪守法的教育以及劳动教育等。[③] 1993 年，《中国教育改革和发展纲要》提出，要“培养德、智、体全面发展的社会主义建设者和接班人”[④]。对于这种政策定位，李岚清曾提到，“政治局讨论这个问题时认为，德、智、体全面发展的方针是属于我们党的重大方针，已坚持多年，在实践中证明是正确的、行之有效的，已为教育界，甚至全党全民普遍熟悉和认同，应该一以贯之。然而，这决不意味着可以忽视美育和劳育。德育的范围很广，应该包括美育，劳育也应当包括在德育和体育里面”[⑤]。1995 年颁发的《中华人民共和国教育法》在表述上又有了调整，强调要“培养德、智、体等方面全面发展的社会主义建设者和接班人”，这里的“等”字无疑为“全面发展”保留了拓展的空间。1999 年，江泽民在第三次全国教育工作会议上提出，要“努力造就‘有理想、有道德、有文化、有纪律’的，德育、智育、体育、美育等全面发展的社会主义事业建设者和接班人”[⑥]。2001 年，《关于基础教育改革与发展的决定》也沿用了“德智体美等全面发展”的说法。[⑦] 这些表述一方面重新明确了美育作为全面发展教育的内容，另一方面又通过“等”字为“劳动教育”进入全面发展教育留有余地。

（3）作为全面发展教育组成的“劳动”。从历史角度看，这种提法比较早地出现在 20 世纪 80 年代中期。比如，1986 年，彭珮云在中学德育大纲研讨会上就提出，要“把德育作为德、智、体、美、劳五育全面发展的一个有机组成部分，使五育互相配合、互相渗透”[⑧]；而且，这种并置也出现在《关于开展课余体育锻

---

① 李珂、曲霞：《1949 年以来劳动教育在党的教育方针中的历史演变与省思》，《教育学报》2018 年第 5 期。

② 何东昌主编《中华人民共和国重要教育文献（1976-1990）》，海南出版社，1998，第 2409 页。

③ 中国共产党中央委员会：《关于改革和加强中小学德育工作的通知（1988 年 12 月 25 日）》，《中华人民共和国国务院公报》1988 年第 28 期。

④ 何东昌主编《中华人民共和国重要教育文献（1991-1997）》，海南出版社，1998，第 1952 页。

⑤ 何东昌主编《中华人民共和国重要教育文献（1991-1997）》，海南出版社，1998，第 3629 页。

⑥ 何东昌主编《中华人民共和国重要教育文献（1998-2002）》，海南出版社，2003，第 293 页。

⑦ 何东昌主编《中华人民共和国重要教育文献（1998-2002）》，海南出版社，2003，第 887 页。

⑧ 何东昌主编《中华人民共和国重要教育文献（1976-1990）》，海南出版社，1998，第 2519 页。

炼、提高学校体育运动技术水平的规划（1986-2000）》《关于加强少年宫工作的意见》等政策文件中。[①] 但其后很长时间，“劳”并未明确纳入全面发展教育的政策框架。直到党的十八大以来，习近平总书记多次强调劳动教育，要求“引导广大人民群众树立辛勤劳动、诚实劳动、创造性劳动的理念”，“要教育孩子们从小热爱劳动、热爱创造，通过劳动和创造播种希望、收获果实，也通过劳动和创造磨炼意志、提高自己”[②]。2015 年，教育部联合共青团中央、全国少工委印发了《关于加强中小学劳动教育的意见》，针对劳动教育“在学校中被弱化，在家庭中被软化，在社会中被淡化”的现象，强调要提高中小学生的劳动素养，以“促进学生德智体美劳全面发展”[③]。2018 年全国教育大会，习近平总书记正式提出要“努力构建德智体美劳全面培养的教育体系”[④]。2021 年，“劳动”作为全面发展的重要方面，被纳入新修订的《中华人民共和国教育法》。

三　作为学校课程的“劳动”

尽管 20 世纪上半期中小学就开设有“手工”“家事”“劳作”等课程[⑤]，但其意义更多局限在满足个体的职业或生活需要上，尚未认识到劳动在个体和社会发展中的基础价值。新中国成立以来，随着“教劳结合”方针的确立和全面发展目标的拓展，“劳动”才逐渐发展成为独立的科目，被纳入学校的课程体系。不过，这种“科目化”也是一个渐进的过程，在不同时期，“劳动”课程的名称和内容也在不断调整。

（1）作为课外活动的“劳动”。新中国成立之初，“劳动”并未被列入中小学的正式教学计划[⑥]，而是作为一种课外活动，配合学科课程[⑦]。学校主要通过组织学生参观工厂、农场、农业生产合作社，邀请劳动模范作报告，推荐劳动教育读物，以及举办体力劳动活动等，间接对学生进行劳动教育，培养他们的

① 李珂、曲霞：《1949 年以来劳动教育在党的教育方针中的历史演变与省思》，《教育学报》2018 年第 5 期。

② 《习近平关于社会主义精神文明建设论述摘编》，中央文献出版社，2022，第 142 页。

③ 《教育部　共青团中央　全国少工委关于加强中小学劳动教育的意见》，教育部网站，http://www.moe.gov.cn/srcsite/A06/s3325/201507/t20150731_197068.html? eqid=cbbf1df50030031a000000046493087e。

④ 《习近平在全国教育大会上强调 坚持中国特色社会主义教育发展道路 培养德智体美劳全面发展的社会主义建设者和接班人》，教育部网站，http://www.moe.gov.cn/jyb_xwfb/xw_zt/moe_357/jyzt_2018n/2018_zt18/zt1818_yw/201809/t20180910_348145.html。

⑤ 夏惠贤、杨伊：《我国中小学劳动教育的百年探索、核心议题与基本走向》，《教育发展研究》2020 年第 24 期。

⑥ 李珂、曲霞：《1949 年以来劳动教育在党的教育方针中的历史演变与省思》，《教育学报》2018 年第 5 期。

⑦ 郝志军、王艺蓉：《70 年来我国中小学劳动教育政策的反思与改进建议》，《西北师大学报》（社会科学版）2020 年第 3 期。

劳动观念和习惯。[①] 1955年，教育部在《关于初中和高小毕业生从事生产劳动的宣传教育工作报告》中，充分肯定了这些课外活动的积极效果，同时也要求在课堂教学中，“注意进行综合技术教育，使学生从理论上和实践上掌握一些工农业生产的基础知识”[②]。为此，这一年教育部在《小学教学计划及关于小学课外活动的规定》中，除了将“生产劳动”作为课外活动的重要内容外，还要求小学每周开设1~2节手工劳动课。

（2）从“生产技术”到“生产劳动”的拓展。从1955年起，劳动教育逐步从课外活动拓展为独立的课程或科目。最初的内容侧重于“生产技术教育”方面。1956年，教育部《关于普通学校实施基本生产技术教育的指示（草案）》对生产技术教育每周的上课时间、教学要求都作了明确的规定。[③] 随着“教劳结合”方针的确立和“培养有社会主义觉悟的有文化的劳动者”目标的提出，“生产劳动”开始成为正式课程。1958年，教育部颁布《1958—1959学年度中学教学计划》，规定每周设置2节生产劳动课，每学年安排14~28天的体力劳动；1959年，国务院《关于全日制学校的教学、劳动和生活安排的规定》又加大了学生参与劳动的力度，规定初中每周的劳动时间为6~8小时，高中每周的劳动时间为8~10小时。然而，在学校实践中，劳动时数和强度的增加在一定程度上影响了学科教学计划的完成。为了纠正这种偏差，1963年，中共中央在《全日制小学暂行工作条例（草案）》和《全日制中学暂行工作条例（草案）》中，一方面对劳动课程的内容进行了丰富和扩充，将手工课、生产常识课、生产知识课、农业科学技术知识课等科目均纳入其中；另一方面减少了劳动课程的授课时数，循序渐进地为不同年级制定了相应的规定和要求。[④]

（3）从“劳动”到“劳动技术”的进阶。改革开放以来，为了适应经济发展的需求，为社会主义现代化建设培养各级各类专业人才，侧重体力劳动的“生产劳动”课程逐渐发展为更为综合的小学“劳动”课程与中学“劳动技术”课程。1981年，教育部颁发《全日制五年制小学教学计划（试行草案）》《全日制六年制重点中学教学计划（试行草案）》《全日制五年制中学教学计划（试行草案）》，分别提出在小学单独增设劳动课程[⑤]，在中学开设劳动技术课程[⑥]。

① 何东昌主编《中华人民共和国重要教育文献（1949-1975）》，海南出版社，1998，第450页。

② 何东昌主编《中华人民共和国重要教育文献（1949-1975）》，海南出版社，1998，第450页。

③ 李珂、曲霞：《1949年以来劳动教育在党的教育方针中的历史演变与省思》，《教育学报》2018年第5期。

④ 郝志军、王艺蓉：《70年来我国中小学劳动教育政策的反思与改进建议》，《西北师大学报》（社会科学版）2020年第3期。

⑤ 课程教材研究所：《20世纪中国中小学课程标准·教学大纲汇编：课程（教学）计划卷》，人民教育出版社，2001，第331页。

⑥ 课程教材研究所：《20世纪中国中小学课程标准·教学大纲汇编：课程（教学）计划卷》，人民教育出版社，2001，第336页。

1982 年，教育部印发《关于普通中学开设劳动技术教育课的试行意见》，对课程目的和原则、课程安排、考核标准等都作出了明确规定。① 1987 年，国家教委首次印发了中小学劳动课和劳动技术课教学大纲的试行稿。② 其后又相继编制了这两门课程教学大纲的初审版和试用版，初步形成了较为完善的中小学劳动教育课程标准。③ 20 世纪末，人民教育出版社送审的四种初中劳动技术课教材，成为全国首批经教育部审定、各地选用的劳动技术课教材。

（4）作为独立科目的“劳动”课程。21 世纪以来，随着综合素养或素质的培养在教育领域越来越受关注，“教育与社会实践相结合”开始被纳入教育方针，小学劳动课和中学劳动技术课作为独立科目的地位被取消，转而成为综合实践活动课程的组成之一。即便在 2015 年印发的《关于加强中小学劳动教育的意见》中，也强调的是，“将国家规定的综合实践活动课程、通用技术课程作为实施劳动教育的重要渠道”④。直到“五育并举”的提出，“劳动”才恢复了独立科目的地位，成为大中小学劳动教育课程的通用名称。2020 年相继出台的《关于全面加强新时代大中小学劳动教育的意见》《大中小学劳动教育指导纲要（试行）》，都要求在大中小学独立开设劳动教育必修课程。其后，《义务教育劳动课程标准》（2022 年版）的印发，不仅直接标志着劳动课程从综合实践活动课程中独立出来，而且意味着劳动课程成为所有学生都必须学习的科目，具有区别于其他学校科目的独特育人价值、目标框架、内容标准、实施和评价规范等。

四　作为教育手段的“劳动”

在教育领域，劳动作为一种特殊的实践形式，不仅要求学生掌握并参与其中，在知识、技能与态度等方面获得积极的发展，而且也构成了引导和促进学生发展的重要手段。也就是说，学校教育情境中的“劳动”，并不都是以学生在劳动方面的发展为目的，也可以是促进个体德智体美发展、辅助其他学科教学、开展主题教育等的一种载体、途径或方法。在这种意义上，劳动不是教育的目的与内容，而是教育的手段。在政策话语中，作为教育手段的劳动，实际上也在不同社会历史阶段有所体现。

---

① 何东昌主编《中华人民共和国重要教育文献（1976–1990）》，海南出版社，1998，第 2046 页。

② 郝志军、王艺蓉：《70 年来我国中小学劳动教育政策的反思与改进建议》，《西北师大学报》（社会科学版）2020 年第 3 期。

③ 李东栩、樊晓文：《改革开放以来中小学劳动教育课程标准嬗变研究：历程、特点及反思》，《劳动教育评论》2023 年第 1 期。

④《教育部　共青团中央　全国少工委关加强中小学劳动教育的意见》，教育部网站，http://www.moe.gov.cn/srcsite/A06/s3325/201507/t20150731_197068.html? eqid=cbbf1df50030031a000000046493087e。

（1）劳动作为思想政治教育的手段。新中国成立前后很长一段时间，劳动因其特有的阶级属性和政治属性，一度被作为实施思想政治教育的手段，发挥政治宣传功能，培育工农群众的阶级意识和政治觉悟，进而培养优秀革命人才。1921年，《中国共产党第一个决议》要求建立劳工补习学校或劳工组织讲习所，以培养党务人员。[①] 同年8月，毛泽东等人在湖南自修大学的组织大纲中规定，学校"应注意劳动"，以"破除文弱之习惯，图脑力与体力之平均发展，并求知识与劳力两阶级之接近"[②]。1940年，《边区教育宗旨和实施原则（草案）》强调应使儿童青年在集体劳动中发展集体精神，训练组织能力。1950年，钱俊瑞在《当前教育建设的方针》中，将劳动视作自我改造的重要手段。[③] 1958年，在陆定一的推动下，教育是否与生产劳动相结合、学生是否直接参与体力劳动，成为区分资本主义和社会主义路线的重要依据。[④] 改革开放后，这一倾向有所调整，即劳动在政治上的"改造"功能逐渐淡化，在经济上的"职业"功能、在教育上的"发展"功能得到了凸显和提升。

（2）劳动作为道德教育的手段。新中国成立后，在马克思主义和中国传统文化的双重影响下，劳动概念所内含的伦理价值或道德属性在政策话语中也有鲜明的体现。从1949年《中国人民政治协商会议共同纲领》开始，"爱劳动"就被列为五项"公德"之一。其后，我国始终反对轻视或贱视劳动的各种错误观念或习惯，倡导尊重劳动、热爱劳动、崇尚劳动的价值观，形成了以"劳动光荣"为核心的社会主义劳动伦理。这种价值观的传递，实际上也构成了不同时期我国劳动教育的重要目的。就此而言，劳动教育在很大程度上是一种劳动价值观的教育，是一种社会主义劳动伦理的教育。不过，让学生参与各种形式的劳动，也常常指向学生其他方面的道德发展。比如，新中国成立初期让学生参与公益劳动，就"附带"着与人为善、互助友爱、爱护公共财物等伦理价值或规范的传递。[⑤] 又如，1998年《面向21世纪教育振兴行动计划》提出，要通过实施劳动技能教育，培养学生的道德情操，推进社会公德教育；[⑥] 2015年《关于加强中小学劳动教育的意见》要求通过劳动"培养广大青少年的社会责任感"等；[⑦] 2020年《关于全面加强新时代大中小学劳动教育的意见》

---

① 王洪晶、曲铁华：《中国共产党百年劳动教育政策的回顾与展望——基于渐进主义的视角》，《湖南师范大学教育科学学报》2021年第4期。

② 段颖惠：《建党初期至苏维埃时期劳动教育的价值取向》，《中国社会科学报》2020年12月22日。

③ 钱俊瑞：《当前教育建设的方针》（下），《人民教育》1950年第2期。

④ 陆定一：《教育必须与生产劳动相结合》，《江苏教育》1958年第18期。

⑤ 《人民教育》编辑部：《正确开展学生的公益劳动》，《人民教育》1955年第11期。

⑥ 中华人民共和国国务院：《国务院批转教育部〈面向21世纪教育振兴行动计划〉的通知》，《中华人民共和国国务院公报》1999年第2期。

⑦ 《教育部　共青团中央　全国少工委关于加强中小学劳动教育的意见》，教育部网站，http：//www.moe.gov.cn/srcsite/A06/s3325/201507/t20150731_197068.html？eqid=cbbf1df50030031a000000046493087e。

则提出，要借劳动使学生养成“主动服务他人、服务社会”“奋斗”“奉献”等精神品质。①

（3）劳动作为职业教育的手段。新中国成立后，我国教育规模迅速扩张，但有限的教育资源难以满足中小学生毕业升学的需要。② 为了解决这一问题，劳动作为缓解中小学升学压力、动员毕业生就业的手段，引起了党中央的高度重视。③ 针对在校学生，学校逐渐加大劳动教育实施力度，注意根据工农业发展形势进行生产技术教育，同时增设专业实习课，为学生的就业提供充分的职前训练；针对未升学的毕业生，学校则组织毕业生回乡、下乡，从事直接的工农业生产劳动。不过，直到改革开放之后，劳动才真正成为实施职业教育的重要手段。1978 年，邓小平在全国教育工作会议上强调，“整个教育事业必须同国民经济发展的要求相适应”，要根据现代科学技术发展趋势，有计划地“培养训练专门家和劳动后备军”，以避免“学生学的和将来要从事的职业不相适应，学非所用，用非所学”的现象。④ 由此，职业教育作为落实教育方针的重要形式，在规模上不断扩张，迎来了重建、发展与完善的新时期。⑤ 在这一过程中，劳动作为重要媒介，既在传递特定职业或行业的技术知识，又构成了实习实训活动的具体形式，更是作为抽象的劳动理念或意向投射在整个职业教育领域之中。

（4）劳动作为全面发展教育的手段。世纪之交，中共中央、国务院《关于深化教育改革全面推进素质教育的决定》赋予了劳动“发展学生综合素质”这一新的教育功能与使命。⑥ 进入新时代，劳动的综合育人价值越发凸显，逐渐成为融合德智体美、实现跨学科整合的重要载体。2015 年，《关于加强中小学劳动教育的意见》强调，要“充分发挥劳动综合育人功能”，明确提出“以劳树德、以劳增智、以劳强体、以劳育美、以劳创新，促进学生德智体美劳全面发展”⑦。2020 年，中共中央、国务院印发的《关于全面加强新时代大中小学劳动教育的意见》以及教育部印发的《大中小学劳动教育指导纲要（试行）》都有所体现，后者还进一步强调了劳动的社会化功能，有助于

① 《中共中央　国务院〈关于全面加强新时代大中小学劳动教育的意见〉》，教育部网站，https：//www. gov. cn/gongbao/content/2020/content_5501022. htm？ ivk_sa = 1024320u。

② 李庆刚：《正确处理人民内部矛盾探索中的制度创新——论刘少奇“两种教育制度、两种劳动制度”思想的形成》，《北京党史》2017 年第 3 期。

③ 李珂、曲霞：《1949 年以来劳动教育在党的教育方针中的历史演变与省思》，《教育学报》2018 年第 5 期。

④ 《邓小平文选》第 2 卷，人民出版社，1994，第 107 页。

⑤ 朱德全、石献记：《从层次到类型：中国职业教育发展百年》，《西南大学学报》（社会科学版）2021 年第 2 期。

⑥ 罗生全、杨柳：《中国劳动教育发展 100 年》，《西南大学学报》（社会科学版）2021 年第 4 期。

⑦ 《中共中央　国务院〈关于全面加强新时代大中小学劳动教育的意见〉》，教育部网站，http：//www. moe. gov. cn/srcsite/A06/s3325/201507/t20150731_197068. html？ eqid = cbbf1df50030031a000000046493087e。

引导学生认识社会，增强社会责任感。① 2022 年，《义务教育劳动课程标准》也强调，要“注重挖掘劳动在树德、增智、强体、育美等方面的育人价值”②。

五　劳动作为教育的中国话语

从以上的简要梳理中，我们可以看到，“劳动”已然成为我国教育政策的重要话语，深入我国教育的目的与方针、内容与方法等不同层面，成为回答为谁培养人、培养什么人、如何培养人等基本问题的重要方面。尽管随着经济与社会的发展，劳动与教育的关联也具有不同的面向、不同的侧重甚至不同的内涵，但在总体上，劳动都是呈现鲜明中国特色的教育话语，体现出马克思主义教育的基本原理，显示出社会主义教育的优越性，也彰显出教育学范畴的中国特色。

（1）劳动是马克思主义教育思想中国化的重要方面。在马克思那里，教育最初主要包括“心的教育”（mental education）、“身的教育”（bodily education）与“技术学的训练”（technological training）③；在资本主义条件下，将教育与生产劳动结合起来不仅是无产阶级子女参与生产劳动的“最必要的抗毒剂”④，以对抗人为造成的“理智的荒芜”（intellectual desolation）⑤，而且可以防止资产阶级子女陷入远离生产劳动所导致的“无效的漫长学习时间”⑥。正因为如此，马克思认为，“从工厂制度中萌发出了未来教育的幼芽，未来教育对所有已满一定年龄的儿童来说，就是生产劳动同智育和体育相结合”⑦。其后，列宁也提出，没有这种结合，未来社会就不可能“达到现代技术水平和科学知识现状所要求的高度”⑧。在这里，教育与生产劳动这两个独立过程结合起来，不仅有助于“提高社会生产”，而且成为“造就全面发展的人的唯一方法”⑨ 和“改造现代社会的最强有力的手段之一”⑩。对照前面的政策话语，可以看到，社会主义中国的教

① 《关于印发〈大中小学劳动教育指导纲要（试行）〉的通知》，教育部网站，http://www.moe.gov.cn/srcsite/A26/jcj_kcjcgh/202007/t20200715_472808.html。

② 中华人民共和国教育部：《义务教育劳动课程标准》（2022 年版），北京师范大学出版社，2022，第 2 页。

③ 瞿葆奎、黄荣昌：《关于马克思“男女青少年和儿童的劳动”辨析》，载瞿葆奎主编《教育学的探究》，人民教育出版社，2004，第 70~71 页。

④ 陈桂生：《马克思主义教育论著研究》，华东师范大学出版社，1993，第 92 页。

⑤ 瞿葆奎、黄荣昌：《关于马克思“男女青少年和儿童的劳动”辨析》，载瞿葆奎主编《教育学的探究》，人民教育出版社，2004，第 49 页。

⑥ 瞿葆奎、黄荣昌：《关于马克思“男女青少年和儿童的劳动”辨析》，载瞿葆奎主编《教育学的探究》，人民教育出版社，2004，第 51 页。

⑦ 《马克思恩格斯选集》第 3 卷，人民出版社，2012，第 710 页。

⑧ 《列宁全集》第 2 卷，人民出版社，2013，第 463~464 页。

⑨ 《马克思恩格斯选集》第 2 卷，人民出版社，2012，第 230 页。

⑩ 《马克思恩格斯选集》第 3 卷，人民出版社，2012，第 377 页。

育不仅坚定地承续了马克思主义有关教育与生产劳动关联的核心思想和原则，而且结合中国实际，把马克思所说的“未来教育”从可能变成了现实，丰富和拓展了劳动在社会主义教育中的意义和功能。一方面，“教劳结合”在资本主义条件下的消极功能，转变为社会主义条件下的积极功能，成为“培养理论与实际结合、学用一致、全面发展的新人的根本途径，是逐步消灭脑力劳动和体力劳动差别的重要措施”[①]；另一方面，随着经济与社会的发展，教育中的劳动也从“有报偿的生产劳动”逐步拓展到公益性或服务性的劳动，从实现个体全面发展的手段逐步变成个体全面发展的构成本身，从“半工半读”逐步发展成学校的基本学习科目或活动。

（2）劳动是社会主义教育优越性的重要体现。相对其他社会制度，社会主义教育赋予了劳动更为基础性的地位和价值，也因此而显示出思想和制度的优越性。新中国成立之初，劳动就构成了改造旧社会、旧教育，建设新社会、新教育的重要手段，特别是面对经济与社会发展“一穷二白”的局面，逐步形成了“两种劳动制度、两种教育制度”的格局。在社会主义制度下，劳动不只是满足个体生存与发展的手段，也成为社会道德或价值观的重要内容。早在1950年，刘少奇就说：“劳动应该成为世界上最受尊敬的事情，劳动者应该成为世界上最受尊敬的人们……我们必须给劳动者、特别是那些在劳动事业中有重大发明和创造的劳动英雄们和发明家们以应得的光荣，而给那些无所事事、不劳而食的社会寄生虫以应得的贱视。这就是我们的新道德的标准之一。”[②] 进入新时代，习近平总书记明确指出：“在我们社会主义国家，一切劳动，无论是体力劳动还是脑力劳动，都值得尊重和鼓励；一切创造，无论是个人创造还是集体创造，也都值得尊重和鼓励。全社会都要贯彻尊重劳动、尊重知识、尊重人才、尊重创造的重大方针，全社会都要以辛勤劳动为荣、以好逸恶劳为耻，任何时候任何人都不能看不起普通劳动者，都不能贪图不劳而获的生活。”[③] 总体上，尊重劳动、热爱劳动、崇尚劳动逐渐变成一种社会公德，社会主义的劳动者也逐渐成为我国教育所要培养的人的形象或角色。

（3）劳动是中国特色社会主义教育学的基本范畴。教育与劳动的多重关联，不仅仅体现为社会主义教育的一项重要政策或制度要求，也构成了我国教育学区别于其他国家教育学的标志性范畴之一。具体来说，在教育的本体认识上，劳动是个体和社会生存的双重基本需要，而教育作为促进个体和社会存续的重要机制，内含着劳动的必要性，从而教育与劳动之间形成一种内在的关系。在教育的目的定位上，劳动作为个体全面发展的重要方面，重新赋予每个人作

① 《邓小平文选》第2卷，人民出版社，1994，第107页。
② 《刘少奇文选》（下），人民出版社，1985，第10~11页。
③ 《习近平关于社会主义精神文明建设论述摘编》，中央文献出版社，2022，第273~274页。

为劳动者的基本价值与尊严，而且使个体在德、智、美、体等方面的发展获得了劳动的支撑点。在教育的手段上，劳动作为与教育结合的实践形式、独立设置的学习科目，以及实现非劳动目的、传递非劳动内容的方式，共同构成了劳动作为教育过程或方法的体系。此外，劳动也成为理解和定位教师工作的重要切入点。就此而言，劳动作为教育的中国话语，也构成了中国教育学自主知识体系的重要内容。

新时代劳动教育：价值关切、现实困境与改进路向*

——基于马克思主义劳动观的思考

孙元涛　陈　港**

【摘　要】面对产业升级变革与劳动形态的变化，新时代劳动教育展现出更加全面、综合的价值关切。它不仅强调个体性与社会性的融通，还注重工具性与价值性的统一，涉及个体与社会、物质与精神多个维度的协调。然而，在劳动教育实践中，往往将劳动教育视为培养劳动素养的唯一途径，将劳动教育局限为一种课程实践，导致劳动教育本身及其价值被窄化甚至异化。“劳”作为人的全面发展中的一个维度，并不能简单等同于或对应于劳动教育。新时代劳动教育应秉持一种更加开放、综合、多元的关系性思维。这种思维要求我们基于跨界融通、泛在设计的理念，构建一种“大劳动教育体系”，并在过程中促进物质劳动与精神活动的协调发展。

【关键词】新时代劳动教育；马克思主义劳动观；劳动素养

在不同的历史阶段，劳动教育展现出不同的价值关切与实践困境，这是由社会发展条件和需求决定的。新时代，面对社会产业的升级变革与劳动形态的变化，劳动教育不仅要培养个体的劳动技能，提升劳动水平，更要塑造良善的劳动价值观，营造“会劳动、爱劳动、尊重劳动、崇尚劳动、创新劳动”的社会风气，为社会发展贡献物质性力量与精神性力量。其中，劳动素养（包括劳动观念、劳动能力、劳动精神、劳动习惯和品质等）的培育成为新时代劳动教育的核心问题。但已有研究常将劳动教育和劳动素养的培育视为“对应性关系”，并以此作为“自明”的认识论前提来推动劳动教育实践。这造成了劳动

---

* 本文系教育部哲学社会科学研究重大课题攻关项目“新时代全面贯彻党的教育方针重大理论与实践研究”（项目编号：21JZD053）的阶段性研究成果。

** 孙元涛，教育学博士，浙江大学教育学院副院长，教授，博士生导师，主要研究方向为教育基本理论、基础教育改革；陈港，浙江大学教育学院博士研究生，主要研究方向为教育基本理论。

素养培育路径窄化和劳动教育目标窄化的“双窄化”效应。

一 文献综述与问题的提出

马克思提出：“生产劳动同智育和体育相结合，它不仅是提高社会生产的一种方法，而且是造就全面发展的人的唯一方法。”[①] 在他看来，教育与生产劳动相结合，具有社会价值和个人价值的双重效益。1921年，中国共产党成立后，一直注重“工农结合”的发展道路，继承了马克思“教育与生产劳动相结合”的思想，并强调对工农的教育问题。1934年，《中华苏维埃共和国宪法大纲》明确提出要“以保证工农劳苦民众有受教育的权利为目的”[②]，通过教育与劳动相结合提升农民素养和社会生产力水平。新中国成立后，“党的教育工作方针是教育为无产阶级的政治服务，教育与生产劳动结合”[③]，培养“劳动者”是教育的基本目的。改革开放后，党提出“应当贯彻德、智、体、美全面发展的方针，适当进行劳动教育，使青少年儿童受到比较全面的基础教育”[④]，劳动教育被视为全面发展教育的构成元素，但并未与德智体美相并列。2001年，“教育与生产劳动和社会实践相结合”[⑤] 代替“教育与生产劳动相结合”成为我国教育方针的新表述。综合实践活动课也作为劳动教育的新形式，成为基础教育的必修课程，劳动教育的内涵和外延不断丰富。

劳动教育是以促进学生形成劳动价值观和养成良好劳动素养为目的的教育活动。[⑥] 其本质在于培养劳动价值观[⑦]，其根本价值在于全面提升个体的自由能力，促进人的自由全面发展。[⑧] 但劳动教育在教育体系中常常处于“有名无实”的边缘化境地。“劳心者治人，劳力者治于人”的传统观念深刻影响着人们的就业和职业选择。社会上“拜金主义”“消费主义”“享乐至上”“劳动可耻”等思想观念也在教育中蔓延，进一步弱化了劳动教育的实施，甚至导致教育价值的异化。习近平总书记强调：“要在学生中弘扬劳动精神，教育引导学生崇尚劳动、尊重劳动，懂得劳动最光荣、劳动最崇高、劳动最伟大、劳动最美丽的

---

① 《马克思恩格斯选集》第2卷，人民出版社，2012，第230页。

② 全国苏维埃代表大会：《中华苏维埃共和国宪法大纲》，《红色中华》1934年第1期。

③ 《关于教育工作的指示》，《人民日报》1958年9月20日。

④ 何东昌主编《中华人民共和国重要教育文献（1976-1990）》，海南出版社，1998，第2409页。

⑤ 何东昌主编《中华人民共和国重要教育文献（1998-2002）》，海南出版社，2003，第887页。

⑥ 檀传宝：《劳动教育的概念理解——如何认识劳动教育概念的基本内涵与基本特征》，《中国教育学刊》2019年第2期。

⑦ 胡君进、檀传宝：《马克思主义的劳动价值观与劳动教育观——经典文献的研析》，《教育研究》2018年第5期。

⑧ 程从柱：《劳动教育何以促进人的自由全面发展——基于马克思主义劳动观和人的发展观的考察》，《南京师大学报》（社会科学版）2020年第3期。

道理，长大后能够辛勤劳动、诚实劳动、创造性劳动。”[①] 2020年，《关于全面加强新时代大中小学劳动教育的意见》中明确提出，“构建德智体美劳全面培养的教育体系”，“全面构建体现时代特征的劳动教育体系”[②]，劳动教育与德智体美并列，成为全面发展教育的组成。

新劳动教育在内涵上表现出生产与消费相统一、从工具性到存在性、从单一性到整合性的特征。[③] 它具有教育的全属性机制，是五育融合的起始点和凝结点。[④] 新时代劳动关系的复杂多样性要求更科学地分析生态教育、对话教育、非物质劳动教育、数字劳动教育等相关教育形式。[⑤] 但在教育实践中，劳动教育面临着主体性危机[⑥]、价值性危机[⑦]、被弱化和异化[⑧]等现实困境，如何让劳动教育实践发挥其本有功能和价值的问题一直困扰着人们。因此，有学者主张通过劳动教育课程的一体化设计[⑨]，将劳动教育与学习、生活、社会、未来相融通[⑩]，推进普职融通，开展劳动教育[⑪]，构建系统化、协同化、多元化、常态化的劳动教育体系[⑫]，全方位地变革劳动教育。

以上研究对理解新时代劳动教育具有重要参考意义，但纾解新时代劳动教育的困境和实现其本有价值的关键，不仅在于实践层面的变革，也在于认识层面的明辨。一个前提性的问题是：劳动素养（包括劳动观念、劳动能力、劳动精神、劳动习惯和品质等）与作为教育形态的劳动教育之间的关系究竟如何？进言之，劳动素养只能通过劳动教育来培养吗？劳动教育的回归仅仅是为了培养劳动素养吗？在当前的劳动教育实践中，学校往往以一种“对应式”思维开展劳动教育实践。即学校在政策的驱动下大量增设劳动教育课程，而未从劳动教育的特性出发思考其实践路径，把劳动教育窄化为一种特定的课程实践，致使实践中劳动素养的培养形式化和表面化。面对上述问题，劳动教育需要一种

① 习近平：《论党的青年工作》，中央文献出版社，2022，第177页。

② 《中共中央 国务院关于全面加强新时代大中小学劳动教育的意见》，教育部网站，www.moe.gov.cn/jyb_xxgk/moe_1777/moe_1778/202003/t20200326_435127.html。

③ 班建武：《“新”劳动教育的内涵特征与实践路径》，《教育研究》2019年第1期。

④ 徐长发：《新时代劳动教育再发展的逻辑》，《教育研究》2018年第11期。

⑤ 肖绍明、扈中平：《新时代劳动教育何以必要和可能》，《教育研究》2019年第8期。

⑥ 刘来兵、陈港：《从异化走向自由：劳动教育中人的主体性遮蔽与复归》，《教育研究与实验》2021年第3期。

⑦ 徐海娇：《劳动教育的价值危机及其出路探析》，《国家教育行政学院学报》2018年第10期。

⑧ 檀传宝：《加强和改进劳动教育是当务之急——当前我国劳动教育存在的问题、原因及对策》，《人民教育》2018年第20期。

⑨ 顾建军、毕文健：《刍议新时代劳动教育课程的一体化设计》，《人民教育》2019年第10期。

⑩ 侯红梅、顾建军：《我国小学劳动教育课程的时代意蕴与建构》，《课程·教材·教法》2020年第2期。

⑪ 赵蒙成：《新时代劳动教育的本体价值与实践进路》，《现代教育管理》2022年第2期。

⑫ 周洪宇、齐彦磊：《新时代劳动教育的内涵特点、核心要义与路径指向》，《新疆师范大学学报》（哲学社会科学版）2023年第2期。

认识转向，即从对应性的传统思维中跳脱出来，朝向一种更加全面、辩证的思维方式。

二 新时代劳动教育的价值关切

如果说，教育与生产劳动相结合是塑造全面发展的人的根本途径，构成了劳动教育的基本价值属性，那么，新时代劳动教育则赋予了劳动教育更加深刻、全面的育人价值与社会价值。它既是对马克思主义劳动观的继承性发展，也是基于新时代社会发展需求的理想描摹；它不仅强调个体层面的发展，还注重社会层面的进步；它一方面关涉个体生存与发展的物质性力量，另一方面回应个体生存与发展的精神性需求。

（一）个体性与社会性的融通：促进人的全面发展与社会的全面进步

亚当·斯密（Adam Smith）曾把“劳动看作诅咒”①，认为劳动是对幸福和快乐的否定。马克思一方面认同该论断的历史性表现，即从对立的角度理解劳动，强调外在的强制劳动对人的本质和价值的压制，并提出了“异化劳动”的概念；另一方面，他反对这样单纯地理解劳动，认为“劳动是积极的、创造性的活动”②，真正自由的劳动具有社会性和科学性，与个人的自我实现密切相关，进而提出了“自由劳动”的概念。同时，他指出，“积累的劳动作为工具用于新的生产”③，劳动具有发展社会生产力、促进社会进步的价值。在马克思看来，资本主义制度下的劳动表现出压制和否定的异化性，实现对异化劳动的超越，让劳动真正回归到“人之为人”的活动领域中，是发挥劳动的个体性与社会性双重价值的必然之路。新时代劳动教育继承了马克思主义劳动观的基本理念，强调个人价值与社会价值的融通，即人的全面发展与社会的全面进步同时蕴含在劳动教育的价值中。

首先，新时代劳动教育旨在实现人的全面发展。从“德智体美全面发展”到“德智体美劳全面发展”，人的全面发展理论的内涵得到了丰富，学生的主体地位也更加被确证。学生作为“未竟的主体”，其德智体美的发展并不仅仅取决于知识和技能的内化程度，更取决于知识和技能的外显程度，即在生活实践中的操持与化用。劳动教育作为联结学生与生活实践的桥梁，自然地承载了这一价值。同时，通过反思与创新，学生在劳动教育中的操持和化用反过来又促进了其德智体美的发展。因此，学者们把劳动教育视为五育融合的抓手。劳

---

① 《马克思恩格斯全集》第 30 卷，人民出版社，1995，第 615 页。

② 《马克思恩格斯文集》第 8 卷，人民出版社，2009，第 177 页。

③ 《马克思恩格斯全集》第 30 卷，人民出版社，1995，第 594 页。

动教育促进人的全面发展，首先表现为促进人的劳动能力的全面发展，这是实现人的其他能力发展的基石。如果依照马克思“整个所谓世界历史不外是人通过人的劳动而诞生的过程”① 的论述来理解劳动，那么劳动具有广泛的历史性与现实性。人的学习与交往，以及一切的实践活动，都属于一种“劳动”。人的学习活动是一种特殊的“劳动”活动，其对象不是某种物理性的存在，而是面对客观知识的脑力劳动过程。在此意义上，发展人的劳动能力，是劳动教育促进人的全面发展的首要前提。

其次，新时代劳动教育旨在促进社会的全面进步。人的劳动能力始终与社会生产力紧密相关。“没有年轻一代的教育和生产劳动的结合，未来社会的理想是不能想象的：无论是脱离生产劳动的教学和教育，或是没有同时进行教学和教育的生产劳动，都不能达到现代技术水平和科学知识现状所要求的高度。”②在列宁看来，通过教育提升人的劳动能力，是实现社会进步的根本途径。马克思认为，“真正的财富就是所有个人的发达的生产力”③，个人的发达的生产力表现为人的积极的劳动观念和劳动精神，以及人的全面的劳动能力。这种发达的生产力为社会发展和进步凝聚了个人力量。人的全面发展与社会的全面进步是辩证统一的。社会全面进步既依赖于社会生产力的高度发达，也依赖于社会成员劳动素养的显著提升。前者关键在于教育与生产劳动的结合，后者则在于劳动教育价值的实现。这两者皆内在于新时代劳动教育的内涵和目的之中。

（二）工具性与价值性的统一：推动劳动能力与劳动价值观的协调发展

学校劳动教育实践长期存在两方面的认识误区，导致劳动教育价值出现异化。一方面，劳动教育曾长期被看作规训与惩罚的手段，“劳动耻辱”“劳动痛苦”的观念萦绕在学生乃至家长心中。劳动教育的价值被限定为工具性的存在，而其育人属性则被忽视了，劳动教育与人的德智体美发展发生割裂，出现“为了劳动而劳动教育”的现象。以规训与惩罚为目的的劳动教育是外在的、强制的，如同马克思描述的“工人自己的劳动越来越作为别人的财产同他相对立”④一样，这种劳动使得学生与他自己的本质相对立，无法在劳动中感受到生命的乐趣、确证自己的存在，而是感觉到压抑和痛苦。所以马克思曾言：“只要肉体的强制或其他强制一停止，人们就会像逃避瘟疫那样逃避劳动。”⑤ 另一方面，劳动教育被简单看作打扫卫生、手工制造、田园劳作等活动，这些活动固然有

① 《马克思恩格斯文集》第1卷，人民出版社，2009，第196页。
② 《列宁全集》第2卷，人民出版社，2013，第463~464页。
③ 《马克思恩格斯选集》第2卷，人民出版社，2012，第787页。
④ 《马克思恩格斯文集》第1卷，人民出版社，2009，第120页。
⑤ 《马克思恩格斯文集》第1卷，人民出版社，2009，第159页。

培养学生劳动能力的价值，但并未有效培养学生的劳动价值观。研究指出，在学校劳动教育中，学生的劳动荣辱观、劳动主动性、劳动创造性有待改善和提高①，其原因在于以“打扫卫生”“手工制造”“田园劳作”为主的劳动教育过于强调劳动本身，而缺乏情感嵌入与价值引导。

新时代劳动教育致力于达成工具性与价值性的统一，推动学生劳动能力和劳动价值观的协调发展。习近平总书记指出：“劳动是财富的源泉，也是幸福的源泉。”② 通过劳动教育，引导学生树立劳动光荣、劳动伟大、劳动美丽的观念，认识到劳动是自我实现与创造美好生活的唯一途径。习近平总书记深刻指出：“人世间的一切成就、一切幸福都源于劳动和创造。”③ 这种劳动观既有助于强化学生努力学习的动力，也有助于提升学生的创造力。“很多知识和道理都来自劳动、来自生活。引导孩子们从小树立劳动观念，培养劳动习惯，提高劳动能力，有利于他们更好地学习知识。”④ 如果说学生优绩的外在表现是分数和学历，那么，正确的劳动观既赋予了学生朝向优绩的动力，也为学生的幸福生活增添了更多的可能性与多样性。“人世间的美好梦想，只有通过诚实劳动才能实现；发展中的各种难题，只有通过诚实劳动才能破解；生命里的一切辉煌，只有通过诚实劳动才能铸就。”⑤ 习近平总书记的这段论述深刻揭示了劳动对于个体价值实现与意义彰显、社会发展与进步的重要性。因此，秉持这种劳动观开展劳动教育，既有助于提升学生的学习动力，为德智体美赋能；也有助于发挥情感、精神、价值的功效，助推学生个体的全面发展与社会的和谐与进步。

三 新时代劳动教育的现实困境

当前，劳动教育以回应上述关切为价值导向，但实践层面的困境依然存在，其原因在于认识层面的两个问题尚未厘清：一是劳动素养与劳动教育的关系问题；二是劳动教育与课程实践的关系问题。厘清这两个问题是新时代劳动教育实现其价值指向的必要前提。

---

① 王晓杰、宋乃庆：《我国小学生劳动素养现状及其影响因素研究》，《华东师范大学学报》（教育科学版）2024年第2期。

② 《习近平在同全国劳动模范代表座谈时的讲话》，中国政府网，https：//www. gov. cn/ldhd/2013-04/28/content_2393150. htm。

③ 《习近平在北京育英学校考察时强调 争当德智体美劳全面发展的新时代好儿童 向全国广大少年儿童祝贺“六一”国际儿童节快乐》，新华网，http：//www. xinhuanet. com/politics/2023-05/31/c_1129660307. htm。

④ 习近平：《论党的青年工作》，中央文献出版社，2022，第103页。

⑤ 《习近平著作选读》第1卷，人民出版社，2023，第118页。

（一）劳动素养与劳动教育的关系："唯一"还是"之一"

劳动素养是一个多维度的概念，通常包括劳动观念、劳动能力、劳动精神、劳动习惯和品质等。这些元素共同构成了一个人全面的劳动素养，而劳动教育的主要功能在于通过实践活动来培养和提升这些素养。尽管劳动能力、劳动习惯和品质的培养主要通过劳动教育实现，但劳动观念和劳动精神的塑造有着更多样的途径。劳动观念和劳动精神的培养超越了纯粹的技能传授，它们要求个体在认知和情感层面达到一种觉醒和内化。这种内化过程并不是短时间内可以完成的，而是需要在长期的文化熏陶与生活实践中逐渐形成。劳动观念和劳动精神的培养不仅依赖于学校的劳动教育，还受到社会环境、家庭教育、媒体传播以及个人经验的深刻影响。劳动素养的培养是一个多维度、跨领域的过程。学校劳动教育虽然在培养劳动能力、劳动习惯和品质方面发挥着关键作用，但劳动观念和劳动精神的形成则需要更广泛的社会参与和长期的生活实践。这种多元化的培养路径强调了社会各界在塑造全面劳动素养中的共同责任，指向了一种更综合的劳动教育观。这意味着，"德智体美劳全面发展"框架中"劳"的回归，不仅仅是让劳动教育回归学校生活。无论是把劳动教育视为劳动素养培育的唯一选择，还是把劳动素养培育视为劳动教育的唯一价值，都是对二者关系的窄化理解。

马克思主义劳动观强调，劳动不仅是经济生产的基础，更是人类社会和个体发展的核心。劳动创造了人类生命存在的全部前提，是人的本质力量的体现。基于这一观点，劳动素养的培养自然地贯穿于个体的整个生命历程，个体从出生、成长到成熟的每一个阶段，都在不同程度上受到劳动的影响和塑造。在这个过程中，学校劳动教育仅是其中的一部分，虽然重要但不唯一。学生的劳动素养常常受到家庭与社会的熏陶，这是一种无形的、潜移默化的影响。换而言之，劳动素养的培养贯穿于学生个体化与社会化的过程中，并深刻影响着其个体化和社会化的结果。家庭作为个体社会化的第一个场所，对个体的劳动观念和劳动精神有着初步且深刻的影响。家庭成员的劳动态度、劳动习惯、劳动价值观等，都会直接或间接地影响到孩子。家庭教育在孩子劳动素养的培养中扮演着无可替代的角色。例如，父母通过分担家务劳动的方式，不仅传授给孩子实用的生活技能，更通过这一过程教育孩子学会负责、合作和尊重劳动。社会环境提供了一个广阔的背景，影响着个体对劳动的看法和态度。在一个高度重视劳动的社会中，劳动被视为尊贵的、有价值的活动，这种社会文化氛围能够促进劳动观念和劳动精神的积极发展；反之，则不利于劳动观念和劳动精神的积极发展。倘若简单地把学校劳动教育看作培养劳动素养的唯一途径，忽视了家庭与社会交互的、复杂的影响力，便是人为地把作为"实践人"的学生与其赖以生存的生活实践分离开来，结果往往表现为劳动内涵的窄化与劳动教育价值的异化。如简单化的劳动教育往往只关注技能的传授和劳动的操作这两个层面，而忽略劳动教育在推动个体全面发展、提升个体社会责任感、培养个体创新精神等方面的潜能。

因此，劳动教育仅仅是培养劳动素养的途径之一，而非唯一。劳动素养的培养是一个复杂的系统工程，涉及个体、家庭、学校和社会多个层面的互动和影响。将学校劳动教育视为其中一个重要组成，而非唯一，有助于更全面地理解和实施劳动教育，最终实现培养高劳动素养的现代公民的目标。

（二）劳动教育与课程实践的关系：对应式还是泛在式

学校的劳动教育往往作为一种课程实践而展开，其优势在于课程实践的显性育人效果，但也使得劳动教育被限定为一种课程实践。这种以课程实践为唯一方式的劳动教育理念可理解为“对应式”劳动教育。一方面，它造成劳动教育的独立实施，使之与其他各育相分化。在“对应式”劳动教育模式下，劳动教育往往被视为一个独立的、与其他学科相隔离的实践活动。这种分化的做法导致劳动教育与学生的整体教育经历脱节，从而削弱了劳动教育与其他学科之间的互动和协同效应。教育的本质是培养全面发展的人，而非使劳动与知识学习相分化，劳动与知识学习的分化进一步导致学校教育中理论与实践的隔离状态。劳动所天然具有的知识、道德、审美与存在价值也因这种“对应式”实施而被弱化，从而劳动教育与德智体美相融合的价值被抑制。另一方面，它使劳动教育被降格为课程层面的操作，它主要关注劳动知识与技能的学习，忽视了劳动存在于广泛的社会互动脉络中。劳动不仅是个体层面的技能操作，而且深深嵌入社会结构、文化传统和价值观念之中。将劳动教育简化为课程层面的操作，忽略了培养学生理解劳动的社会意义、文化价值和伦理维度的重要性。这种教育方式无法帮助学生树立起对劳动的全面认识，包括认识到劳动对社会进步、文化传承和个人成长所具有的深远意义。同时，真正的劳动教育应当鼓励学生批判性地思考劳动过程、创新劳动方法和提高劳动效率。过分强调课程层面的操作技能，可能导致在教育过程中忽视对学生批判性思维和创新能力的培养。这种教育模式可能制约学生探索新的劳动方式、改进劳动过程和创新劳动思维的能力。

马克思主义劳动观指明劳动对个人发展、社会进步、历史前进的重要意义，其价值并不表现为单一的育人属性，而是表现为关涉政治、经济、文化、教育等领域的总体性存在。可以说，“劳”具有总体性的实践力量。这意味着，“劳”作为人的全面发展中的一个重要维度，并不能简单等同于或对应于劳动教育。因此，德智体美劳是人的全面发展在素养上的五个维度，并不是简单意味着一一对应的五种教育。尽管这五种教育对相应素养的培养具有天然优势，有助于人的全面发展教育的落地。但试图以“五育”来对应式地实现“德智体美劳”全面发展，是对人之素养发展和教育关系的线性理解，也是对全面发展理念的机械化理解。立足马克思主义劳动观，从劳动泛在于学生的学习与生活中的视角来看，劳动教育表现出一种“泛在性”，即学生的学习与生活本身就是一种劳动教育。换而言之，与其以“对应式”思维开展劳动教育，不如秉持“泛在式”思维来看待劳动教育，强调劳动教育内嵌于学生的学习与生活之中，是学生生活实践的有机组成。

首先，学习活动本质上是一种智力劳动。学习不仅仅是对信息的简单接收，更是通过智力劳动获取知识、技能和理解力的过程。这要求个体动用智力资源，通过批判性和创造性思维，将抽象的概念具体化、将理论知识应用于实践中。它表现为个体精神和心理层面的操作，同物质劳动一样，讲究方法与技巧、积极心理以及持之以恒。其次，生活本身是一种劳动过程。学生在日常生活中的简单活动，如整理房间、参与家务、管理个人事务等，实际上都是劳动教育的实践。这种实践有助于学生理解劳动的价值，学会独立和自理，培养生活技能和解决问题的能力。通过生活实践中的劳动经验，学生能够更好地理解劳动的意义，并将这种意义延伸到更广泛的社会生活和职业生活中。最后，劳动情感与价值观的培养须依托文化熏陶和榜样引领，劳动实践在一定程度上反而可能造成学生对劳动本身的消极情感。在马克思异化劳动理论中，工人精神活动的状态是其主要分析依据。正是工人在劳动中感到了痛苦与不自由，才造成了工人劳动活动本身的异化。同样地，在劳动教育中，学生有可能会产生逃避劳动、厌恶劳动的心理，从而造成劳动教育价值的异化。换而言之，劳动教育实践存在与其目的相悖的风险。所以，劳动情感与价值观的培养不能仅仅依托劳动教育的课程实践，而应积极发挥文化熏陶和榜样引领的作用，多方共同发力，互为补充。

四　新时代劳动教育的改进路向

在马克思主义哲学中，劳动始终与个体的生存与发展、生活与实践密切相连，还表现为人的生命活动和精神活动的统一。因此，新时代劳动教育应破除过去封闭、固定、对应式的思维模式，转化为一种融入学生的学习与生活、物质与精神相统一的开放综合的思维模式。

（一）跨界融通：让劳动素养生成于德智体美劳各育中

在德智体美劳五育并举的体系中，劳动教育作为一种独立的教育形态与德智体美相并列，这体现了劳动教育地位的上升。劳动教育与其他各育相并列，还意味着它们之间存在着融通渗透的关系。一方面，劳动教育对德智体美各育具有积极作用，如“以劳树德、以劳增智、以劳强体、以劳育美、以劳创新”的观念所体现的；另一方面，德智体美各育对劳动教育也具有促进作用，因为德智体美各育中蕴含着丰富的劳动教育因子，具有隐性的劳动教育价值。前者探讨的是劳动教育对德智体美教育的价值问题，后者则探讨的是德智体美教育对劳动教育的价值问题。两者共同构成了新时代劳动教育的基本问题。如果把视野聚焦在“如何有效培养劳动素养”这一问题上，那么，后者的意义便得以凸显。即劳动素养的培养应渗透于德智体美劳各育之中，而非单纯地依托劳动教育本身。这既是由劳动素养的丰富内涵与多元来源所决定的，也是由劳动教育与德智体美各育之间的关系性脉络所决定的。

“劳动教育是一般教育走向真实劳动世界的中介环节；只有与智育、德育、体育、美育等建立有机联系，劳动才具有‘教育性’，才能成其为一种真正的教育实践。”[①] 通过跨界融通的方式，劳动素养在德智体美劳各育中得以生成，有助于我们确立劳动教育的关系性思维。劳动教育是一项复杂的工程，涉及内外诸多因素。强调劳动素养在德智体美劳各育中的生成，有助于我们从封闭的固定性思维转向开放的关系性思维。这与马克思主义的劳动中介论相契合，即“劳动首先是人和自然之间的过程，是人以自身的活动来中介、调整和控制人和自然之间的物质变换的过程”[②]。劳动也可理解为人与教育之间的过程，那么劳动教育就天然地无法封闭、隔绝地展开，而应存在于教育的各种关系性脉络中。这些关系性脉络包括学科内部各要素之间的关系、学科之间的关系、学科与人的关系等。充分地理解这些关系，是有效开展劳动教育的必要前提。

让劳动素养生成于德智体美劳各育中，实现跨界融通，关键在于挖掘各育中的劳动教育元素，以恰当的切入点和时机，将劳动教育元素渗透其中。在德育中，要突出道德实践的具身性，通过劳动实践而非道德说教，让学生在劳动中体验到劳动的光荣与不易，自觉树立起热爱劳动、尊重劳动的价值观。在智育中，要突出劳动与认知的双向互构价值，即劳动对认知的生成性价值以及认知对劳动价值观的正向影响。“一切知识都是从感官的感知开始的”[③]，要通过劳动实践引导学生将直接经验与间接经验相结合，促进认知发展；在语文、历史、地理等课程中引入与劳动相关的文化、历史知识，帮助学生理解劳动的社

---

① 檀传宝：《如何让“劳动”成为一种“教育”？——对劳动与劳动教育的概念之思》，《华东师范大学学报》（教育科学版）2022年第6期。

② 《马克思恩格斯选集》第2卷，人民出版社，2012，第169页。

③ 〔捷〕阿姆斯·夸美纽斯：《大教学论》，傅任敢译，教育科学出版社，2014，第87页。

会文化意义，增强他们对劳动的认同和尊重。在体育中，要发挥劳动教育的强体功能。设计劳动性体育活动，让学生在劳动中锻炼身体，感受劳动的乐趣。在美育中，要突出美育的劳动情境性。融合劳动教育于校园文化之中，引领学生通过亲身劳动实践与创造，感知美、赏识美与表现美，从而深刻理解劳动之于美的真谛，培育高雅的审美品位。此举不仅能够让劳动成为学生体验美、欣赏美和创造美的平台，也能够使他们认识到劳动本身所蕴含的美学价值，进而形成深层的审美观念和情趣。

（二）泛在设计：突破“对应式”劳动教育误区

如果说，“对应式”劳动教育凸显了劳动教育课程的重要地位，那么，“泛在式”的劳动教育设计则在更广泛地意义上提升了劳动教育实现其价值的可能性。只有当劳动教育泛在于学生的学习与生活之中时，劳动教育的价值才更加有效便捷地发挥。“泛在式”劳动教育设计，意味着学校应秉持多种劳动教育形态并存的理念，打造“课程为基、其余形态为辅”的劳动教育体系。其他形态的劳动教育包括不限于：其他学科中的劳动教育、学校日常生活中的劳动教育、家庭生活中的劳动教育、社区生活中的劳动教育。换而言之，新时代劳动教育价值的实现关键在于“大劳动教育体系”的构建。构建“大劳动教育体系”需要回答两个基本问题：一是劳动教育课程本身的设计如何与其他学科、学生的家校社生活相联系？二是如何在学生的家校社生活中贯彻落实劳动教育？

首先，结合学校特色积极开发跨学科的劳动教育课程。学校特色本身作为一种校园文化，具有隐性育人效果。要注重劳动教育课程与学校特色办学理念的融合。如强调科技文化的学校，其劳动教育课程应当融入创新能力的培育，通过劳动教育激发学生的创新思维和实践技能。这意味着课程设计不仅要包括技术和工程技能的学习，还应鼓励学生通过解决实际问题来应用这些技能，从而促进他们创新能力的提高。而对于强调人文熏陶的学校，劳动教育课程则应更多地聚焦于探索劳动的历史价值、精神内涵和文化意义，通过这些课程内容加深学生对劳动的人文关怀和理解，从而培养他们深厚的人文素养。这种基于学校特色的跨学科劳动教育课程与学校特色文化理念相融合，便具有了泛在式的文化育人属性。其次，秉持开放式思维，创设“生活+劳动”课程。这种课程设计旨在将日常生活技能与劳动教育相结合，通过实践活动让学生在真实的生活场景中学习劳动技能，理解劳动的意义，并将之应用于日常生活中。最后，学校劳动教育要面向家庭与社会，实现劳动教育的家校社协同。父母与子女之间的协作劳动、情感交流是培养学生热爱劳动、尊重劳动的重要基石。劳动教育应引入父母与子女之间关于劳动的实践体验与情感交流，通过协作与交流、以身示范与引领，让学生在父母的影响下切实感受到劳动的价值。社会中的热点问题，如环境污染、传统文化、技术伦理等，皆可成为劳动教育的切入点。学校劳动教育应紧密联系社会热点问题，一方面创新劳动教育的内容与形式，增添劳动教育的乐趣与吸引力；另一方面指导学生对这些问题进行深入的理解和批判性思考，通过劳动实践观照现实，培育学生的综合素养。

（三）过程创新：推进物质劳动与精神活动的协调统一

马克思主义认为，异化劳动的根源之一在于人的精神力量被摧残和否定。新时代劳动教育旨在实现个体性与社会性的融通、工具性与价值性的统一，这便天然地无法忽略人在劳动中的精神与心理状态，因为只有身心协调、健康的劳动才会是自由的、创造性的活动。“劳动，非异化的、完全意义上的人的劳动，本身包含两个不可分割的本质环节：精神活动和生命活动。”[①] 只有这两个环节协调统一，劳动才能彰显人的本质，具有改造世界的力量。这意味着，跨界融通与泛在设计的劳动教育真正发挥其功能与价值的关键，在于其在劳动教育过程中推进主体物质劳动与精神活动的协调统一。换言之，新时代劳动教育不仅需要跨界融通与泛在设计，更需要过程创新，让主体精神在物质劳动中展现出积极、愉快与肯定的状态。

首先，劳动教育过程应整合物质劳动与精神劳动。设计包含物质劳动（如手工艺、农业劳作、制造等）和精神劳动（如设计思考、计划策划、科研探索等）的综合劳动课程。让学生在实践中学习将两者有机结合，既体验到身体上的劳作艰辛，也感受到精神上的劳动乐趣与价值，两者共同发力，切实培养学生热爱劳动、尊重劳动、创新劳动的劳动情感与价值观。其次，提升劳动教育过程的幸福感和趣味性。提供多样的劳动项目，让学生根据自己的兴趣和能力选择劳动项目，提升其参与度和满意度。针对不同学生的特点和兴趣，设计个性化的劳动教育学习路径，允许学生探索和深化自己感兴趣的领域。引入游戏化元素，如积分系统、角色扮演、竞赛等，将其融入劳动教育中，以提升劳动的趣味性。设置创意挑战，组织一些创意挑战和竞赛，鼓励学生在完成劳动任务的同时，发挥创造力和想象力，这不仅能提升其趣味性，还能培养学生的创新能力。最后，劳动教育过程应引入与劳动相关的心理学知识，提升学生劳动的内在动机以及劳动过程中的情感体验，培养正向的劳动态度。这有助于推动学生理解劳动如何促进个人的心理成长，包括自我效能感、责任感以及抗挫折能力的培养与提升，进而培养学生在面对劳动挑战时的积极态度和情感调节能力，引导学生形成正确的劳动价值观。

---

① 邓晓芒：《劳动异化及其根源》，《中国社会科学》1983 年第 3 期。

从“人的全面发展”到“人的现代化”

杨小微　原旭辉[*]

【摘　要】“人的全面发展”是马克思主义经典作家的最高理想，“人的现代化”则是中国式现代化的终极目的。人的发展问题的关键和核心在于教育。回溯“人的全面发展”的原意及教育界对“全面发展”的理解，不难发现，对现代人素质结构的理解若仅仅停留在德智体美劳全面发展的框架内，则不足以回应时代对人提出的新要求。通过梳理现代化理论以及中国在教育实践中对现代人品质的研究，透析核心素养框架下的人才素质结构，可以看出“人的现代化”对“人的全面发展”的深化与拓展。在“人的现代化”视域下重新定位教育，具体包括：从“以人为手段”转向“以人为目的”的目标定位；从教育优先转向“教育、科技、人才”一体化的战略定位；将教育融入“自由人的联合体”，在个体主体性与共生主体性之间保持张力的未来定位。

【关键词】人的全面发展；个体主体性；人的现代化；马克思主义

在马克思恩格斯合著的《德意志意识形态》的第一章中，“人”一词出现了538次，这足以证明马克思对“人”的重视。可以说，“人的全面发展”是马克思主义对未来人的发展之理想状态的描绘，而“人的现代化”则是“人的全面发展”在现时代的具体表达。但无论是“人的全面发展”还是“人的现代化”，都是对个人品质的一种描述，最终都指向“人的发展”问题。马克思的重要贡献还在于将“人的发展与教育、劳动和社会”紧密联系起来，进而提出了“生产劳动同智育和体育相结合，它不仅是提高社会生产的一种方法，而且是造就全面发展的人的唯一方法”①。因此，有必要从教育学的视角对马克思主

---

* 杨小微，教育学博士，广西师范大学教育学部，教授、博士生导师，主要研究方向为教育现代化、课程与教学论；原旭辉，广西师范大学教育学部，硕士研究生，主要研究方向为教育现代化、课程与教学论。

① 《马克思恩格斯选集》第2卷，人民出版社，2012，第230页。

义人学研究进行深入探讨。

一　“人的全面发展”之原意及教育界对“全面发展”的理解

马克思恩格斯在《德意志意识形态》一书中首次正式地提出了“人的全面发展”概念，并在后续的著作中不断完善和深化对“人”本质的认识。然而在马克思的全部著作中，并没有关于“人的全面发展”的现成定义，其内涵与深意体现在马克思众多的论著当中，由学者们加以概括和解读。其中，最具代表性的解读有如下两种。

（一）马克思“人的全面发展”原意

1. “人的全面发展”是个人智力与体力的充分发展

在马克思之前，费尔巴哈、鲍威尔、施蒂纳等学者对“人”的研究主要是从逻辑思辨的层面分析人的属性。而在《德意志意识形态》中，马克思恩格斯明确地表示，人的全面发展有客观前提，这一客观前提应该首先到物质生产活动中去寻找。这一论述克服了前人论述中脱离社会现实、割裂个人发展与社会发展辩证关系的缺陷，将人的发展立基于“现实的人”。他们进一步指明，人的发展总是受社会生产力和生产关系的制约，必须从现实的经济基础中寻找“人的全面发展”的决定性因素和根本动力。通过对资本主义形态下劳动分工的考察，马克思认为社会分工造成了人的片面发展，由于社会分工的摧残，在私有制分工中，一部分人只发展脑力，相对应的另一部分人只发展体力。私有制生产关系成为生产力发展和人的发展的桎梏，将人的发展推向全面异化。到工场手工业阶段，这种片面发展达到顶峰。马克思在《资本论》中，援引大量第一手材料，描述和揭露了这一历史时期工人被奴役、被剥削的悲惨处境。在恶劣的生存境遇下，劳动者终身困于手工业生产的工序中，服从于“单一操作程序”的训练，这破坏了人肢体动作的完整和统一，造成人体力活动和脑力活动相分离的畸形发展。除了劳动者外，“一切有教养的阶级”也被自己的资本和利润所奴役，他们在专门教育下终身被束缚于某一专门技能，例如律师被僵化的法律观念所奴役①，高贵的资产阶级也没能获得肉体和精神上的真正解放，其发展也是片面的。

现代化的大工业生产不但对人的全面发展提出了要求，而且提供了人全面发展的条件。生产工艺的不断更新，劳动的不断更换，是大工业生产的自然规律。诚如马克思所言：“大工业的本性决定了劳动的变换、职能的更动和工人的

① 顾明远、黄济：《中等师范学校课本：教育学》，人民教育出版社，1986，第 75 页。

全面流动性。”[①] 这就要求工人不断提高科学文化水平，尽可能获得多方面地发展。同时，自然科学和工艺学在生产中的应用使劳动“在这里已完全丧失专业的性质”[②]，使劳动者更可能掌握生产过程的基本原理和基本技能，个人能力的普遍化以及人的全面发展已成为不可阻挡的趋势。马克思预言，在未来的工人学校中工艺教育将占据应有的位置，推动工人在生产劳动和教育的结合中了解工业生产的基本原理和各项流程，获得自身的全面发展。此外，大工业生产还创造了闲暇时间。劳动生产率的提高、劳动时间的缩短和物质财富的增加，使劳动者有一定的闲暇时间来学习科学文化知识和技术，这为人的智力和体力的和谐发展准备了条件。但只有在合理的社会制度下这一切才能彻底实现，也只有摆脱这种异化的社会关系，人类才能从“必然王国”中解脱出来，向“自由王国”飞跃。马克思在《资本论》中指出：“未来教育对所有已满一定年龄的儿童来说，就是生产劳动同智育和体育相结合，它不仅是提高社会生产的一种方法，而且是造就全面发展的人的唯一方法。”[③] 在此处，“生产劳动”绝不是狭义上的经济领域内的生产活动，应将其置于整个社会活动中一窥其思想之深邃。马克思对教育与生产劳动相结合的认识，不是停留在培养智力和体力方面的全面发展，而是上升到将人视为改造资本主义社会最强有力的手段这一高度。可见，马克思在纷繁复杂的社会表象下精准地洞见了社会发展的进程与方式，巧妙地通过“教育和生产劳动的结合”把人的全面发展与社会变革联系起来。

2.“人的全面发展”是个人自由的充分发展

“人的全面发展”不应囿于数量层面的思考，仅将“全面”视为范围上的“齐全”或“没有遗漏”，而应关注到人的发展质态的突破和超越。人的发展条件与内容是紧密联系在一起的，准确把握时代发展的内在规定性将有助于“人的全面发展”产生深层次的、根本性的历史性变革，实现人从“旧质”到“新质”的转变。马克思将人的发展划分为“人的依赖性”阶段、“以物的依赖性为基础的人的独立性”阶段和“人的全面而自由发展”阶段。现代资本主义社会摆脱了人依附于自然界和社会关系而组成“共同体”的阶段，进入“以物的依赖性为基础的人的独立性”阶段。这一阶段为人的自由全面发展提供了可能。但马克思强调它只是人类发展中的一个阶段，“个人还处于创造自己的社会生活条件的过程中”[④]。唯有在社会主义条件下，生产劳动不再成为“奴役人的手段”，人才能“占有自己的全部本质”，拥有足够限度的自由，向着满足自身发展需要的方向递进。由此看来，仅从构成劳动能力的智力和体力层面理解“人

① 《马克思恩格斯全集》第 23 卷，人民出版社，1972，第 534 页。

② 《马克思恩格斯选集》第 1 卷，人民出版社，2012，第 249 页。

③ 《马克思恩格斯选集》第 2 卷，人民出版社，2012，第 230 页。

④ 《马克思恩格斯文集》第 8 卷，人民出版社，2009，第 56 页。

的全面发展”是不全面的。人的全面发展的丰富性还在于人的本质的展开，这涉及人的社会关系、观念关系和现实关系，是人的生活领域、社会关系、人格发展等各个层面从局部走向全面、从畸形走向完善、从贫乏走向丰盈、从潜在走向真实的过程。在《德意志意识形态》一书中，马克思对共产主义社会的生活图景作出过浪漫的描绘："在共产主义社会里，任何人都没有特殊的活动范围，而是都可以在任何部门内发展，社会调节着整个生产，因而使我有可能随自己的兴趣今天干这事，明天干那事，上午打猎，下午捕鱼，傍晚从事畜牧，晚饭后从事批判，这样就不会使我老是一个猎人、渔夫、牧人或批判者。"① 马克思认为，人实际上“过着一个多方面的生活”，这很类似于这种生活——它充分实现了人的解放，“包括了一个广阔范围的多样性活动和对世界的实际关系”②，人的个性潜能得以自由发展。

教育为人的全面自由发展创造着积极的条件，让人“身上至今只作为天资而存在的那种能力”，由于“限制的取消”，经过后天的教育和培训，“不再是单纯的天赋”，而是得到高度发展和完善，并成为现实的技能。③ 个人并不是为了解放而解放、为了发展而发展，追求个人本身全面而丰富的体验，满足个人自身的和谐才是全面发展的真正目的。

3. “人的全面发展”所体现的人的特性

“人的全面发展”学说在“人的发展问题”上提供了一种全新的方法论指导，不仅揭示出人发展的必然规律，而且蕴含了人最一般的质的特性，即人的主体性、实践性和社会性。这三种特性以多样复杂的方式相互交织，既是个体发展的动力和基础，也受到社会结构和制度的影响和制约，共同塑造着个体的认知、行为和社会角色。

人的主体性是人之为人的首要前提，主体性既是人作为主体所具有的性质，又是人作为主体的根据和条件。马克思论述的人类三种社会形态演进，实质是人的主体形态的改变。在最原始的“人的依赖性”阶段，人的主体性隐匿于对群体的依赖中；到“以物的依赖性为基础的人的独立性”阶段，人开始走向个体独立，然后朝着“自由个性”迈进，实现了人的主体性的历史飞跃。人的实践性体现为在自身主体性的驱动下，个体通过实践劳动改变世界，实现个人价值意义的发展。与此同时，人在社会实践中又充分发展和解放着人的主体性。人在实践活动中推动着生产力的发展，创造了社会历史发展的内生动力。当人的需要受到生产关系和生产力制约而无法满足时，人必然会通过实践冲破旧的

---

① 《马克思恩格斯选集》第1卷，人民出版社，2012，第165页。

② 《马克思恩格斯全集》第3卷，人民出版社，1960，第296页。

③ 陈芬、田梦非：《个人的自由全面发展——马克思〈1857—1858年经济学手稿〉的伦理解读》，《伦理学研究》2016年第2期。

生产力束缚，在广阔的实践活动中实现人的潜能的充分自由发展。换言之，实践是人本质力量的外化，实践的本质就是人的本质的对象化活动。人的社会性是人区别于动物的本质，体现为人在社会中的一切关系，如经济关系、生产关系、政治关系等的总和。人在实践中形成广泛的社会关系，逐渐习得社会行为规范、价值观念并扮演社会角色，在社会化的过程中逐渐形成自身的个性。人的全面发展与社会发展是同向同行的，人的本质的丰富性也来源于人的社会性。人的全面发展不是静态的过程，而是逐步融入社会的整体的、动态的发展过程。人的全面发展追求公平、公正、自由的社会环境，社会也通过合作与竞争，塑造着符合社会要求的人。人的社会性是实现人的全面发展的重要前提和保障，只有在社会性的基础上，个体才能充分发挥自己的潜能，实现自身的价值，促进社会的进步和发展。

（二）教育界对“人的全面发展”的理解

马克思主义人的全面发展学说是我国教育学阐述教育目的的理论基础，这与我国教育方针中关于“德智体美劳”全面发展的论述是有区别的，但学界长期以来混淆了两者之间的区别。实际上，两者在概念内涵、培养路径和意义指向上存在诸多不同之处。马克思主义人的全面发展学说属于经济学命题，其所关注的是培养合格的劳动者。1866 年，马克思在《临时中央委员会就若干问题给代表的指示》中，阐述了全面发展的教育内容和途径。他认为全面发展教育包括心智教育、体育（体育学校和军事训练）和技术教育（生产的基本原理、运用生产工具的技能），对儿童和少年工人，应当循序渐进地授以智育、体育和技术教育的课程。在具体培养途径上，他则强调“生产劳动同智育和体育相结合，它不仅是提高社会生产的一种方法，而且是造就全面发展的人的唯一方法”①。

经济学中的“人”和教育学所要培养的“人”不属于同一范畴，这两种“人”所涉及的社会功能和社会联系范围各不相同。立足教育领域，人的全面发展规律不能简单地还原为一种经济规律，从现时代经济社会发展的新需求以及教育特质出发，进一步丰富和完善马克思主义人的全面发展学说，便成为教育理论研究深化的题中应有之义。

1. 作为教育方针的“全面发展的人”

马克思主义人的全面发展学说是通过教育方针的制定而实现中国化的。毛泽东在 1957 年就提出，我国的教育方针“应该使受教育者在德育、智育、体育

---

① 《马克思恩格斯选集》第 2 卷，人民出版社，2012，第 230 页。

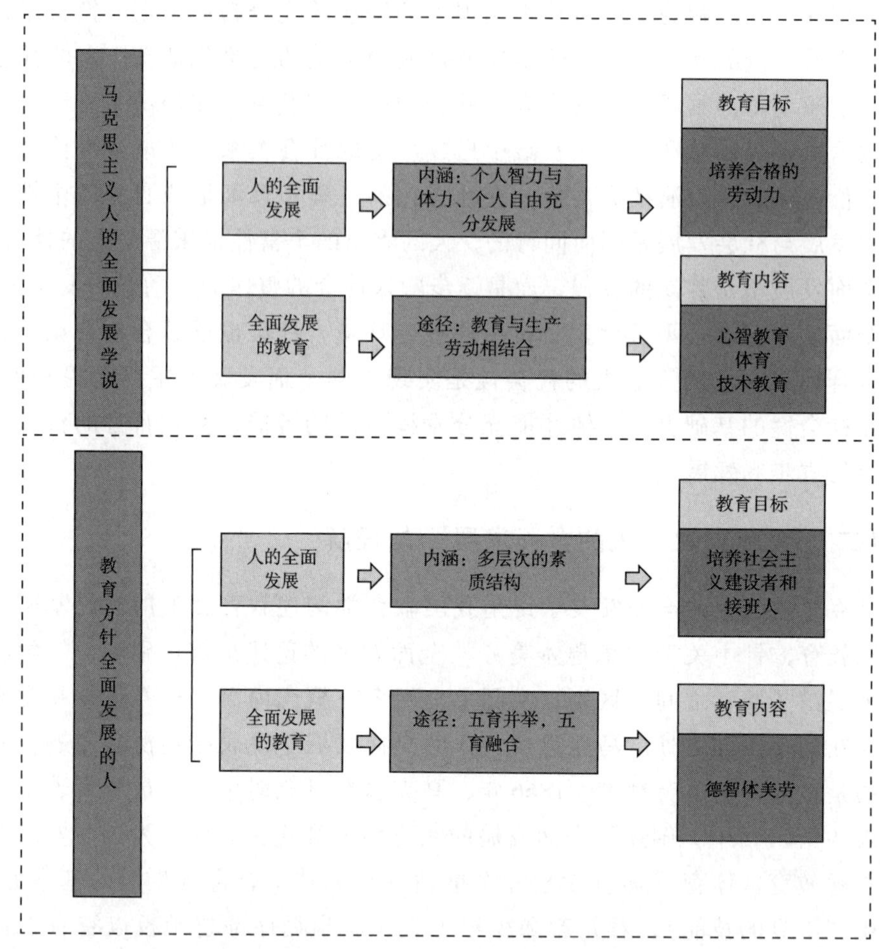

图1　“人的全面发展”及其教育在不同语境中的含义比较

几方面都得到发展”① 这一重大论断，为今后数十年中国教育政策的发展打下了坚实的基础。在我们国家的教育政策中，“人的全面发展”是对受教育者的基础素质、质量结构以及总体特征所作出的一种规划，经历了从“德、智、体”三育到“德、智、体、美”四育，再到“德、智、体、美、劳”五育的发展历程。在迈向全国建设社会主义现代化国家新征程的重要历史时刻，全面贯彻党的教育方针，落实立德树人根本任务，培养德智体美劳全面发展的社会主义建设者和接班人，则更需要重新对之加以解读。“社会主义建设者和接班人”反映了教育所要培养的人与外部社会的联系，“德智体美劳全面发展”则说明了所要培养的人的内在素质以及它们之间的联系。

与马克思主义人的全面发展学说相比，我国的教育方针是马克思主义最高

① 《建国以来重要文献选编》第16册，中央文献出版社，1997，第228页。

理想中国化的表现形式。一是教育方针从人的素质结构来体现全面发展，“德智体美劳全面发展”是一个多层次的素质结构体系，德智体美劳各个因素各有其特殊的发展过程、重要意义和独特地位，个人能够在先天资质的基础上根据兴趣、经历、人生追求在这五个方面获得不同形式的构成和组合，呈现出人才培养样态的丰富性和复杂性。二是把“培养德智体美劳全面发展的社会主义建设者和接班人”[①] 作为国家教育目标，各级各类学校都遵循此精神内涵，并将其转化为多样性、创新性的学校培养目标，最后通过教育内容和课程体系进行具体落实。三是我国的教育方针具有一定的时代性和发展性，“德智体美劳全面发展”均能在中国悠久的文化传统中找到思想根源[②]，与此同时，各个因素的内涵与外延也在根据社会的发展和认识的深化不断调整与完善。

2. 全面发展教育的具体落实

现阶段，教育界尤其关注“五育并举”和“五育融合”。在五育中，劳动教育比较特殊，本身也蕴含了“德智体美”诸方面的含义，暂且不论。而“德智体美”这四个方面，在任何一种教育教学行为中其实都是浑然一体的。例如，一首古诗词的教学，既涉及相关知识技能（智育）、描摹抒情对象的美好意境（美育）和对祖国大好河山的赞叹（德育），还涉及学习过程中的用眼用脑卫生的提醒（体育）。但是，当德智体美之间天然的联系被人为割裂时，四育或五育的“并举”和“融合”便显得十分必要。有论者探讨了“五育融合”的“引领—融合”范式，其实践样态包括“学科引领+各育融合”、“活动引领+各育融合”和“教材引领+各育融合”三种形式。[③] 学科知识越体系化，其内在可供发掘的学科联系点就越多。“学科引领+各育融合”模式试图通过发掘学科链接点，利用跨学科学习、学科实践活动、综合实践活动等弥合学科与学科、学科与实践、学科与社会、学科与生活之间的割裂。此外，也有学者立足“学科整合”视域，提出归纳梳理“学科群”，从培养目标的角度整体看待学科的性质功能、思维方式、组织形式，将近似学科组合成联动的育人学科群。

二　关注现代人品质在教育现代化进程中的意义与价值

改革开放之初，社会主义市场经济呼唤培育人的个体主体性；四个现代化的推进也让我们渐渐意识到现代化不仅是“化物”“化制度”，同时也在“化

---

① 《习近平著作选读》第2卷，人民出版社，2023，第194~195页。

② 杨天平、刘志波：《关于人的全面发展的几个理论问题——兼论对党的教育方针的理解》，《武汉科技大学学报》（社会科学版）2022年第5期。

③ 李政涛、文娟：《“五育融合”与新时代“教育新体系”的构建》，《中国电化教育》2020年第3期。

人”“化文化”。教育现代化的推进，则更促使我们在人的全面发展框架之下进一步思考人的主体性、理性和现代性问题。

（一）现代化进程对现代人品质的呼唤

现代化是动态的、持续发展的过程，而人是推动社会历史进步最根本的力量。一言以蔽之，现代化的核心要素是人的现代化。在深入研究人的现代化进程 20 多年后，英格尔斯指出：“如果个体未能在人格层面完成从传统向现代的转变，那么遭遇失败的悲惨命运似乎是难以避免的。”[①] 可见，现代化在“化物”的同时不忘“化人”的初心是何其重要。

当中国社会进入社会主义市场经济时，仅仅关注人的发展的全面性已远远不能适应社会发展的需求。无论是经济、生产、生活及教育的实践，还是哲学、经济学、社会学和教育学等学术研究领域，都越来越关注社会主义市场经济建设与人的主体性发展之间的深层关联。有论者指出，新中国成立 70 年多来，我国逐渐从计划经济转向社会主义市场经济，人的主体性也经历了从萌芽期、发育期、发展期到飞跃期的转换。其中，从计划经济到有计划的商品经济，是人的主体性的发育期（1978~1991 年）；从建立社会主义市场经济体制到完善社会主义市场经济体制，是人的主体性的发展期（1992~2012 年）；使市场在资源配置中起决定性作用，是人的主体性的飞跃期（2013 年至今）。[②]

市场经济对个人最核心的诉求，就是在赋予个人自主选择权利的同时，也要求个人能够承担选择的后果。这可理解为，每个人都要具有“自主选择、自担责任、自我成长、自我约束”的个体主体性精神。[③] 人的主体性就是人作为活动的发起者所具有的基本特性，如自主性、主动性、积极性、创造性、能动性等。[④]

社会主义市场经济是社会主义条件下突出企业主体性、个体主体性的经济，它将会充分发挥和实现每一企业、每一个体的主体性，从根本上推动我国经济、政治和文化的发展，带来整个社会生活的巨大变革。[⑤] 在市场经济条件下，企业是按照市场要求依法自主经营、自负盈亏、自我约束、自我发展的经济实体，这样，企业的主体性被极大地调动起来。在这种组织形式下，企业的每一成员都有参与经营管理企业的权利，都对企业的生存发展负责，同时也将在企业内部平等地获得自己的经济利益。因此，企业的每个成员也都集权责利于一身，

① 〔美〕英格尔斯：《人的现代化》，殷陆君译，四川人民出版社，1985，第 8 页。

② 王卫华、董逸：《新中国成立 70 年来人的主体性发展的经济哲学反思》，《广西社会科学》2019 年第 11 期。

③ 杨小微、张秋霞：《主体教育实验研究的回溯与前瞻》《教育研究》2022 年第 11 期。

④ 黄枬森：《关于建立社会主义市场经济的几个哲学问题》，《哲学研究》1993 年第 7 期。

⑤ 刘敬鲁：《社会主义市场经济与主体性》，《晋阳学刊》1994 年第 5 期。

都与企业血肉相连，每个成员都自我激励、自我负责，其主体性得到最大限度的发挥。如同平等自由是企业主体性的根本内容一样，平等自由也是个体主体性的根本内容。因为任何企业都是由个体构成的，个体是企业的基本细胞和主体，同时，每一个体都有自己的特长与优势，在自由选择、平等竞争的条件下，个体的特长与优势得以真正的发挥。所以，平等自由说到底是个体的平等自由。①

社会主义市场经济体制的建立与完善，也对教育的主体性和人的主体性培育提出了紧迫的要求。早在20世纪90年代初，王道俊、王策三、郭文安、扈中平等学者就开始撰文探讨人的主体性及主体教育哲学等问题。在党的十四大召开后不久，中国教育学会会长张承先主持召开了“教育与社会主义市场经济问题”的讨论会，胡寅生在发言中提出如下观点：要深刻认识教育的主体性，这包括教育主体的认识本质、实践本质、创造本质；大力弘扬教育改革中人的主体意识；重视培养教育工作者、决策者、执行者、受教育者的主体意识；培养具有主体精神的人才，即具有正确的价值观念，自爱、自尊、自主、自强，勇于创造革新的人。②

社会主义市场经济体制的建立，是中国迈向现代化的一个重要标志，其所呼唤的个体主体性，与现代化进程所呼唤的现代人品质在内涵上是高度相关的。经典现代化所具备的理性与主体性特征，直接要求社会从主体性的视角来洞察人作为个体主体的功能特性，即自主性、积极性、创造性、能动性和独特个性。这些特性是否能够成为现代人的基础和条件？或者，它们是否本身就是现代人必备的品格？这是我们接下来要继续讨论的问题。

（二）现代化理论对现代人品质的理解

在现代化理论中，现代人品质是一个复杂而多维的问题。有学者把“人的现代化”的内涵分为两个方面：从广义上讲，人的现代化是指人类整体生活状况的现代化，包括人口素质的现代化和人的主观意识的现代化；从狭义上讲，人的现代化主要是指人的个体素质的现代化，是人的个体素质与社会现代化的协调统一发展。③ 从这一概念可见，不论是作为群体的“人”还是作为个体的“人”，探究人的品质都需要以人为坐标来观照人在社会中的现代化实践，对人的生存方式与存在价值以及人与社会的关系进行重新审视。“类哲学”把人作为类的存在物去考察，并以类的意识理解当下的人、把握当下的时代精神脉搏，这为研究者们提供了新的思考方式。这一哲学思维的转向起源于文艺复兴、宗

① 刘敬鲁：《社会主义市场经济与主体性》，《晋阳学刊》1994年第5期。
② 张承先等：《教育与社会主义市场经济》，《中国教育学刊》1993年第2期。
③ 杜金亮：《人的现代化与人的全面发展》，《山东社会科学》2000年第4期。

教改革和启蒙运动确立的以人性论为核心的人道主义理论，也因此为西方现代化进程奠定了逻辑前提。但在西方资本主义现代化的初始发展中，马克思最早敏锐地洞察到资本主义现代化束缚了人的自由发展，造成了人的智力和体力的片面发展。对这一问题的关注反映了马克思对现代化进程中人的发展特质的批判。马克思曾用一句话概括了人的类本性，即“人的类特性恰恰就是自由的有意识的活动”①。“以人为目的”的现代化发展由此成为西方现代化进程中经常被提及的现代化建设目标。

在后发国家的现代化进程中，人的发展常常被作为促进现代化建设的一种手段出现，比如，仅仅通过多出人才、快出人才来推动科技和经济社会发展，在一定程度上背离了“以人为目的”的现代化建设目标。在英格尔斯看来，人的现代化是国家现代化的必要因素。它不是现代化进程结束时的副产品，而是现代化进程能够持续推进与经济保持态势良好的先决条件。② 从这个意义上说，人的现代化品质既是促进现代化的推动器，也是人全面发展的动力源。人的现代化品质不仅意味着人适应现代化社会的需求，也意味着现代化有利于人的发展。

除了关注现代人的“类特质”，研究者们还从思维能力、行为素养、文化基础等角度对个体的现代化品质进行研究。有研究者基于马克思主义理论对人的能力的阐释，结合心理学中的认知—态度—行动理论，提出了中国式现代化进程中现代人的能力模型，即认知力—判断力—执行力的能力模型，并在此基础上提出了国家引导现代人的成长路径。③ 也有研究者聚焦于人的思维方式的现代化，指出人的现代化应该实现五个转变：从保守到创新的转变；从封闭到开放的转变；从单一到多样的转变；从静态到动态的转变；从依赖到独立的转变。④ 英格尔斯从现代人的行为素养中归纳出可观察、可测量、可评估的显著特征，包括：对新事物持开放态度；愿意接受社会改革；对不同观点持开放态度并保持尊重；关注未来和现在；守时；注重效率和效益；对人和社会的能力充满信心；注重规划；尊重和追求知识；相信理性和由理性驱动的社会；重视专门技术；勇于正视传统而不墨守成规；相互理解、尊重和自尊；“过程重于结果”；等等。⑤

褚宏启在立足中国教育现代化实践境况并结合他国现代化经验的基础上，提出了现代人“核心素养清单”，包括创造性技能、批判性思维、公民素养、合作与交流素养、自我发展素养和信息素养。⑥ 有学者在此基础上进一步拓展了

① 《马克思恩格斯选集》第1卷，人民出版社，1995，第46页。

② 〔美〕英格尔斯：《人的现代化》，殷陆君译，四川人民出版社，1985，第4页。

③ 黎文华、汪荣有：《在中国式现代化进程中推进人的现代化》，《海南大学学报》（人文社会科学版）2024年第3期。

④ 杜金亮：《论人的思维方式的现代化转变》，《文史哲》1999年第5期。

⑤ 〔美〕英格尔斯：《人的现代化》，殷陆君译，四川人民出版社，1985，第22~34页。

⑥ 褚宏启：《教育现代化2.0的中国版本》，《教育研究》2018年第12期。

现代人的特征，从价值观念、精神文明、创造力、责任担当意识等方面出发，认为中国式现代化视域下的“人的现代化”应具备“家国情怀、现代化的价值观念、积极的主体意识、创新精神和能力、生态文明意识、丰富的精神世界和执着的价值追求、强烈的社会责任感、较高的科学文化素养、合格数字公民应有的数字素养和能力、丰富的个性、敢于担当的精神、顽强拼搏的斗争精神、积极作为的实干精神和能力，以及健康的身心素质”14 种特质①，这对构建系统的“现代人”指标体系具有积极意义。

上述学者们的探讨具有内在的层次结构，涵盖了思维认知、行为能力、文化基础和时代特质等方面。这些现代性特质能否在当下我国的育人目标、育人过程和育人成效中得以体现，还需在教育的视域下进行深入考察。

（三）我国教育现代化进程中现代人的培养举措

中国式现代化为实现人的自由全面发展提供了物质条件和根本保障，而中国式现代化建设也对“人的现代化”提出了新的更高要求。前面已经论述，“以人为目的”的现代化发展应该成为现代化进程中的主旋律。教育要培养的是“未来的人”，是面向未来、适应国家现代化建设需要的时代新人。这一特点必然要求坚持“教育优先发展”的国家重大方针，将教育现代化置于中国式现代化的优先位置，将人的现代化置于教育现代化的核心位置，让教育的一切目标、过程、方法、手段都服务于人的现代化这一核心目的。

摆在教育现代化面前的首要问题是“哪些特质是现代人最应该具备的?”进而，在这一问题的基础上思考“怎样通过教育实现人的现代化?”为此，我国根据国际组织和其他国家的经验，制定了中国学生发展核心素养框架。首先，核心素养框架的研制和使用使我国教育方针中“德智体美劳全面发展的总体要求”被细化为学生的品格和能力要求，有助于教师在教育实践活动中的具体感知。其次，核心素养从顶层设计上解决了各学段课程目标之间衔接不足的问题，将课程目标贯穿到各学段、融合到各学科。最后，核心素养为衡量学生全面发展状况提供了评判依据，引导教育教学评价从单纯考查学生的基本知识和基本技能转向考查学生的综合素质。

三　在“人的现代化”视域下重新定位教育

（一）目标定位：从“以人为手段”转向“以人为目的”

改革开放初期，我国尚未完成以工业化为特征的现代化，就迎来了以信息

① 邹霞等:《中国式现代化视域下的“人的现代化”特质探究》,《重庆社会科学》2023 年第 10 期。

化为特征的新的现代化浪潮。但我国抓住历史机遇，选择了“以信息化带动工业化”的融合式发展路径，这一发展路径对人的素质提出了极高的要求。对于后发国家来说，教育制度因素的重要性尤为突出，因为这些国家面临着沉重的现代化的赶超压力，而且很难在短期内实现技术、知识和人力资本等现代化动力因素的突破。①

“人的全面发展”一直作为我国的教育方针，确保了人才培养方向的稳定性。然而，在中国现代化的不同阶段，“培养什么样的人”的价值取向一直紧随现代化进程中主要任务的变化而变化，即历经从“为工农服务”，到“为政治服务”“为经济服务”，再到“为人民服务、为发展中国特色社会主义制度服务、为改革开放和社会主义现代化建设服务”的多次转型。培养目标的转变也反映出在我国现代化建设中，对人的关注多集中于提高人的素质，以适应社会建设的需要，这在一定程度上体现了人的工具性。但基于我国的特殊国情并综合考虑我国的制度优势，教育方针中的国家主义取向是利大于弊的。基于此，在具体的教育法规和教育制度的制定上，应该充分尊重和发挥人的主体性，以人的发展为出发点。

现阶段，我国不断“以人的发展为宗旨”完善教育法律法规体系。《中小学教育惩戒规则》的出台为教育惩戒权明确了法理的边界，保障了师生最基本的人格尊严。《中华人民共和国家庭教育促进法》的审议通过，将家庭教育上升到国家事务的高度，明确了父母和监护人在家庭教育方面的责任，还细化了国家支持和社会协同的教育措施，促进了儿童全面健康成长。《中华人民共和国学前教育法》的实施保障了学前教育的普惠发展，改变了学前教育作为国民教育体系中的薄弱环节的状况，保障了适龄儿童的教育权。《中国教育现代化2035》是中国第一个以教育现代化为主题的中长期战略规划，提出了八大理念、总体目标和十项战略任务，为提升人的现代性谋划了具体的推进路径，为教育现代化提供了战略方向。在这一规划的引导下，我国近年来全力推动教育内生变革，不断探索未来教育的应然形态，为人的现代性的发展做了充分的准备。最为显著的便是教育数智化的纵深发展，当前智能平台的大规模个性化学习逐步普及，打破了传统教学中时间、空间、课程内容和教学模式的限制，人机协同的交互式学习开阔了人的思维，优化了学习过程体验，构筑起促进人全面发展的自适应学习系统。

从视人为手段的工具定位到视人为目的的价值理性定位，是非常了不起的转变，这使我国教育越来越关注以育人为本，坚持学生（学习者）立场，关注

① 田正平、李江源：《教育制度变迁与中国教育现代化进程》，《华东师范大学学报》（教育科学版）2002年第1期。

其真实的成长，真正回归到教育的本真。

（二）战略定位：从教育优先到“教育、科技、人才”一体化的转变

《中华人民共和国教育法》于1995年确立了教育优先发展的地位，将教育视为社会主义现代化建设的基础。教育优先发展主要体现在三个方面：一是经济社会发展规划要优先安排教育发展；二是财政资金要优先保障教育投入；三是公共资源要优先满足教育和人力资源开发需求。在“教育优先发展”的指导下，中国实施了科教兴国战略和人才强国战略。从经济学角度来看，科教兴国战略和人才强国战略实质上是对国家和民族的人力资源开发进行管理。舒尔茨认为，“人力资本的投资收益率高于物力资本的收益率，人力资本的积累和投资是推动社会经济增长的主要动力”，而教育投资是人力资本投资的核心。正是基于制度导向的前瞻性，我国跨越了“马尔萨斯陷阱”，实现了现代化进程中人口大国“化物”与“化人”的同向同行，将我国规模巨大的人口压力转化为潜力无限的人力资源，实现了从人口大国向人力资源大国的转变。

党的二十大报告将教育与科技、人才等方面工作融合起来阐述，指出“教育、科技、人才是全面建设社会主义现代化国家的基础性、战略性支撑”[①]。必须坚持科技是第一生产力、人才是第一资源、创新是第一动力，深入实施科教兴国战略、人才强国战略、创新驱动发展战略，开辟发展新领域新赛道，不断塑造发展新动能新优势。作为最高文件，这样的表述不仅更具系统性和整体感，而且相较于以往较为抽象的“教育优先发展”“把教育放在优先发展的战略地位”等表述，更加精准和恰切。在新时代的现代化建设实践中，“教育、科技、人才”三者在各领域、多层次、全要素上表现出深度融合的趋势。在现代化的行动方略中，有必要重新系统谋划、科学定位。“教育、科技、人才”三者在现代化的总体框架中彼此支撑、彼此衔接，共同构成辩证统一的整体。从“教育、科技、人才”一体化架构的内部来看，教育既是将人才从潜在状态转为现实状态的桥梁，又是将科学技术转变为生产力的枢纽，承担着龙头牵引的重要作用。科技为教育现代化的深度变革提供了源源不断的动力，又为人才潜能的释放提供了技术支持；人才的发展需求推动教育的转型与创新，人才的主体性为科技成果的转化和应用创造了广阔前景。

从教育优先到“教育、科技、人才”一体化的转变，体现了我国现代化在整体布局上更加注重内涵式发展，注重通过调整布局、优化结构来实现现代化水平的提高和人的现代性的增强。希望在推动中国式现代化实现实质性跨越式

① 习近平：《高举中国特色社会主义伟大旗帜 为全面建设社会主义现代化国家而团结奋斗——在中国共产党第二十次全国代表大会上的报告》，人民出版社，2022，第33页。

发展的同时，推动现代化外在条件的现实性转化，进一步增强人发展的自觉性，实现马克思主义真正意义上的“人的全面发展”。

（三）未来定位：让教育融入“自由人的联合体”

1848年，马克思在《共产党宣言》中明确表述了“自由人联合体”思想：“代替那存在着阶级和阶级对立的资产阶级旧社会的，将是这样一个联合体，在那里，每个人的自由发展是一切人的自由发展的条件。”① 这里的“自由人联合体”既肯定了人的全面发展是充分而自由的，又将“每个人”与“一切人”联系起来，体现了“人是社会关系的总和”这一基本思想，还表达了一种未来社会终将由“个体主体性”迈向“共生主体性”的明确意向。那么，作为以促进人的“主体性”和“现代性”发展为己任的教育，未来也将融入“自由人联合体”之中。

融入“自由人联合体”的前提，是在个体主体性与共生主体性之间保持适当的张力。中国文化历来强调“群性”，而在传统意义上，“群性”是以血缘和情感为纽带的。而现代化是以弘扬个体主体性和理性为特征的，本质上是排斥血缘和情感的过度影响的，这无疑是中国从传统社会走向现代社会的精神和心理上的障碍和挑战，但同时也是转变为现代国家的难得契机。

市场经济极大地唤醒了个体主体性，这固然是其积极的一面，然而，由于市场经济的竞争性和趋利性，又有可能带来负面效应，因此，对个体主体性的弘扬也需有限度，需要引导其向共生主体性方向转变。

人在改造社会的过程中创造了新的社会结构和社会关系，社会发展问题实质上也就变成了主体发展的问题，始终和主体价值向度问题紧密联系在一起。在我国现代化进程中，曾因主体价值的偏离而出现一些错误的观念。一是金钱至上，信仰失落，拜金主义的盛行异化了人的价值，使得金钱成为衡量人能力与价值的唯一尺度。这一倾向肆无忌惮地侵蚀着学生的精神支柱，腐蚀着学生的价值观，表现为学生追求享乐主义，意志薄弱，爱慕虚荣，大兴奢靡之风。二是对工具理性的痴迷，过度关注效率和手段的最优化，却忽略了人类生存的价值基础和目的性。人也被异化为了工具，在思维方式上，个体的主体性被边缘化，人在清醒的麻木中丧失了批判、反思和超越能力，成为“单向度的人”。在行为方式上，人的社会化活动变成了人“被工具化”的活动，实践中的人反被机器所奴役。三是利己主义的无限膨胀。利己主义者将自身欲望的满足视为最高追求，挤压、侵占甚至掠夺人与自然、社会及自身应有的发展空间，在学生身上则体现为自私自利、缺乏同理心、只关注自己的生活，缺乏社会责任感。

---

① 《马克思恩格斯选集》第4卷，人民出版社，2012，第647页。

这无疑是需要我们高度警惕的。

马克思畅想的“联合体”，是一个团结互助、平等友好、融洽和谐的社会，用生态学的话语来描述，就是一个和谐的大生态；马克思所说的“自由人”是指每个人都得到自由全面的发展，包括人的需要、人的能力、人的社会关系、人的活动以及人的个性，人终于成为自然界的主人、社会的主人、自身的主人。每个人都是在联合体这个大生态中的生命主体，或者说“共生主体”。他们之间的共生方式可能是一方依赖另一方的“寄生式共生”，也可能是仅一方得利的“偏利式共生”，还可能是双方共赢互惠的“互利式共生”。在共同体的形成过程中，“互利式共生”无疑是最理想的状态，但前二者往往难以避免，不过它们可以不断被超越。

教育融入“自由人联合体”的愿景中，其使命就在于推动个体主体性向共生主体性的转换。换言之，就是促进共生主体性超越并包容个体主体性。从成长的视角看，就是要通过教育促使年轻一代逐渐从依附转向自主、从被动（受动）转向主动（能动）、从模仿走向创造，并在社会化的同时逐渐显现出鲜明的个性。社会化与个性化是同一过程的两个方面，个体主体之间的交往互动过程，可同时促进个体社会性和个性的形成。在当今日益深化的课程改革中，对自主、探究、合作等学习新方式的倡导，教师之间开展校本研修以促进专业发展并最终形成专业共同体，学校内部在治理现代化过程中通过多主体参与协商对话达成多中心治理，学校之间通过集团化办学、委托管理、一校多校区等方式开展合作，以及家校社三方协同共育等改革举措，正体现了多层面、多维度的多主体之间的交往理性，走向一种交互主体性（或“主体间性”）。继续深化和拓展这些举措，培育教育生态中的“共生主体”，氤氲“自由人联合体”中的“共生主体性”，指日可待。

国外
马克思
主义研究

海外中国学对新时代中国“碳达峰碳中和”的认知评析*

赵　斌　唐　佳**

【摘　要】新时代中国碳达峰碳中和（以下简称“双碳”）目标具有里程碑意义，不仅为全球应对气候变化注入新动力，而且可能为中国能源系统以及经济发展带来深远变革，这是新时代中国对世界的庄严承诺，也是实现中华民族永续发展的必然选择，因此引起了海外学界的广泛关注。海外学者普遍认为“双碳”目标是中国应对外部环境变化的策略选择，也是中国共产党长期执政的要求。煤炭行业的走向、清洁能源的转型都对“双碳”工作产生了重要影响。其中，多数研究比较客观中立，但仍存在明显的西方中心主义逻辑。新时代中国“双碳”工作应谨慎应对海外认知的失调、偏差和谬误，走适合自己的发展道路。同时，应立足中国实际，进一步创新发展新时代中国特色社会主义话语体系，为中国国际话语权的提升创造有利条件。

【关键词】海外中国学；新时代中国；碳达峰碳中和

引　言

2020 年 9 月 22 日，中国国家主席习近平在第七十五届联合国大会一般性辩论上发表重要讲话，向世界郑重宣布：“中国将提高国家自主贡献力度，采取更加有力的政策和措施，二氧化碳排放力争于 2030 年前达到峰值，努力争取 2060

---

* 本文系 2024 年陕西省社会科学基金年度项目“海外中共学视角下的中国式现代化研究”（立项号：2024B002）和 2024 年度西安交通大学“习近平文化思想”研究阐释专项重点项目“人类文明新形态的世界意蕴研究”（编号：SKZX2024003）的阶段性成果，得到第二批陕西省“高层次人才特殊支持计划”（哲学社会科学、文化艺术类）青年拔尖人才支持计划（TZ0275）资助。

** 赵斌，法学博士，西安交通大学马克思主义学院国际问题研究中心执行主任、教授、博士生导师，中国人民大学欧洲问题研究中心/中欧人文交流研究中心研究员，武汉大学经济外交研究中心研究员；唐佳，西安交通大学马克思主义学院国际问题研究中心博士研究生。

年前实现碳中和。"[①] 随后，这一重大战略决策被写入《国民经济和社会发展第十四个五年规划和2035年远景目标纲要》，并且在2021年以及2022年的《政府工作报告》中被连续提及。

作为世界第一大温室气体排放国、亚洲主要能源投融资国以及全球最大的可再生能源市场，中国的碳中和承诺对于促进全球可持续发展具有深远的影响。因此，新时代中国"双碳"目标一经提出便吸引了海外学界的密切关注。提及这一目标，绝大部分海外学者对中国的减排雄心给予充分肯定，"值得称赞""意义重大""令人鼓舞"等词汇在研究中高频出现。对中国来说，做好"双碳"工作，建设绿色低碳循环发展的现代化经济体系，形成绿色生产方式和生活方式，关乎民生福祉。内森·赫尔特曼（Nathan Hultman）从中国国内收益角度出发，视碳中和目标为中国经济的新机遇，认为其能够催生新产业，迅速减少碳排放，并有效改善国民健康状况。[②] 对世界而言，中国的"双碳"承诺彰显了走绿色低碳高质量发展之路的决心，为全球气候谈判注入了新动力，势必深刻影响其他国家的化石燃料转型进程与路径。对此，海外学者纷纷赞扬习近平主席作出的"双碳"承诺，认为这是中国为应对全球气候变化作出的重要贡献。马克·莱文（Mark Levine）曾任劳伦斯伯克利国家实验室研究员，他认为中国是全球气候治理的"游戏规则改变者"，中国提出的"双碳"目标可能鼓舞其他国家更快地采取行动。[③]

可见，"双碳"目标是新时代中国推动高质量发展的内在要求，也是中国立足新发展阶段，为人类社会携手应对气候变化作出的新贡献。中国推进落实"双碳"目标，必然涉及中国与海外世界的交流互动。考察海外中国学对中国"双碳"目标的认知，不失为一种全面、客观认识和把握"双碳"工作的有效途径。鉴于此，本文集中探讨美欧学界[④]的中国问题研究专家（及其研究团队）关于中国"双碳"实践的主要观点，总结美欧学者对于中国"双碳"目标驱动因素、影响因素及未来预期的认知。这在理论上有助于丰富海外中国学研究、深化对习近平生态文明思想的研究；在实践上，对丰富国内关于"双碳"工作的认知、增强推进"双碳"工作的信心或有所裨益。

---

① 《习近平在第七十五届联合国大会一般性辩论上发表重要讲话》，《人民日报》2020年9月23日。

② 〔美〕格诺特·瓦格纳、内森·赫尔特曼：《什么是明智的碳中和政策?》，《北大金融评论》2021年第3期。

③ Smriti Mallapaty, "How China Could be Carbon Neutral by Mid-century", *Nature*, Vol. 586 (7830), 2020.

④ 美欧学界的海外中国学研究影响较大，囿于篇幅，本文考察的海外中国学仅限于美欧学者观点，但这不等于说其他区域国别的海外中国学研究不重要。

一　海外中国学对新时代中国“碳达峰碳中和”的驱动因素分析

中国从碳达峰过渡到碳中和的时间只有 30 年，远远短于欧美等发达国家。相比之下，中国实现“双碳”目标的时间更紧、压力更大，许多海外学者表示中国的承诺“出乎意料”，因此热衷于尝试从中解读中国共产党的政治理念。根据相关研究和讨论，美欧学者主要将中国“双碳”目标归因于应对外部环境变化的策略选择以及中国共产党长期执政的要求，具体而言可细化为以下三个方面。

一是地缘政治说。此类观点对中国“双碳”目标驱动因素的探究至少包含两个层面：考量地缘政治利益、规避地缘政治风险。

海外中国学关注的地缘政治利益主要在于提振国际声誉、强化气候行动、维护对外关系三个方面。第一，塑造应对气候变化的国际合作引领者身份。谢菲尔德大学的乔娜·尼曼（Jonna Nyman）认为，中国先发制人的“双碳”承诺以及中国领导层的其他举措填补了美国留下的巨大权力真空。[①] 第二，迫使美国新政府在气候问题上尽快采取行动。对此，纽约大学气候经济学家格诺特·瓦格纳（Gernot Wagner）夸赞中国宣布碳中和目标既是好政策，也是好政治。他认为美国重返《巴黎协定》以及之后应对气候变化的努力都是中国可以预见的。[②] 第三，进一步维护中欧关系的积极势头。中国问题专家乔安娜·刘易斯（Joanna Lewis）称欧盟一直在中欧双边层面提议中国作出承诺，中国此举也有助于中欧关系发展。[③]

中国“双碳”目标不仅被认为是外交政策上的巨大胜利，而且也是规避地缘政治风险、保障能源安全的重要手段。牛津能源研究所（OIES）中国能源项目主任米哈尔·梅丹（Michal Meidan）将中国日趋严峻的外部环境视为这一承诺的主要驱动因素。在他看来，鉴于中国的外部条件，能源安全问题日益成为中国的首要议程，中国需要通过能源转型实现能源自给自足，维护中国的长期能源安全。[④] 以石油能源为例，中国是当今世界最大的石油进口

---

① “China's Communist Party Knows How to Quell a Restive Population-But What about Its Environment?”, https://www.abc.net.au/news/2020-10-23/china-climate-change-security-water-renewables-carbon-neutrality/12772034.

② Gernot Wagner, “China's Carbon Neutrality Goal is Good Policy and Good Politics”, https://gwagner.com/risky-climate-china-2060/.

③ Joanna Lewis, “China Announced New Climate Goals. But It Can't Quit Coal just Yet”, https://www.washingtonpost.com/politics/2020/09/29/china-announced-new-climate-goals-it-cant-quit-coal-just-yet/.

④ “China's Climate Agenda and the Path to 2060”, https://assets.website-files.com/60c9097129-c142eebcc531f1/60c9097129c1423d5ac5330c_20210405%20China%27s%20Climate%20Agenda.pdf.

国，2/3以上的石油总需求依赖进口，这使中国面临各种能源持续供应被阻断的风险，如由生产国政局不稳、供应路线沿线军事冲突等引发的供应链断裂，以及金融制裁和出口管制等。① 牛津能源研究所高级研究员安德斯·霍夫（Anders Hove）也注意到，中国终端用能电气化，以及从依靠进口能源供应转向主要依靠国内能源供应，可降低石油、天然气进口中断和价格波动带来的风险。②

二是经济机遇说。此类观点认为强有力的能源转型政策能带来经济优势，因此中国展现出了更大的气候治理雄心。

第一，“双碳”目标对于中国形成更加绿色、低碳的国内经济体系具有战略意义。传统工业化驱动的城市化模式刺激了对建筑、钢铁和煤炭的需求，带来了低效的城市扩张。能源消耗密集、污染严重、排放高等问题不利于长期经济增长，因此中国现在迫切需要一种新的城市发展模式，以摆脱对高碳行业的大规模投资，通过对城市的战略性可持续投资来实现高质量发展。③

第二，世界低碳化大势所趋，全面绿色转型有助于提高中国的国际竞争力。改善能源产业结构是维护行业利益与市场份额的必由之路。米哈尔·梅丹坦言，由于中国目前的能源体系和产业结构尚不适应国际社会低碳清洁的需求，其他国家的气候政策，比如欧盟“绿色协议”中的碳边境调节机制，已对中国企业出口构成多重压力。并且，出于保障自身国家安全的考虑，欧盟各国本就希望减少对中国的依赖。中国如不能及时进行绿色转型，将遭遇巨大经济损失。④

第三，中国在矿产资源和技术禀赋方面的先天优势有效支撑了上述国内和国际目标。中国掌握着大部分对清洁能源来说不可或缺的关键技术，并在可再生能源投资、专利等方面处于领先地位，甚至在很大程度上，其他国家的新能源装备制造和绿色转型需要中国参与。但能源转型关键原材料全球供应链的地理集中程度也引发了海外中国学界的集体焦虑。⑤ 中国问题专家丽贝卡·纳丁

① Michal Meidan, “China's Emergence as a Powerful Player in the Old and New Geopolitics of Energy”, *Oxford Energy Forum*, No. 126, 2021.

② Anders Hove, Michal Meidan and Philip Andrews-Speed, “Software Versus Hardware: How China's Institutional Setting Helps and Hinders the Clean Energy Transition”, https://www.oxfordenergy.org/wpcms/wp-content/uploads/2021/12/Software-versus-hardware-how-Chinas-institutional-setting-helps-CE2.pdf.

③ Nicholas Stern and Chunping Xie, “China's New Growth Story: Linking the 14th Five-Year Plan with the 2060 Carbon Neutrality Pledge”, *Journal of Chinese Economic and Business Studies*, Vol. 21, No. 1, 2023.

④ “China's Commitment to Become Carbon Neutral by 2060, Explained”, https://assets.website-files.com/60c9097129c142eebcc531f1/60c9097129c1423d5ac5330c_20210405%20China%27s%20Climate%20Agenda.pdf.

⑤ 能源转型的地缘政治影响已引起学界广泛关注。清洁能源供应链的崛起催生新的地缘政治版图，涉及可再生能源的本土化创新以及不同国家或国家群体新市场力量的存在，复杂程度不亚于当今的化石能源地缘政治。在国际气候谈判中，关键材料和专利可能成为许多国家的特殊资产，随着可再生能源的普及，全球能源地缘政治将变得更加复杂。相关研究参见 Emmanuel Hache, “Do Renewable Energies Improve Energy Security in the Long Run?”, *International Economics*, Vol. 156, 2018。

（Rebecca Nadin）表示，人类对电动汽车和风力发电装置日益增加的需求已经引发了全球对“稀土竞赛”的担忧。稀土是绿色技术的关键组成部分，而中国开采的稀土占80%，以风力发电装置的核心部件风力涡轮机为例，它的性能和效率严重依赖稀土元素。①

三是环境威胁论。此类观点认为气候问题给中国带来了一系列负面影响，并且对中国共产党的长期执政造成了一定的风险与挑战。因此，改善环境（特别是解决空气污染问题）以缓和公众担忧、维护社会稳定是中国“双碳”目标的主要驱动力。

其一，极端天气事件和空气污染不仅给部分地区造成经济损失，而且给当地民众的人身健康与安全带来威胁。美国布鲁金斯学会约翰·桑顿中国研究中心高级研究员杜大伟（David Dollar）认为中国处于全球气候变化的敏感地区，北部正面临荒漠化威胁，而南部则遭遇风暴和洪水困扰，饱受极端天气等气象灾害带来的损失，因此积极应对气候变化带来的环境挑战符合中国的国家利益。② 不过，在气候变化的灾害性后果日益显露之前，中国科学界就已经开始关注环境问题。自然资源保护协会中国项目创始人费楠茉（Barbara Finamore）对中国气候和清洁能源政策进行了40余年的追踪，对中国的环境政策历史颇为熟悉，她发现早在1991年中国科学家就开始关注全球变暖的影响。

其二，“双碳”目标可以有效缓解国内社会压力。对此，海外中国学对中国“双碳”目标动因的探讨上升到中国共产党长期执政要求的高度，即认为中国共产党的治国理政与在气候变化背景下解决环境问题的能力密切相关。英国历史学家亚当·图兹（Adam Tooze）强调，认真对待气候变化问题对中国共产党实现第二个百年奋斗目标的政治意愿而言至关重要，而将碳中和目标尽数归因于对西方外交的视线转移和让步，既高估了西方的影响力，也低估了气候问题对中国的影响。③

二 海外中国学对新时代中国“碳达峰碳中和”的影响因素分析

实现“双碳”目标是一项多维、立体、系统的工程，涉及经济社会的深刻广泛的变革，面临巨大的政治和社会挑战。海外中国学对新时代中国开展

① Sarah Colenbrander, et al.,“Five Expert Views on China's Pledge to Become Carbon Neutral by 2060”, https://odi.org/en/insights/five-expert-views-on-chinas-pledge-to-become-carbon-neutral-by-2060/.

② David Dollar,“Will China ever become a fully developed economy?”, https://www.brookings.edu/articles/will-china-ever-become-a-fully-developed-economy/.

③ Adam Tooze,“Welcome to the Final Battle for the Climate”, https://foreignpolicy.com/2020/10/17/great-power-competition-climate-china-europe-japan/.

“双碳”工作的挑战与机遇进行了详尽探讨，以“双碳”背景下的煤炭供应、清洁能源转型为主要切入点，观察中国“双碳”目标的实践情况及潜在影响因素。

第一，虽然减少碳排放是实现碳中和的有效路径，但鉴于化石燃料在能源安全、民生保障、经济复苏方面的重要性，压缩煤炭发电极具挑战。首先，当前中国煤电布局庞大，实现碳中和目标任务繁重，需对能源结构、能源消费偏好作出重大调整。对此，费楠茉指出，实现“双碳”目标的关键在于煤炭，它是中国70%二氧化碳排放的来源。其次，目前煤炭仍是国家能源安全的“压舱石”。面对亟待完善的供应和定价机制，煤炭仍是能源系统的支柱，能够有效弥补能源需求总量超预期增长的缺口。米哈尔·梅丹等人指出，2023年两会后政府的首要任务是保障经济和能源安全，对经济增长的关注表明能源需求强劲。在能源安全方面，当前的重点是继续增加国内煤炭供应，投资煤电，增加国内油气产量，同时限制能源进口。

第二，海外中国学普遍注意到，与欧盟或美国相比，中国特色的生态治理模式是中国的显著优势，中国政府有能力进行长期的产业规划，从国家层面统筹行政指导、试点示范，并有大量扶持政策作为后盾。夏竹丽是1979年中美关系正常化后第一批到中国任教的美国学者，长期从事中国问题研究，她表示中国在气候变化和其他环境问题上的决断力令人钦佩，集中统一领导具有优势，比如在强制要求采用节能建筑时，建筑行业如果违规就将面临巨额罚款，中国在政策制定过程中的连贯性可能会令一些混乱的“民主”治理体系羡慕不已。[①]安德斯·霍夫等人进一步探讨党中央权威在省级政治结构方面的优势，认为中央政府经常在省级或地方一级启动试点，鼓励因地制宜地大胆探索新的市场机制——例如碳金融、绿色金融和电力现货市场，强化各省在经济增长和税收制度等方面的创新。[②]

第三，中国清洁能源产业飞速发展，持续推动技术及产品创新，中国积极融入全球清洁能源产业链，有力支撑了自身乃至相关国家的脱碳进程。无党派气候政策智囊团成员西尔维奥·马尔卡奇（Silvio Marcacci）强调，中国在太阳能装机容量、制造水平以及光伏产品出口方面均处于全球领先地位。随着全球对可持续发展和环境保护的日益关注，光伏技术在未来能源发展中将扮演越来越重要的角色。中国在国际市场上占据优势，并且中国企业在风能和电池电力

① Judith Shapiro, “China's Coercive Greening Policies”, https://www.newsecuritybeat.org/2021/06/chinas-coercive-greening-policies/.

② Anders Hove, Michal Meidan, Philip Andrews-Speed, “Software Versus Hardware: How China's Institutional Setting Helps and Hinders the Clean Energy Transition”, https://www.oxfordenergy.org/wpcms/wp-content/uploads/2021/12/Software-versus-hardware-how-Chinas-institutional-setting-helps-CE2.pdf.

存储领域也拥有强大实力。[①] 剑桥计量经济学建模主管赫克托·波利特（Hector Pollitt）剖析了中国清洁能源规模经济效益对全球脱碳进程的贡献，他坦言，中国的投资不仅会大幅减少本国二氧化碳排放，还会降低清洁能源的成本，从而对其他国家产生积极的溢出效应，例如中国太阳能产能红利扩散，使国际太阳能电池板价格降低，这意味着即使世界其他国家没有实施任何新的气候政策来响应中国，排放量也仍然会下降。[②] 值得注意的是，当前中国清洁能源投资环境持续利好，政策支持力度不断加大，投资活跃度明显提升，也为中国“双碳”工作提供了充足保障。能源与清洁空气研究中心（CREA）首席分析师劳里·米利维尔塔（Lauri Myllyvirta）发现，在2020年房地产行业调整的背景下，中国高水平的环境和产业政策使清洁技术替代土地出售成为可接受的投资领域。同时，政府提供大量直接或间接补贴，让私营企业更容易在金融市场和银行筹集到资金，使得以前投入房地产的大部分银行贷款和投资现在都流向了清洁技术制造业。[③]

三 海外中国学对新时代中国“碳达峰碳中和”的发展前景展望

海外学者普遍认为碳中和目标并不是一个象征性的承诺，并热切关注新时代中国“双碳”工作的未来走向，期望以此了解和把握新时代中国的发展方向及其对世界的影响。

由于中国“双碳”工作刚刚起步，可考察的时间范围以及可供参考的材料有限，且实际发展走向时刻受到国内经济需求、国际环境变化以及技术发展和成本曲线变化的影响，不确定性因素较多，海外中国学对新时代中国“双碳”工作的未来预期还停留在初步、分散的阶段，缺乏系统的、专门的研究。总体来看，海外中国学对新时代中国“双碳”的发展前景研究一方面集中在尝试解读“双碳”工作的重点内容上，另一方面则回落到中国与世界关系的考量上，由此引申出对海外战略应对的研究。

在国内政策走向的研判方面，一是预测未来能源消费和产业发展趋势。米哈尔·梅丹表示，可再生能源、电动汽车、电池存储、氢能和电网扩建等行业将是未来的赢家，虽然煤炭可能是输家，但考虑到中国持续的经济增长、

---

① Silvio Marcacci, “China's Carbon Neutral Opportunity: Economic Growth Driven By Ambitious Climate Action”, https://www.forbes.com/sites/energyinnovation/2021/03/08/chinas-carbon-neutral-opportunity-economic-growth-driven-by-ambitious-climate-action/? sh=6719c8c9734d.

② Hector Pollitt, “Analysis: Going Carbon Neutral by 2060 ‘Will Make China Richer’”, https://www.carbonbrief.org/analysis-going-carbon-neutral-by-2060-will-make-china-richer/.

③ Lauri Myllyvirta, “Analysis: China's emissions set to fall in 2024 after record growth in clean energy”, https://www.carbonbrief.org/analysis-chinas-emissions-set-to-fall-in-2024-after-record-growth-in-clean-energy/.

工业化和城市化的能源需求，政策可能会帮助煤炭产业实现软过渡而不是突然淘汰。然而，石油和天然气在短期内似乎不会受到“双碳”目标的影响。天然气的使用，尤其是在电力领域，短期内可能会受到碳中和目标的影响，因为可再生能源的增长速度比计划中的要快，从而对灵活产能提出了更大需求。在天然气价格下降的背景下，天然气市场的持续自由化将进一步提高天然气的渗透率。① 二是持续关注中国在清洁能源领域的投入情况。伍德罗·威尔逊中心中国环境论坛主任詹妮弗·特纳（Jennifer Turner）称，近年来中国已经实现了大部分容易实现的低碳目标，因此“十四五”规划中至关重要的是发展清洁能源基础设施和技术投资，以快速实现更深层次的脱碳。中国作为碳中和的领导者，可以输出自己的清洁能源模式，甚至可能带动其他国家在海外投资中也走低碳路线。② 三是聚焦以碳排放交易为首的绿色金融措施。斯坦福大学胡佛研究所的易明（Elizabeth Economy）认为，中国的金融市场正在迅速成为经济脱碳和兑现气候承诺的中心舞台，中国的碳排放交易体系可能成为碳中和目标最重要的组成之一。在其他绿色金融举措中，最值得注意的是绿色债券市场。尽管人们对绿色金融的潜力充满信心，但一些批评人士指出，以环保为宣传的投资产品往往是“误导或炒作”。此外，虽然债券发行人将清洁煤炭项目排除在外，部分高污染性的石油和天然气项目却被允许发行绿色债券。③

在探求新时代中国与世界其他行为体的未来互动路径时，海外中国学更多地从地缘政治竞争的视角展开研究，认为潜在压力能够从多方面刺激并加快全球零碳步伐。在研发方面，费楠茉表示，迄今，中国凭借晶体硅太阳能、陆上风电和锂离子电池等第一代清洁能源技术主导了能源转型，而美国和欧盟现在正在竞相开发下一代技术，以图领先。很难预测谁将在这些价值数10亿美元的新兴清洁能源业务中赢得地缘政治优势和市场份额，但明确的是，竞争对于降低突破性技术成本至关重要。④ 劳里·米利维尔塔称，美国和欧盟在清洁电力、智能电网、电气化交通、零碳制造、对发展中国家的重大融资以及技术合作方面的进展，能够刺激中国加快自身的转型速度。⑤

① Michal Meidan, “Unpacking China’s 2060 Carbon Neutrality Pledge”, https://www.oxfordenergy.org/wpcms/wp-content/uploads/2020/12/Unpacking-Chinas-carbon-neutrality-pledge.pdf.

② “Is China’s 2060 Carbon Neutrality Goal Realistic?”, https://focus.cbbc.org/can-china-be-carbon-neutral-by-2060/amp/.

③ Elizabeth Economy, “China’s Climate Strategy”, *China Leadership Monitor*, No. 68, 2021.

④ Barbara Finamore, “Clean Tech Innovation in China and Its Impact on the Geopolitics of the Energy Transition”, *Oxford Energy Forum*, No. 126, 2021.

⑤ Isabel Hilton, et al., “How Should the U.S. Approach Climate Diplomacy with China?”, https://www.chinafile.com/conversation/how-should-us-approach-climate-diplomacy-china.

四 海外中国学对新时代中国“碳达峰碳中和”的认知特点

基于海外中国学对新时代中国“双碳”驱动因素、影响因素、发展前景的探析，可以认为，海外中国学对新时代中国“双碳”的认知主要呈现以下特点。

第一，海外中国学较多地体现了“克里姆林宫学”研究法的运用。“克里姆林宫学”研究法[①]是一种通过公开发表的官方材料捕捉隐含信息的推理分析方法，例如通过琢磨政府文件、官方讲话用词的深层含义来判断政策走向、支持程度等。在苏联政治研究中发展起来的“克里姆林宫学”研究方法如今依然被运用于海外中国学中。这种研究方法体现了西方实证主义的传统，为其进行海外观察、了解中国提供了一种思路。鉴于“整个共产主义世界都非常重视句子的准确措辞”，这种方法有一定合理性，但仅通过对原始材料进行文本分析来观察、推理和猜测政治理念，存在将简单化的基本假设粗糙强加给研究对象的风险，因此海外中国学从业者的研究水平和判断力至关重要，如果没有深厚的历史和社会科学功底，这类研究很可能陷入严重误区。[②]

第二，大部分海外中国学的研究分析暗含社会契约的逻辑链条，对中国生态文明建设的解读在一定程度上存在意识形态化倾向。海外中国学通常基于人民以有限的自由换取经济增长和社会稳定的基本假设展开，并以此作为分析“双碳”目标驱动因素和评判优劣势的落脚点。

总体而言，海外中国学对新时代中国“双碳”目标持肯定态度，对中国应对气候变化的雄心大加赞誉。在解读新时代中国“双碳”目标时，大部分研究的立场都比较客观中立，但也有一小部分研究仍沿用非黑即白的思维模式，或许会因为受研究者个人对中国的态度、研究偏好、所在国家的利益导向等因素影响，歪曲中国的意图。更为复杂的是，国家战略的变化对海外学者的解读角度、情感倾向也可能产生潜在影响，在纳入政治因素、国家利益考量之后，部分学者的观点或许会产生较快的转向，尤其在美欧政治的“旋转门”机制下，存在官员、学者身份双向切换的现象，增加了区分辨别的难度。[③] 对中国而言，

① 冷战时期，由于苏联及其他社会主义国家的信息高度封闭，西方观察家和媒体不得不仔细根据从官方的出版物、广播电视、口号宣传等各个途径透露出来的领导人称谓、排名、座次等线索，寻找政局变动的蛛丝马迹。这门学术“技艺”被称为“克里姆林宫学”。具体参见路克利、〔英〕罗德里克·麦克法夸尔《海外学者视野中的中国模式与中国研究——对话罗德里克·麦克法夸尔》，《国外理论动态》2016 年第 2 期。

② Michael Yahuda, “Kremlinology and the Chinese Strategic Debate, 1965 - 1966”, *The China Quarterly*, Vol. 49.

③ 孙健：《海外学者对中国改革开放经验的总结》，《社会主义研究》2019 年第 3 期。

“双碳”目标意味着经济发展方式和能源系统的全方位变革，这既需要自然科学与技术的支撑，也需要纳入社会科学来考量。考察海外中国学关于新时代中国“双碳”的认知，有助于我们树立世界眼光，充分认识“双碳”目标的重要性、紧迫性、艰巨性，以及推进“双碳”工作的实践。然而，能源转型任务艰巨，势必涉及复杂的利益关系调整，这一过程中的矛盾和问题往往是境外敌对势力密切关注并意图攻击的焦点，他们可能假借学术之名歪曲、污蔑、干扰中国的能源战略规划和转型，破坏中国来之不易的安全稳定。因此，在面对海外研究时，我们需要提高警惕、提升甄别能力，牢记习近平总书记强调的“实现‘双碳’目标，不是别人让我们做，而是我们自己必须要做”①，切勿被海外言论所误导、裹挟，要走一条适合自己的发展道路。

① 《习近平谈治国理政》第 4 卷，外文出版社，2022，第 371 页。

海外学者对新时代中国特色社会主义文化建设的研究评析*

高小升**

【摘　要】作为中国特色社会主义总体布局的重要组成之一，新时代中国特色社会主义文化建设受到海外学者的高度关注。海外学者的研究遵循动因—成效—影响的逻辑，在剖析新时代中国高度重视和推进中国特色社会主义文化建设动因的基础上，重点评估了新时代中国特色社会主义文化建设的成效和影响。海外学者的研究呈现以美欧学者为主导、以期刊论文及著作中的章节为主要成果形式、研究议题选择具有明显实用主义和功利主义倾向，以及对新时代中国特色社会主义文化建设的认识日趋肯定和积极四大特征。总体来看，海外学者认可新时代中国特色社会主义文化建设取得的进展和产生的影响，但仍需解决几个不容忽视的问题并应对挑战。此外，海外学者对新时代中国特色社会主义文化建设的认识仍存在一定的不理解、担忧和错误认识，需要在今后的对外传播中予以应对。

【关键词】海外学者；新时代；中国特色社会主义文化建设

文化是国家和民族之魂，也是国家治理之魂。新时代以来，以习近平同志为核心的党中央围绕中国特色社会主义文化建设与发展提出了一系列新理念、新思想、新战略。党的十八大报告指出："全面建成小康社会，实现中华民族伟大复兴，必须推动社会主义文化大发展大繁荣，兴起社会主义文化建设新高潮。"① 党的十九大报告进一步指出："没有高度的文化自信，没有文化的繁荣兴盛，就没有中华民族伟大复兴。要坚持中国特色社会主义文化发展道路，激

---

* 本文系国家社科基金一般项目"国际社会对习近平新时代中国特色社会主义思想研究"（项目批准号：20BKS172）阶段性研究成果。

** 高小升，法学博士，西北农林科技大学中国化马克思主义海外传播研究中心主任，马克思主义学院教授，主要研究方向为国外马克思主义、海外中国学。

① 《十八大以来重要文献选编》（上），中央文献出版社，2014，第24页。

发全民族文化创新创造活力，建设社会主义文化强国。”① 党的二十大报告更是强调：“全面建设社会主义现代化国家，必须坚持中国特色社会主义文化发展道路，发展面向现代化、面向世界、面向未来的，民族的、科学的、大众的社会主义文化，激发全民族文化创新创造活力，增强实现中华民族伟大复兴的精神力量。”② 中国共产党长期以来高度重视文化建设，尤其是党的十八大以来以习近平同志为核心的党中央围绕中国特色社会主义文化建设进行理论创新和实践探索，最终在2023年10月7~8日的全国宣传思想文化工作会议上正式提出了习近平文化思想，构成了习近平新时代中国特色社会主义思想的“文化篇”，成为新时代中国特色社会主义文化建设的行动指南。新时代中国特色社会主义文化建设也受到海外学者的高度关注和持续研究，这一趋势在习近平文化思想提出后更加凸显。基于此，对海外学者对新时代中国特色社会主义文化建设的研究进行再研究，剖析海外学者对新时代中国特色社会主义文化建设的认知特点与趋势，不仅能更好把握新时代中国特色社会主义文化建设的国际舆论走向，而且从局外人视角开展的研究还能为新时代中国特色社会主义文化建设提供可资利用的建议和决策参考。

一 海外学者对加强新时代中国特色社会主义文化建设动因的判断

从改革开放之初党中央提出“建设社会主义精神文明”③，到党的十五大提出“建设有中国特色社会主义的文化”④，再到新时代提出“建设社会主义文化强国”⑤，中国共产党对中国特色社会主义文化建设的重视程度越来越高。尤其是党的十八大以来，以习近平同志为核心的党中央对新时代中国特色社会主义文化建设的重视更是前所未有。这引起了海外学者的极大兴趣，新时代中国共产党缘何如此重视文化建设也成为海外学者关注和研究的首要议题，并形成了如下判断。

第一，强化执政基础和合法性是中国共产党加强新时代中国特色社会主义文化建设的首要因素。在海外学者看来，中国共产党在新时代前所未有地重视中国特色社会主义文化建设，其意在借此强化中国共产党作为执政党的合法性

① 《十九大以来重要文献选编》（上），中央文献出版社，2019，第29页。

② 习近平：《高举中国特色社会主义伟大旗帜 为全面建设社会主义现代化国家而团结奋斗——在中国共产党第二十次全国代表大会上的报告》，人民出版社，2022，第42~43页。

③ 《十三大以来重要文献选编》（下），人民出版社，1993，第1492页。

④ 《江泽民文选》第2卷，人民出版社，2006，第537页。

⑤ 《习近平著作选读》第2卷，人民出版社，2023，第34页。

并巩固执政的民众基础。具体来说有以下几个方面。一是通过新时代中国特色社会主义文化建设，进一步增强普通民众对中国共产党的政治认同和支持。美国中国研究期刊《中国简报》（*China Brief*）编辑阿伦·霍普（Arran Hope）认为，中国共产党追求政权稳定的议程也体现在文化上，通过将自己置于具有更大历史范围的文化中，中国国家主席习近平希望激发中国的民族主义并获得对中国共产党执政的更大支持。[①] 英国《经济学人》（*The Economist*）2017 年 8 月 17 日的社论指出，中国共产党正在重新阐释传统文化对中国人的内涵和意义，新时代中国正在经历一场自上而下的文化复兴，这样做的目的在于确保中国共产党能够拥有持久的执政地位。[②] 二是推进新时代中国特色社会主义文化建设，增强社会凝聚力，以强化中国共产党执政的合法性。美国哈佛大学政治学教授兼燕京学社社长裴宜理（Elizabeth J. Perry）撰文称，中国共产党维持其执政地位的方法之一就是依靠文化治理，新时代中国特色社会主义文化建设在很大意义上能促进这一目标的实现。[③] 英国伦敦国王学院刘氏中国研究院（Lau China Institute）亚历克桑德拉·库巴特（Aleksandra Kubat）博士强调中国共产党对中国传统文化的功能性运用，认为借助传统文化，特别是中国传统美德，中国共产党无须改变其执政的意识形态基础，就满足了中国社会的期待，强化了其执政的合法性。[④] 三是通过加强新时代中国特色社会主义文化建设，巩固执政的意识形态基础并提升其吸引力。在海外学者看来，新时代中国面临的外部形势更加复杂，新时代中国共产党正寻求以新的举措来提升其意识形态的吸引力，加强新时代中国特色社会主义文化建设正是这样的举措之一。美国亚洲协会政策研究院中国分析中心杨宏佳（Hongjia Yang）研究指出，中国共产党全面推进“两个结合”表明，以习近平为核心的中共中央正进一步从过去主要依靠经济增长来寻求合法性转向通过强调意识形态和历史来巩固执政基础的新尝试。[⑤]

第二，应对新时代中国发展过程中出现的各种内外挑战是中国共产党加强新时代中国特色社会主义文化建设的重要考量。中国特色社会主义进入新时代，这是中国发展新的历史方位，这既是对长期以来，尤其是改革开放以来推进中国式现代化努力的肯定，但同时也要认识到新时代中国的发展仍面

---

① Arran Hope, “Thinking About Xi Jinping Thought on Culture”, *China Brief*, Vol. 23, Iss. 19, October 2023.

② “The Communist Party is Redefining what it Means to be Chinese”, *The Economist*, August 17, 2017.

③ Elizabeth J. Perry, “Cultural Governance in Contemporary China: ‘Re-Orienting’ Party Propaganda”, in Vivienne Shue and Patricia M. Thornton (eds.), *To Govern China Evolving Practices of Power* (Cambridge: Cambridge University Press, 2017), p. 29.

④ Aleksandra Kubat, “Morality as Legitimacy under Xi Jinping: The Political Functionality of Traditional”, *Journal of Current Chinese Affairs*, Vol. 47, No. 3, 2018.

⑤ Hongjia Yang, *Xi Jinping Invests in Ideological Legitimacy Amid Slowing Economic Growth* (New York: Asia Society, August 23, 2023).

临着诸多不容忽视的挑战和需要解决的问题。海外学者认为，应对和解决出现的挑战和问题促使中国共产党在新时代更加重视和加强中国特色社会主义文化建设，主要体现在以下几个方面。一是更好满足新时代中国广大民众日益增长的精神生活需要。美国中国事务独立咨询人杨志（Zi Yang）在美国的中国研究期刊《中国简报》上发文指出，在社会道德中出现的问题是新时代中国民众比较关心的议题，在物质生活条件越发丰富的新时代，许多人正在寻求精神满足，以习近平为核心的中共中央强调新时代中国特色社会主义文化建设，尤其是传统文化，意在更好地满足中国社会发展的这一需求，习近平治下的中国正在经历一场前所未有的文化复兴运动。① 二是应对来自多元价值观，尤其是西方价值观对新时代中国的渗透和冲击。在海外学者看来，以习近平为核心的中共中央比以往更加强调加强新时代中国特色社会主义文化建设，其中很重要的原因是日益开放、发展和走向世界的中国希望通过文化建设应对和处理多元价值的问题，塑造好新时代中国社会的主流价值观。美国约翰·霍普金斯大学高级国际问题研究学院李卓然（Zhuoran Li）指出，在中共十九届六中全会通过的《中共中央关于党的百年奋斗重大成就和历史经验的决议》中，最为重要的变化之一就是强调提升中国文化和价值的重要性，之所以有这样的目的，在于抵御西方价值的冲击和挑战，并且李卓然援引美国波士顿大学跨学科东亚研究项目主任傅士卓（Joseph Fewsmith）的研究称，新时代中国的重大挑战之一是处理中国共产党的领导和日益多元的社会之间的关系。② 三是提高新时代中国社会的内在凝聚力并形成价值共识。海外学者指出，自中华人民共和国成立以来，特别是改革开放以来，中国经济发展取得了举世瞩目的成就，中国社会也更加多元，这对中国既有的社会核心价值观构成了不小的冲击，加强新时代中国特色社会主义文化建设是应对这一趋势的举措之一。土耳其安卡拉社会科学大学蒋苏（Cansu Körkem Akçay）撰文指出，中国长期以来的治理体系深深植根于中国的文化遗产，习近平战略性地将中国传统文化和哲学遗产中诸如和谐、统一、德治、和平和稳定等道德原则与新时代中国的现实结合起来，如果没有对中国传统文化和道德原则的真正理解，社会主义核心价值观的实现将缺乏活力和影响力。③美国中国事务独立咨询人杨志也表示，优秀传统文化是中国共产党文化的基础，也是中国共产党提出社会主义核心价值观的至关重要的来源，习近平强调中

① Zi Yang, "Xi Jinping and China's Traditionalist Restoration", *China Brief*, Vol. 17, Iss. 9, July 7, 2017.

② Zhuoran Li, "The Sixth Plenum and the Rise of Traditional Chinese Culture in Socialist Ideology", *the Diplomat*, November 19, 2021.

③ Cansu Körkem Akça, "Comparison of Traditional Chinese Thought and Xi Jinping's Understanding of Governance through the Hundred Schools of Thought", *Current Research Social Science*, Vol. 9, No. 2, 2023.

国传统文化在于进一步提升马克思主义及其中国化理论在中国民众中的吸引力。①

第三，塑造和构建全球大国地位也是加强新时代中国特色社会主义文化建设不容忽视的外部条件。中国特色社会主义新时代是我国日益走近世界舞台中央、不断为人类社会作出更大贡献的时代，文化建设也要跟上新时代中国发展的步伐。2013 年 12 月 30 日，习近平总书记在主持十八届中央政治局第十二次集体学习时指出："古往今来，任何一个大国的发展进程，既是经济总量、军事力量等硬实力提高的进程，也是价值观念、思想文化等软实力提高的进程。"②在海外学者看来，中国加强新时代中国特色社会主义文化建设与中国追求全球大国地位和塑造负责任的大国形象紧密相关。具体而言，一是要构建起与中国全球大国地位相匹配的、具有全球影响的中国特色社会主义文化。海外学者指出，全球大国不仅要在经济和政治上居于主导地位，而且要拥有具有全球影响的文化资源，中国塑造全球大国地位也必然促使中国构建具有全球影响的中国文化，这也是习近平强调加速推进中国特色社会主义文化建设的主要原因。英国华威大学政治学与国际关系研究教授肖恩·布雷斯林（Shaun Breslin）在分析了中国的对外文化互动后得出结论称，打造与中国总体国力相符的全球文化行为体和赢得国际地位与尊重是中国推进国际文化交流的主要驱动力。③香港人民网络（*The People's Network*，*BNN*）资深新闻评论员塞贡·阿德沃勒（Segun Adewole）表示："习近平文化思想是中国国家主席习近平提出和倡导的，这一思想凸显了文化在国家全面发展中的重要性，意在寻求强化中国的文化软实力。在全国宣传思想文化工作会议上提出习近平文化思想，充分证明了中国政府通过文化倡议和公共传播宣传中国文化和打造更加积极的中国国家形象的决心。"④二是改善经常被曲解和误读的新时代中国国际形象。习近平总书记强调："当代中国价值观念，就是中国特色社会主义价值观念，代表了中国先进文化的前进方向。由于西方长期掌握着'文化霸权'、进行宣传鼓动，当代中国价值观念存在太多被扭曲的解释、被屏蔽的真相、被颠倒的事实。"⑤ 海外学者认为，解决中国在国际社会中经常"挨

① Zi Yang, "Xi Jinping and China's Traditionalist Restoration", *China Brief*, Vol. 17, Iss. 9, July 7, 2017.

② 《习近平关于社会主义文化建设论述摘编》，中央文献出版社，2017，第 198 页。

③ Shaun Breslin, "China's Global Cultural Interactions", in David Shambaugh (ed.), *China and the World* (Oxford: Oxford University Press, 2020), pp. 141-142.

④ Segun Adewole, "Xi Jinping Thought on Culture: A New Framework for Cultural Development and Public Communication in China", *The People's Network* (*BNN*) (*In Hong Kong*), October 8, 2023, https://bnnbreaking.com/world/china/xi-jinping-thought-on-culture-a-new-framework-for-cultural-development-and-public-communication-in-china/.

⑤ 《习近平关于社会主义文化建设论述摘编》，中央文献出版社，2017，第 199 页。

骂”的问题，提高国际话语权，向世界展现一个更加真实、立体、全面的中国，成为新时代中国特色社会主义文化建设和对外文化交流的重要目标。捷克科学院东方研究所研究员翁德雷·克里姆（Ondrej Klimes）研究指出：“中国领导人已经认识到，中国要成为21世纪的大国，获得软实力和拥有一个受欢迎的国家形象是前提，文化和文化构建也被视为实现这一目标的战略资源。”①

二 海外学者对新时代中国特色社会主义文化建设成效与影响的评估

2023年10月6日，新华社发布的《铸就中华文化新辉煌——以习近平同志为核心的党中央引领宣传思想文化事业发展纪实》指出：“党的十八大以来，以习近平同志为核心的党中央总揽全局，把宣传思想文化工作摆在重要位置，指引宣传思想文化事业在举旗定向、正本清源中取得历史性成就、发生历史性变革，在守正创新、开拓进取中展现新气象、迈向新征程。”②新时代中国特色社会主义文化建设取得的历史性成就引起了海外学者的强烈反响，海外学者从三个方面对新时代中国特色社会主义文化建设的进展进行了评估。

首先，新时代中国特色社会主义文化事业和文化产业得到全面发展。海外学者认为，新时代以来，以习近平为核心的中共中央从顶层设计的角度谋划中国特色社会主义文化建设，促使新时代中国的文化事业和文化产业发展成绩斐然，令世界惊叹。在海外学者看来，新时代中国特色社会主义文化事业和文化产业的全面发展有三大体现。一是中国传统文化的生机和活力被重新激发，受到人民群众的热捧并日渐成为新时代中国精神生活的重要组成。韩国建国大学桑多·帕克（Sang Do Park）研究指出，新时代中国的文化政策已经从政府引导的发展模式转向以市场为中心的发展模式，由此，文化的经济价值被视为驱动产业发展的主要动力，文创产业也战略性地得到促进和繁荣。③波斯湾地区第一份英语日报——《科威特时报》（*Kuwait Times*）2022年10月22日的社论评价道：“近年来在中国普通民众中间，尤其是年轻一代对中国传统文化的欣赏日益增长，从强调学习古代

① Ondrej Klimes, “China’s Cultural Soft Power: the Central Concept in the Early Xi Jinping Era (2012-2017)”, *Acta Universitatis Carolinae Philologica*, Iss. 4, 2017.

② 张晓松等：《铸就中华文化新辉煌——以习近平同志为核心的党中央引领宣传思想文化事业发展纪实》，《人民日报》2023年10月7日。

③ Sang Do Park, “Policy Discourse among the Chinese Public on Initiatives for Cultural and Creative Industries: Text Mining Analysis”, *Sage Open*, Vol. 12, No. 1, January-March 2022.

文学和哲学到国潮趋势的出现，再到提升对无形文化遗产的保护，新时代中国对传统文化的热情在各种场合得以展现。古老的智慧显示出新的活力，传统文化成为新的狂热追求，文化遗产获得新生命。”①二是文化建设在推动社会主义核心价值观深入人心和凝聚新时代中国社会共识中的地位和作用进一步凸显。海外学者研究表示，新时代中国共产党人比以往更加强调和重视文化建设，因为社会凝聚力和共同价值的核心实质是文化认同。美国华盛顿州立大学权莎拉（Sarah Quan）表示：“培育和践行社会主义核心价值观是新时代中国特色社会主义文化建设的重要内容，中国共产党的社会主义核心价值观宣传教育是为了在中国民众中塑造严肃、紧密团结和至关重要的中国形象。为实现这一目标，社会主义核心价值观宣传教育将中国传统文化与中国主流大众文化结合起来，收到了良好的效果，当中国形象在对外关系中受到损害时中国民众表现出来的一致且强烈的反应就是典型的例证。”②三是新时代中国的文化自信呈现明显提高的趋势，文化强国建设取得重大进展。习近平总书记在 2014 年 10 月 15 日文艺工作座谈会上的讲话中强调：“没有中华文化繁荣兴盛，就没有中华民族伟大复兴。没有先进文化的积极引领，没有人民精神世界的极大丰富，没有民族精神力量的不断增强，一个国家、一个民族不可能屹立于世界民族之林”，“增强文化自觉和文化自信，是坚定道路自信、理论自信、制度自信的题中应有之义。”③可以说，增强文化自信是新时代中国特色社会主义文化建设的重要目标。海外学者的研究显示，新时代中国特色社会主义文化建设使当前中国社会的精神面貌和文化自信达到了前所未有的水平。俄罗斯伊兹博尔斯克俱乐部（Izborsk Club）俄罗斯梦—中国梦研究中心主任尤里·塔夫罗夫斯基（Yury Tavrovsky）对中国在冬奥会中展示的文化元素进行分析后指出，奥林匹克运动是展现中国文化自信的平台，中国通过冬奥会成功向全球展示了其悠久的文化，中国价值将为全球所接受。④复旦大学法籍研究员魏明德（Benoit Vermander）在《中国日报》撰文称，在过去的几年中，中国和中国人民的文化自信日益增强，展现出对传统、艺术和绘画的深爱，数世纪以来彰显中国文化的神话和故事被体现在无数的展览、游戏、电影、小说以及其他流行的大众爱好中。⑤

---

① “Growing Confidence among Chinese in Traditional Culture”, *Kuwait Times*, October 22, 2022.

② Sarah Quan, “How China's Socialist Core Value Propaganda Portrays China as a Serious Society”, https: //s3. wp. wsu. edu/uploads/sites/998/2018/04/SarahQuan-ChinaDream. pdf.

③《十八大以来重要文献选编》（中），中央文献出版社，2016，第 121、135 页。

④ Mamer Abraham, “China's Cultural Confidence in the New Era”, *The City Review*, December 6, 2022, https: //cityreviewss. com/chinas-cultural-confidence-in-the-new-era/.

⑤ Benoit Vermander, “Cultural Confidence Entails Cultural Openness”, *China Daily*, November 15, 2023.

其次，中国对外文化交流和文化外交成效明显，新时代中国文化的国际影响力日益凸显。2021年5月31日，习近平总书记在主持中共中央政治局第三十次集体学习时强调："要更好推动中华文化走出去，以文载道、以文传声、以文化人，向世界阐释推介更多具有中国特色、体现中国精神、蕴藏中国智慧的优秀文化。要注重把握好基调，既开放自信也谦逊谦和，努力塑造可信、可爱、可敬的中国形象。"①海外学者认为，作为新时代中国特色社会主义文化建设的对外维度，中国对外文化交流和文化外交不仅在交流方式上日趋多样化，而且越来越多的中国文化走出中国国门，为世界所认识、了解和熟知，并且产生着越来越大的全球影响，为中国全面建设社会主义现代化国家提供了有力支撑。具体来说有以下几点。一是丰富多样的对外文化交流和文化外交快速推动中华文化走向全球。英国华威大学肖恩·布雷斯林教授指出，新时代中国的对外文化交流呈现多渠道并举的特点，中国通过论坛、网络、媒体、艺术、教育、孔子学院等来推进对外文化交流，这些举措毫无疑问使得海外各界获取关于中国崛起的声音和观点比以前更加容易，尤其是对那些不会讲中文和用中文进行阅读的外国人来说，他们也比以前更有条件获得更多关于中国的知识并了解中国文化。②泰国曼谷吞武里大学的张雨欣（Zhang Yuxin）和萨凯查·希伦卢克斯（Sakchai Hirunrux）研究指出，中国颁布的许多民族文化政策已经促使中国的民族文化受到越来越多的关注，中国正在向世界展示着中国民族文化的魅力和中国的文化吸引力。③二是新时代中国对外文化交流使得中国文化产生了日益凸显的全球影响。巴基斯坦国际关系与媒体研究所主席亚希尔·哈比卜·汗（Yasir Habib Khan）撰文称："在中国国家主席习近平的领导下，新时代中国的文化外交得以充分展现，新时代的中国正在引领全球文化外交。新时代中国文化外交的魅力在于其建立在共处的哲学之上，有意避免对其他文化和文明构成压制或霸权，坚信所有文明都是平等的，不因种族、文化、信仰、语言以及宗教的不同而高人一等。"④韩国建国大学的桑多·帕克也表示："中国的文化产业中心主要集中在具有丰富文化基础设施的大城市中，那里的重大文化工程被发掘和推进，中国文化正在全球化。与此同时，中国文化和文创的内容日益多样化，正发展成为具有中国风格、对全

① 《习近平谈治国理政》第4卷，外文出版社，2022，第317页。

② Shaun Breslin, "China's Global Cultural Interactions", in David Shambaugh (ed.), *China and the World* (Oxford: Oxford University Press), 2020, pp. 143-151.

③ Zhang Yuxin, Sakchai Hirunrux, "China's Cultural Policies and Countermeasures for the Protection and Development of Ethnic Music Education in Yunnan", *Journal of Modern Learning Development*, Vol. 7, No. 10, 2022.

④ Yasir Habib Khan, "China's Cultural Diplomacy", China Consulate in Lahore, December 14, 2022, http://lahore.china-consulate.gov.cn/eng/PIXJP/202212/t20221214_10990549.htm.

人类有益的文化和文创模式。”① 三是中国文化软实力明显提升，对当今世界秩序和国际关系产生了重要影响。在海外学者看来，提高文化软实力是中国特色社会主义文化建设在对外关系中的体现，也是中国对外文化交流的出发点和归宿。不少海外学者在对新时代中国文化软实力进行评估后表示，新时代中国不同于以往的表现之一是以习近平为核心的中共中央不仅更加重视国内文化建设和对外文化交流的作用，而且通过推动中华文化“走出去”来提升中国软实力和国际影响力，并且取得了很大的成功。德国外交关系研究所（ifa）关于新时代中国文化外交的研究报告指出，新时代中国文化外交采取了越来越自信的立场和方式，中国对拉美的文化外交在构建更受欢迎的中国形象、传递中国的政治立场和观点、增进拉美地区对中国的了解，以及向拉美地区提供不同于西方的替代发展模式和治理模式方面发挥了重要作用。② 澳大利亚悉尼科技大学中国研究教授郭英杰（Yingjie Guo）指出，中国共产党强调文化根基已经带来了政治民族主义和文化民族主义的新融合，这一文化转型对中国的对外关系已经产生了极为显著的影响，特别是在与美国的关系方面。③

最后，新时代中国特色社会主义文化建设仍需解决几个无法回避的问题并应对挑战。新时代以来，在以习近平同志为核心的党中央领导下，新时代中国特色社会主义文化建设取得历史性成就。党的十九届六中全会通过的《中共中央关于党的百年奋斗重大成就和历史经验的决议》对新时代文化建设的成就进行总结道：“我国意识形态领域形势发生全局性、根本性转变，全党全国各族人民文化自信明显增加，全社会凝聚力和向心力极大提升，为新时代开创党和国家事业新局面提供了坚强思想保证和强大精神力量。”④海外学者总体认可和肯定新时代中国特色社会主义文化建设取得的历史性成就和发生的历史性变革，但同时又指出，为打造与新时代中国全球地位相匹配的国家文化软实力、提升中华文化的国际影响力，中国仍需解决几个以下问题。一是如何更好处理新时代文化建设中国家领导与市场主导的关系。英国格拉斯哥大学文化政策研究中心的朱艳玲（Yanling Zhu）以中国国际电视台（CGTN）纪录片为个案，研究了对外文化传播中政治性和商业性之间的张力，并得出结论称，尽管促进中国当代价值的全球传播已成为优先的政治议程，

---

① Sang Do Park, “Policy Discourse among the Chinese Public on Initiatives for Cultural and Creative Industries: Text Mining Analysis”, *Sage Open*, Vol. 12, No. 1, January-March 2022.

② Ximena Zapata, *China's Cultural Diplomacy in a New Era of Multilateralism: The Case of the China-Community of Latin American and Caribbean States (CELAC) Forum (CCF)*, Stuttgart: ifa (Institut für Auslandsbeziehungen e. V.), 2023, pp. 17-18.

③ Yingjie Guo, *The CCP Returns to Chinese Cultural Roots*, Canberra: East Asia Forum, October 3, 2016, https://www.eastasiaforum.org/2016/10/03/the-ccp-returns-to-chinese-cultural-roots/.

④《中共中央关于党的百年奋斗重大成就和历史经验的决议》，人民出版社，2021，第 46 页。

这促使国家日益重视推动国家品牌的对外传播，但是借助国家媒体推行公共外交的方式所带来的市场劣势和受众群体的不确定性影响着政策目标的实现。[①] 二是如何让世界更好理解中国文化和中国提出的全球文明倡议。美国《外交政策》副主编詹姆斯·帕尔默（James Palmer）撰文表示，全球文明倡议为更加清楚地审视中国共产党和习近平对待文化的态度以及中国如何在全球推进文化软实力建设提供了机会，然而要想让全球文明倡议得到世界的真正理解，仍需要解决外国公众对中国文化，尤其是对中国传统文化兴趣不足的问题，新时代中国对中国传统文化吸引力的挖掘仍需进一步加强。[②]三是如何更好地构建中国文化软实力，以进一步改善新时代中国的国际形象。正如英国华威大学肖恩·布雷斯林教授所言，减少国际社会对中国的错误理解，讲述不一样的中国故事，应该是新时代中国对外文化交流的目标之一。[③]在海外学者看来，这一目标的实现仍有距离，也是新时代中国亟须应对的问题之一。总之，在海外学者看来，虽然新时代中国已经在文化建设上取得了巨大进展，但是在如何进一步提升中国文化的吸引力和国际影响力的问题上，新时代中国仍需出台更多举措和付出更多努力。

三 对海外学者关于新时代中国特色社会主义文化建设研究的评析与回应

新时代以来，以习近平同志为核心的党中央把中国特色社会主义文化建设提升到一个新的历史高度，把文化自信和道路自信、理论自信、制度自信并列为中国特色社会主义“四个自信”。[④]在2020年9月22日教育文化卫生体育领域专家代表座谈会上，习近平总书记强调：“中国特色社会主义是全面发展、全面进步的伟大事业，没有社会主义文化繁荣发展，就没有社会主义现代化。‘十四五’时期，我们要把文化建设放在全局工作的突出位置，切实抓紧抓好。”[⑤] 海外学者抱着实用主义的目的，紧紧追踪新时代中国特色社会主义文化建设进程。从以上的分析可以看出，海外学者对新时代中国特色社会主义文化建设的研究总体呈现出四大特点。

---

① Yanling Zhu，“China's ‘New Cultural Diplomacy’ in International Broadcasting：Branding the Nation through CGTN Documentary”，*International Journal of Cultural Policy*，Vol. 28，No. 6，2022，p. 671.

② James Palmer，“Why Xi Is Rebranding Chinese Cultural History”，April 19，2023，https：//foreignpolicy.com/2023/04/19/xi-china-global-civilization-cultural-history-rebrand/.

③ Shaun Breslin，“China's Global Cultural Interactions”，in David Shambaugh（ed.），*China and the World*（Oxford：Oxford University Press，2020），pp. 141-142.

④ 杨凤城等：《中国共产党文化思想史》，中共党史出版社，2023，第392页。

⑤ 习近平：《在教育文化卫生体育领域专家代表座谈会上的讲话》，人民出版社，2020，第4~5页。

第一，就研究人员的构成而言，美欧学者在海外学界关于新时代中国特色社会主义文化建设的研究中占据主导地位。中国特色社会主义文化建设是海外学者持续关注的研究议题，这一趋势在进入新时代之后更加明显，特别是在党的十九届五中全会首次明确建成文化强国的具体时间和习近平文化思想正式提出之后，海外学者的研究热情进一步高涨。根据笔者掌握的研究资料，从事新时代中国特色社会主义文化建设研究的海外学者在构成上呈现以下特点。一是美欧学者占据研究的主导地位。笔者根据从各类学术搜索引擎、世界顶尖智库以及泰勒-弗朗西斯出版集团（Taylor & Francis Online）、牛津大学出版社期刊数据库（Oxford Journal）等渠道获得的文献分析得知，美欧学者的研究成果超过半数，澳大利亚、加拿大、韩国、印度等国家学者也有相关研究成果出版，但总体数量较少，其他发展中国家学者的研究成果则更少。[①]二是海外从事新时代中国特色社会主义文化建设研究的学者主要有三类。第一类是长期从事中国文化研究的学者。他们对中国文化有着深入而持久的跟踪研究，并且以固定的研究机构为依托，如英国格拉斯哥大学文化政策研究中心、“中国传媒研究计划”（CMP）等。第二类是国外知名的中国问题研究专家。这类学者长期研究与中国相关的各种议题，新时代中国特色社会主义文化建设只是他们研究新时代中国诸多议题中的一个，这类学者往往在海外学界的中国研究领域中具有很强的影响力，在一定程度上引导着海外中国研究的方向，比较典型的代表性学者如英国伦敦国王学院刘氏中国研究院主任克里·布朗（Kerry Brown）和美国哈佛大学政治系教授兼燕京学社社长的裴宜理（Elizabeth J. Perry）。以克里·布朗为例，他是当今西方最知名的中国问题研究专家之一，其研究领域涵盖1949年以来的中国历史、精英政治、国际关系（特别是中英和中欧关系）、中国台湾历史和政治等，他并非专门的中国文化研究者，但也撰写了不少关于新时代中国文化建设的研究论文。[②]第三类是具有中国生活、学习、工作背景的华裔学者。这类学者早年在中国生活、求学和工作，后移居国外并加入海外中国研究队伍，他们至今依然保留着在中国生活时的名字，如美国约翰·霍普金斯大学高级国际问题研究学院学者李卓然、德保罗大学新闻传播学院学者路星、澳大利亚悉尼科技大学中国研究学者郭英杰和英国格拉斯哥大学文化政策研究中心学者朱艳玲等。

第二，就研究成果的形式而言，期刊论文及著作中的章节是海外学者关

① 需要说明的是，本文收集的主要是英语文献，日本、俄罗斯关于中国文化的研究成果主要以日语和俄语发表，故未计入其中。

② 关于克里·布朗的研究领域和学术成果的介绍，具体可参见英国伦敦国王学院官方网站 https://www.kcl.ac.uk/people/kerry-brown。

于新时代中国特色社会主义文化建设研究的主要成果形式。根据笔者掌握的资料，海外学者的研究成果主要以期刊论文、著作（主要是著作中的章节）、智库报告和网络评论四种形式存在。但总体来看，期刊论文和著作中的章节占多数，智库报告和网络评论则相对较少。海外学者虽然围绕中国特色社会主义文化建设出版了部分著作，但主要是主编的论文集。就期刊论文而言，海外学者的研究主要见于两类期刊。一是专业的国际问题研究期刊。如《国际文化政策研究》（*International Journal of Cultural Policy*）、《外交政策》（*Foreign Policy*）等，发表于其上的相关成果主要是将新时代中国特色社会主义文化建设视为国际问题中的一个议题进行研究。二是海外的中国研究期刊。这类期刊刊发各类涉及中国议题的研究论文，新时代中国特色社会主义文化建设研究是其当前关注的领域之一，比较有代表性的期刊如美国詹姆斯敦基金会主办的《中国简报》（*China Brief*）和德国全球和地区研究院（GIGA）主办的《当代中国事务杂志》（*Journal of Current Chinese Affairs*）等。就著作而言，海外学者出版的关于新时代中国特色社会主义文化建设研究的著作多注重从历史视角出发展开研究，这些著作多在世界知名出版社出版，笔者收集的新时代以来出版的关于中国文化研究的著作几乎都出自罗德里奇（Routledge）出版社、帕尔格雷夫·麦克米伦（Palgrave Macmillan）出版社、剑桥大学出版社（CUP）、牛津大学出版社（Oxford University Press）以及爱德华·埃尔加出版社（Edward Elgar Publishing）等世界知名出版社。[①]至于智库报告和网络评论，虽然美国亚洲学会（Asia Society）、对外关系委员会（CFR）、德国墨卡托中国研究中心（MERICS）等全球高端智库以及《外交学人》（*The Diplomat*）、对话（The Conversation）[②]、

① 关于中国文化研究比较有代表性的著作主要有：Thomas Heberer, *Social Disciplining and Civilising Processes in China: The Politics of Morality and the Morality of Politics* (London and New York: Routledge), 2024; Shengqing Wu and Xuelei Huang (eds.), *Sensing China: Modern Transformations of Sensory Culture* (London and New York: Routledge, 2023); Liu Xin, *China's Cultural Diplomacy: a Great Leap Outward?* (London and New York: Routledge, 2020); Michael Keane, *Handbook of Cultural and Creative Industries in China*, (Cheltenham, UK and Northampton, MA, USA: Edward Elgar Publishing, 2016); KA-Ming Wu, *Reinventing Chinese Tradition : The Cultural Politics of Late Socialism* (Urbana, Chicago, and Springfield: University of Illinois Press, 2015); Pei-kai Cheng and Ka Wai Fan (eds.), *New Perspectives on the Research of Chinese Culture* (Singapore: Springer, 2013); Richard J. Smith, *The Qing Dynasty and Traditional Chinese Culture*, Lanham, Boulder (New York and London: Rowman & Littlefield, 2015)。

② “对话”是全球性的非营利、独立的新闻分析机构，主要通过邀请相关领域知名专家对当前热点话题进行讨论来塑造公众认知，最早由安德鲁·贾斯潘（Andrew Jaspan）在商务策划师杰克·雷特曼（Jack Rejtman）和墨尔本大学原副校长戴维斯（Glyn Davis）支持下，于2011年3月在澳大利亚墨尔本成立，后拓展到英国、美国、南非、法国、加拿大、印度尼西亚、新西兰、西班牙、巴西，该组织的主新闻编辑室设在美国波士顿，目前是全球最有影响的新闻分析机构之一，其官方网站为https://theconversation.com。

《思想中国》（*Think China*）① 等全球有影响的电子媒体及学术网站也有相关研究报告和评论文章，但总体占比很小。

第三，就研究议题的选择和侧重点而言，海外学者的议题选择具有明显的实用主义和功利主义色彩。中华文化源远流长，内涵丰富，中华文明具有五大突出特性，即连续性、创新性、统一性、包容性和和平性。新时代中国特色社会主义文化是对既往中华优秀传统文化的创新和发展，这也决定了新时代中国特色社会主义文化建设内涵丰富。然而海外学者并非关注新时代中国特色社会主义文化建设的所有方面，而是有所选择，具体体现在以下几个方面。一是研究议题的选择具有明显的实用主义色彩。面对日益走近世界舞台中央的新时代中国，海外学者的中国研究普遍体现出服务所在国政府决策的特点，这也体现在海外学者对新时代中国特色社会主义文化建设的研究上。笔者掌握的资料显示，海外学者的研究议题主要集中在新时代中国进一步加强文化建设和推进文化强国建设的原因、进展与成效以及对中国和世界的影响三个方面。二是研究侧重点的选择具有明显的功利主义色彩。海外学者对新时代中国特色社会主义文化建设的研究之所以选择前述三大议题，这与海外学者研究的路径和终极目标有着紧密的联系。总体来看，海外学者的研究遵循动因—成效—影响的基本逻辑，由此在研究新时代中国特色社会主义文化建设时，海外学者首先探究的是新时代中国为何前所未有地重视和加强中国特色社会主义文化建设，并在此基础上评估新时代中国特色社会主义文化建设的进展与成效及其对中国和世界的影响。事实上，通过对新时代中国特色社会主义文化建设意图、进展和影响的分析，海外学者一方面增进了对新时代中国的了解，另一方面也为其所在国与中国的相处提供了决策参考，这才是海外学者研究新时代中国特色社会主义文化建设的出发点和归宿，更是海外学者相关研究的实用主义和功利主义的生动体现。

第四，就研究观点而言，海外学者对新时代中国特色社会主义文化建设的认知越来越客观、积极和肯定。海外学者对新时代中国特色社会主义文化建设的动因的分析总体来讲基本准确和客观，对以习近平同志为核心的党中央关于新时代中国特色社会主义文化建设和提升中国人民“文化自信”的部署及取得的成效持认可和肯定的态度对新时代中国推进中国特色社会主义文化建设对中国和世界政治经济所产生的影响也作出了积极的评价，如澳大利亚昆士兰科技大学迈克尔·基恩（Michael Keane）和南威尔士大学赵婧（Elaine Jing Zhao）在研究中国的文化政策演变与改革后指出，中国通过制造业、服务业和技术的

① 《思想中国》（*Think China*）是由新加坡新报业媒体有限公司（SPH Media Limited）旗下《联合早报》创立的聚焦中国的英文在线电子杂志，其主要出版第一手的报道、评论和专栏分析，议题涵盖中国的政治、经济、社会文化和技术发展等领域，其官方网站为 https：//www. thinkchina. sg/。

融合实现了中国文化领域的创新，中国文化的创新已经成为驱动中国在全球经济中更具竞争力和培育软实力的动力。[①]

应该说，海外学者对新时代中国特色社会主义文化建设的上述研究特点和认知，是多种因素共同作用的结果。其中，海外学者对新时代中国特色社会主义文化建设的熟悉程度、海外学者的知识结构和研究偏好、海外学者所在国与中国的关系、中国对外传播新时代中国特色社会主义文化建设进展和成就的方式以及意识形态等无疑是主要的影响因素。基于此，塑造海外学者对新时代中国特色社会主义文化建设的认知可以从四个方面做起：一是在政府层面，党和国家领导人应进一步利用各种国内外场合向国际社会阐释新时代中国特色社会主义文化建设的意图和主要进展，党和国家的相关涉外机构也应在合适的时机和场合，通过多渠道向国际社会宣介新时代中国特色社会主义文化建设的举措及成效；二是在学者层面，应支持国内学术机构和学者通过在国际期刊发表文章、参与国际学术论坛、开展中外联合研究以及建立常态化学术交流机制等方式，强化新时代中国特色社会主义文化建设的对外阐释和解读；三是在媒体层面，应借助国内外各类主流报刊和网络平台，通过线上和线下相结合的方式，采取多种语言对外展示新时代中国特色社会主义文化建设的举措、成就及未来规划，让海外学者更加客观地认识新时代中国特色社会主义文化建设对中国和世界的积极意义；四是在民间层面，应鼓励各类民间组织和社会群体积极参与新时代中国特色社会主义文化建设和对外文化交流活动。上述一系列举措，可以引导和塑造包括海外学者在内的国际社会形成对新时代中国特色社会主义文化建设更加客观、准确和积极的认识，进而为新时代中国特色社会主义文化建设提供更大的支持。

结　语

习近平总书记在主持中共中央政治局第十八次集体学习时强调："中华优秀传统文化是我们最深厚的文化软实力，也是中国特色社会主义植根的文化沃土。我们开辟了中国特色社会主义道路不是偶然的，是由我国历史传承和文化传统决定的。"[②] 这也决定了新时代坚持和发展中国特色社会主义、实现中华民族伟大复兴的中国梦，必然要求加强对中华优秀传统文化的创造性转化、创新性发展，也必然意味着以习近平同志为核心的党中央对新时代中国特色社会主义文

① Michael Keane, Elaine Jing Zhao, "The Reform of the Cultural System: Culture, Creativity and Innovation in China", in Hye-Kyung Lee and Lorraine Lim (eds.), *Cultural Policies in East Asia Dynamics between the State, Arts and Creative Industries* (Hampshire and New York: Palgrave Macmillan, 2014), p. 170.

② 习近平：《论党的宣传思想工作》，中央文献出版社，2020，第90页。

化建设的高度重视，这也将有力推进中华文化的自信自强和铸就社会主义文化新辉煌。文化建设在新时代中国特色社会主义事业中地位的凸显，以及新时代中国特色社会主义文化建设取得的历史性成就及产生的影响，是海外学者开展相关研究的动力和前提。随着中国日益走近世界舞台的中央，包括海外学者在内的国际社会也将更加关注和持续跟进新时代中国特色社会主义文化建设。新时代中国特色社会主义文化建设已经超出了纯粹的文化范畴，成为世界了解新时代中国和塑造中国国际形象的重要窗口。当前，海外学者对新时代中国特色社会主义文化建设的研究和认知以积极肯定和认可为主，但仍存在一定的不理解、担忧和错误认识。因此，如何多措并举引导包括海外学者在内的国际社会形成对新时代中国特色社会主义文化建设更加客观、准确的认知，并以新时代中国特色社会主义文化建设为抓手，让新时代中国形象在世界上不断闪亮起来，从而为全面建成社会主义现代化强国和实现中华民族伟大复兴的中国梦提供坚实的文化基础，将是接下来中国对外传播需要着重解决的问题。

国外共产党对“人类命运共同体”的认识与评价

余维海　胡泽文*

【摘　要】2013 年 3 月，习近平总书记首次提出“人类命运共同体”理念后，人类命运共同体相关问题引发了国外共产党的高度关注。国外共产党从理论价值、主要内涵、实践成效、现实意义、当前挑战与推进路径等层面对人类命运共同体进行了研究和评价。及时、准确和全面把握国外共产党对人类命运共同体的认识与评价，既是新时代中国共产党加强党的对外工作的客观需要，也有助于深化我们对人类命运共同体的认识与研究。

【关键词】国外共产党；人类命运共同体；中国共产党

习近平总书记在 2013 年 3 月首次提出“人类命运共同体”理念时指出：“这个世界，各国相互联系、相互依存的程度空前加深，人类生活在同一个地球村里，生活在历史和现实交汇的同一个时空里，越来越成为你中有我、我中有你的命运共同体。”① 人类命运共同体理念一经提出，便引发了众多国外共产党的高度关注，他们从人类命运共同体的理论价值、主要内涵、实践成效、现实意义、当前挑战与推进路径等层面对其进行了阐释和评价。系统归纳和梳理国外共产党对人类命运共同体的认识与评价，既是新时代中国共产党加强党的对外工作的客观需要，也有助于深化我们对人类命运共同体的认识与研究。

一　深刻认识人类命运共同体的理论价值

国外共产党普遍认为，人类命运共同体具有深厚的理论价值，人类命运共

* 余维海，法学博士，华中师范大学政治与国际关系学院教授，国外马克思主义政党研究中心主任，主要研究方向为当代世界社会主义与国外共产党；胡泽文，华中师范大学政治与国际关系学院博士研究生，主要研究方向为当代世界社会主义与国外共产党。

① 《习近平谈治国理政》，外文出版社，2014，第 272 页。

同体理念丰富和发展了马克思主义理论，是中华优秀传统文化的智慧结晶，是新时代中国共产党理论创新的重要成果。

（一）人类命运共同体理念丰富和发展了马克思主义理论

第一，国外共产党认为人类命运共同体理念是马克思主义中国化时代化的产物。马克思主义不是现成教条，而是不断发展的科学体系。葡萄牙共产党认为，随着世界形势的变化，世界各国共产党逐渐发现马克思主义经典原著并不能为现在遇到的所有问题提供标准答案，新的时代需要新的解决方案。“习近平新时代中国特色社会主义思想提出了推动构建人类命运共同体等一系列重大理论观点，为发展马克思主义作出了重大原创性贡献，使马克思主义不断得到继承和发展，也让当代中国焕发出新的生命力和活力。”① 第二，人类命运共同体理念是对马克思世界历史理论的发展。马克思恩格斯曾指出：“各民族的原始封闭状态由于日益完善的生产方式、交往以及因交往而自然形成的不同民族之间的分工消灭得越是彻底，历史也就越是成为世界历史。”② 新时代以来，世界全球化进程不断加速。意大利共产党认为，人类命运共同体理念的提出“是对当前现实之问的回答，是对以全球化为特征的新历史阶段的精准判断，是对世界不同国家和不同地区之间前所未有的相互联系和相互依存状态的科学研判结果”③。第三，人类命运共同体理念体现了马克思主义的无产阶级国际主义原则。俄罗斯联邦共产党中央委员会副主席诺维科夫在接受新华社采访时表示：“我认为人类命运共同体的概念是马克思列宁主义思想在资本主义制度全面危机的背景下创造性发展的一个明显例子。这一概念表达了国际主义的基本原则，这是所有真正的共产主义者都具有的特征。”④ 美国共产党表示：“美国共产党赞同中国共产党提出的共同构建‘人类命运共同体’的倡议，并将这一目标视为无产阶级国际主义的重要体现。自《共产党宣言》发表以来，国际共产主义运动一直在努力践行这种以社会主义与和平为基础的国际主义。”⑤

---

① 《让马克思主义在21世纪焕发更强大真理力量（权威论坛）——国际社会高度评价习近平新时代中国特色社会主义思想》，《人民日报》2018年5月5日。

② 《马克思恩格斯选集》第1卷，人民出版社，2012，第168页。

③ “Intervento di Mauro Alboresi al Seminario per il Centenario del PCC”，https：//www.ilpartitocomunistaitaliano.it/2021/06/26/intervento-di-mauro-alboresi-al-seminario-per-il-centenario-del-pcc/.

④ “Д. Г. Новиков-агентству Синьхуа：Общая миссия Китая и России состоит в том，чтобы заложить основы нового мира”，https：//www.google.com/url? sa=t&rct=j&q=&esrc=s&source=web&cd=&ved=2ahUKEwiJ8N3WnLqFAxW6slYBHcq7DhcQFnoECA8QAQ&url=https%3A%2F%2Fkprf.ru%2Fparty-live%2Fcknews%2F213871.html&usg=AOvVaw3QasKCuhJLOl2E_v8PsOTq&opi=89978449.

⑤ 宋涛主编《外国政党政要、各界代表祝贺中国共产党成立100周年贺电（函）汇编》（下），当代世界出版社，2021，第1498页。

（二）人类命运共同体理念是中华优秀传统文化的智慧结晶

马克思曾指出："人们自己创造自己的历史，但是他们并不是随心所欲地创造，并不是在他们自己选定的条件下创造，而是在直接碰到的、既定的、从过去承继下来的条件下创造。"① 中华优秀传统文化源远流长、博大精深，是中华文明的智慧结晶，其中蕴含的宇宙观、天下观与科学社会主义价值观主张具有高度契合性。首先，国外共产党认为，诞生于中国的人类命运共同体理念具有中华优秀传统文化的特征。俄罗斯联邦共产党中央委员会主席久加诺夫认为，"这一理念（人类命运共同体——引者注）以对公平正义等的共同追求为基础，同时又根植于中国数千年文化之中。"② 白俄罗斯共产党认为："中国传统世界观与西方的利益斗争模式截然不同，中国先贤们始终努力实现各层次的和谐。与'帝国意识形态'不同，'天下体系'不承认存在敌对或竞争的'他者'，任何'文明的冲突'都被排除在这个体系之外。"③ 中华文明具有历史连续性以及传统、创新与和谐相统一的特点。当前中国构建新型国际关系的思路与西方国家有着本质区别，构建人类命运共同体的理念，正是基于人类社会的共同利益和正义原则而产生的。其次，国外共产党认为人类命运共同体理念展现了中华民族优秀的民族品质。德国共产党主席帕特里克·科伯勒指出："中国人民向全世界诠释了热爱和平、团结合作的民族品质。这与某些国家过分强调个人主义、鼓吹竞争对立的做法形成鲜明对比。这种品质也体现在共建'一带一路'和推动构建人类命运共同体等方面。"④

（三）人类命运共同体理念是新时代中国共产党理论创新的重要成果

党的十八大以来，中国特色社会主义进入新时代，面对"两个大局"带来的新形势、新挑战、新问题，中国共产党守正创新、踔厉奋发，提出一系列新理念、新思想、新战略，人类命运共同体理念正是其中一项重要成果。首先，人类命运共同体理念是中国共产党领导人应对时代发展大势提出的新理念。意大利共产党指出："对中国共产党人来说，马克思主义不是现成教条，而是一种不断变化发展的理论体系，以适应每个时代面临的现实挑战。习近平总书记在两方面实现了马克思主义在当代的创新和发展：一是内部的，将马克思主义与

---

① 《马克思恩格斯选集》第 1 卷，人民出版社，2012，第 669 页。

② 《融合古老中国智慧 着眼解决全球问题——国际人士高度评价中国共产党积极推动构建人类命运共同体》，http://www.xinhuanet.com/2022-11/01/c_1129093555.htm。

③ "КИТАЙ В СОВРЕМЕННОМ МИРЕ. КИТАЙСКИЙ ШОК"，http://www.comparty.by/news/kitay-v-sovremennom-mire-kitayskiy-shok.

④ 刘建超主编《国际社会眼中新时代的中国共产党》，当代世界出版社，2023，第 689 页。

中国具体实际相结合；二是向全世界提出构建全人类命运共同体这一持久对话协商构想。”① 孟加拉国共产党（马列主义）总书记巴鲁阿指出：“习近平总书记运用广阔的马克思主义视野，冷静观察和分析当今时代特征和国际局势，指出当今各国相互联系、相互依存，人类共同生活在同一个地球村里。”② 其次，人类命运共同体理念是习近平新时代中国特色社会主义思想的重要内容。习近平新时代中国特色社会主义思想是马克思主义中国化时代化的最新理论成果，是中国政治和社会生活的根本指针。印度共产党总书记拉贾指出：“习近平总书记提出的人类命运共同体理念、‘一带一路’倡议，以及成立亚洲基础设施投资银行等举措，构成习近平新时代中国特色社会主义思想的重要内容。”③ 捷克和摩拉维亚共产党中央委员会主席菲利普也表示：“在中国人民和世界人民之间建立拥有和平国际环境的人类命运共同体，是习近平新时代中国特色社会主义思想最突出的特点之一。”④

二　积极阐释人类命运共同体理念的主要内涵

部分国外共产党从整体层面概述了人类命运共同体理念的主要内涵。例如，俄罗斯联邦共产党认为，人类命运共同体理念主要包含四个方面：“第一，各国相互尊重、平等相待；第二，各国互利合作、共同发展；第三，实施普遍、全面、合作和可持续的安全战略体系；第四，坚持不同国家和文明之间相互友好和相互包容的原则。”⑤ 美国共产党则认为，人类命运共同体理念的主要内容为：“通过对话解决争议；不干涉别国内政，不结冷战式的经济和军事同盟；保障集体安全；制定可持续发展战略；合作解决发展、气候变化、和平、贫困、疾病、资源分配和安全等问题；在各国建立伙伴关系的基础上构建国际关系；重组国际秩序，改革第二次世界大战后建立的全球治理和金融体系。”⑥ 此外，还有部分国外共产党从不同侧面解读了人类命运共同体理念的主要内涵。

① “SUL MARXISMO NEL XXI° SECOLO E SUL FUTURO DEL SOCIALISMO NEL MONDO”, https://www.ilpartitocomunistaitaliano.it/2018/06/05/sul-marxismo-nel-xxi-secolo-e-sul-futuro-del-socialismo-nel-mondo/.

② 刘建超主编《中国共产党与世界马克思主义政党论坛实录》，当代世界出版社，2022，第114页。

③ 宋涛主编《外国政党政要、各界代表祝贺中国共产党成立100周年贺电（函）汇编》（下），当代世界出版社，2021，第894页。

④ 姜辉主编《共同见证百年大党：百位共产党人的述说》（上），当代中国出版社，2021，第213页。

⑤ “Д. Г. Новиков-агентству Синьхуа: Общая миссия Китая и России состоит в том, чтобы заложить основы нового мира”, https://www.google.com/url? sa=t&rct=j&q=&esrc=s&source=web&cd=&ved=2ahUKEwiJ8N3WnLqFAxW6slYBHcq.7DhcQFnoECA8QAQ&url=https%3A%2F%2Fkprf.ru%2Fparty-live%2Fcknews%2F213871.html&usg=AOvVaw3QasKCuhJLOl2E_v8PsOTq&opi=89978449.

⑥ “The long march to socialism with Chinese characteristics”, https://www.cpusa.org/party_voices/the-long-march-to-socialism-with-chinese-characteristics/.

（一）人类命运共同体理念主张持久和平、普遍安全

持久和平、普遍安全是人类世界发展的基本前提和保障。首先，人类命运共同体理念认为人类世界发展需要建立在持久和平和普遍安全的基础之上。越南共产党表示："越方支持构建人类命运共同体、全球发展倡议、全球安全倡议和全球文明倡议。这些举措旨在保护全人类的共同利益，为全世界人民的和平、公平和进步事业作出贡献，满足各国人民建设一个更加美好世界的愿望。"① 法国共产党全国委员会主席皮埃尔·洛朗也指出："人类命运共同体理念蕴含着维护和平、拒绝武力的主张。中国一直强调反对战争。"② 其次，人类命运共同体理念反对单边主义的冷战思维和零和博弈，主张以多边协商化解各国分歧。古巴共产党认为："中共领导人秉持构建人类命运共同体的理念，坚持捍卫多边主义，坚持国际法的基本原则，坚持团结一致，重视开展国际合作。同时，中国共产党继续坚决反对单边主义、霸权主义、封锁、保护主义、武力政策和双重标准，这些立场得到了国际社会绝大多数人的欢迎。"③

（二）人类命运共同体理念主张共同繁荣、开放包容

万物并育而不相害，道并行而不相悖。共同繁荣、开放包容是人类世界发展的追求和动力。首先，人类命运共同体理念强调全人类的共同利益，致力于实现全人类的共同富裕和共同繁荣。西班牙共产党主席森特利亚指出："中国国家主席习近平向世界其他国家提出构建人类命运共同体的倡议，主张通过不同国家之间的合作建立一个能够实现共同目标的世界新秩序，使地球上的所有居民都有权过上有尊严的生活。"④ 俄罗斯联邦共产党指出："习近平总书记提出的人类命运共同体理念的实质是，世界各国不应被分为'弃儿'和'宠儿'。人类必须通过对话形成统一的联合力量，以实现共同目标并解决地球面临的共同问题。"⑤ 其次，人类命运共同体理念主张尊重各国的差异性和多样性，努力实现最大公约数。巴西共产党指出："习近平总书记提出制定旨在构建

---

① "Vietnam-China joint statement", https://en.dangcongsan.vn/international-cooperation/vietnam-china-joint-statement-607702.html.

② 刘建超主编《国际社会眼中新时代的中国共产党》，当代世界出版社，2023 年，第 712 页。

③ 宋涛主编《外国政党政要、各界代表祝贺中国共产党成立 100 周年贺电（函）汇编》（下），当代世界出版社，2021，第 1170 页。

④ "El mundo tras la crisis del coronavirus y la respuesta de China", https://mundoobrero.es/2020/10/16/el-mundo-tras-la-crisis-del-coronavirus-y-la-respuesta-de-china/.

⑤ "Д. Г. Новиков-агентству Синьхуа: Общая миссия Китая и России состоит в том, чтобы заложить основы нового мира", https://www.google.com/url?sa=t&rct=j&q=&esrc=s&source=web&cd=&ved=2ahUKEwiJ8N3WnLqFAxW6slYBHcq7DhcQFnoECA8QAQ&url=https%3A%2F%2Fkprf.ru%2Fparty-live%2Fcknews%2F213871.html&usg=AOvVaw3QasKCuhJLOl2E_v8PsOTq&opi=89978449.

‘人类命运共同体’的外交战略，这是一个充满人道主义和团结精神的长期愿景，它反对一切形式的霸权主义和单边主义，旨在促进相互包容、共享利益、合作共赢、共同发展。”①

（三）人类命运共同体理念要求共建清洁美丽的世界

人类有且只有一个地球家园，清洁美丽是人类世界发展的必然要求。首先，人类命运共同体理念主张人与自然和谐共生，共建生命共同体。巴西共产党指出：“中国提出构建命运共同体的理念，倡导构建人类与自然的生命共同体，致力于人与自然和谐相处，实行可持续发展，进行系统治理，以人民为中心。”② 意大利共产党人党前全国书记迪利贝托指出：“地球生态环境正遭到日趋严重的破坏，自然资源正日益枯竭。习近平总书记高瞻远瞩地提出‘人与自然和谐共生’的理念，意义重大。可耕种的土地、可饮用的水资源、其他自然资源和可再生能源代表着人类的共同未来。因此，我们非常赞赏习近平总书记提出的人类命运共同体理念。”③ 其次，人类命运共同体致力于构建更加绿色、生态、环保的可持续发展体系，实现能源的可持续性。叙利亚共产党（统一）指出：“中国在追求发展的过程中充分考虑到环境问题，努力使发展更加绿色和可持续。为了实现人与自然的和谐共处，过去 10 年里，中国将其碳排放强度降低了 34.4%，并承诺在 2030 年前使二氧化碳排放达到峰值，2060 年前实现碳中和。”④

三　系统总结人类命运共同体的实践成效

经过 10 多年的实践历程，国外共产党认为中国共产党在推动构建人类命运共同体方面付出了巨大的努力，取得了良好的效果，这主要体现在推动“一带一路”倡议走深走实、以人类命运共同体理念引领国际秩序重塑、解决全球治理与发展新难题、开创国际共产主义运动新局面四个方面。

（一）推动“一带一路”倡议走深走实

习近平总书记在中国共产党与世界政党高层对话会上曾指出：“我提出

---

① “Expectativa do PCdoB sobre o 19º Congresso do PC da China”, https://pcdob.org.br/noticias/expectativa-do-pcdob-sobre-o-19o-congresso-do-pc-da-china/.

② “Um Partido centenário em defesa da Comunidade de Futuro Compartilhado”, https://pcdob.org.br/noticias/um-partido-centenario-em-defesa-da-comunidade-de-futuro-compartilhado/.

③ 姜辉主编《共同见证百年大党：百位共产党人的述说》（上），当代中国出版社，2021，第 290 页。

④ “ماذايعنيالمؤتمر الوطنيالـ20 للحزبالشيوعيالصينيللاقتصادالعالمي؟”, https://alnnour.com/?p=89999.

‘一带一路’倡议，就是要实践人类命运共同体理念。”① 国外共产党高度认同习近平总书记的讲话，认为“一带一路”倡议是实现人类命运共同体理念所倡导的持久和平、普遍安全、共同繁荣、开放包容、清洁美丽世界的具体路径。首先，“一带一路”倡议是人类命运共同体的生动实践，二者具有相互促进作用。老挝人民革命党指出：“共建‘一带一路’为世界上很多国家创造了巨大发展机遇，不仅加强了中国同共建国家的合作关系，也助力构建人类命运共同体。”② 其次，在人类命运共同体理念的指引下，“一带一路”倡议取得重大成就。10多年来，“一带一路”倡议坚持人类命运共同体理念，实现了从“大写意”到“工笔画”再到“高质量发展”的飞跃。国外共产党结合自身实际认为，“一带一路”倡议在提高中国综合国力、构建世界政治经济新格局、推动国际共产主义运动形成新态势、保障全球民生福祉等方面取得重大成就。加拿大共产党指出：“‘一带一路’倡议有助于扩大中国的对外贸易和投资，提升其国际影响力。”③ 澳大利亚共产党指出：“中国的‘一带一路’倡议和其他跨国合作项目为人类的共同发展提供了新的途径，并对美国及其盟国在世界其他地区的帝国主义影响作出强有力且有效的制衡。”④

（二）以人类命运共同体理念引领国际秩序重塑

构建人类命运共同体是习近平外交思想的核心理念，人类命运共同体理念的提出及其现实构建对国际政治发展作出了重要贡献。第一，它昭示了与第二次世界大战后西方主导的国际政治秩序不同的新秩序。美国共产党指出，“中国正在按照‘构建命运共同体’的国际关系理念运作。它涉及两条行动路线：一是建立更加公正合理的世界新秩序；二是共同维护国际安全。这是在公平正义、和平协商、合作共赢基础上建立的新型国际关系。它还涉及大国关系的交往新模式，质疑现行国际秩序，并改革第二次世界大战后建立的全球治理体系，如联合国安理会、国际货币基金组织和世界银行等”⑤。第二，为世界的和平稳定与安全发展作出重要贡献。古巴共产党中央政治局委员吉拉特表示：“当前世界政治格局正在发生重大变化，应当通过加强交流促进合作，共同捍卫

① 《携手建设更加美好的世界》，《人民日报》2017年12月4日。

② 《中老媒体共建“一带一路”联合采访在万象启动》，《人民日报》2023年6月19日。

③ “Central Committee Political Report 2021”, https://communist-party.ca/central-committee-political-report-2021/.

④ “CPA greeting to the 70th anniversary of the Peoples' Republic of China”, http://www.solidnet.org/article/CP-of-Australia-CPA-greeting-to-the-70th-anniversary-of-the-Peoples-Republic-of-China/.

⑤ “A new era for building socialism with ‘Chinese characteristics’”, https://www.cpusa.org/article/a-new-era-for-building-socialism-with-chinese-characteristics/.

全球的公平与正义。习近平总书记提出的构建人类命运共同体倡议，是促进全球持续和平与安全，保障各国开放、繁荣、稳定的源泉。"① 尼泊尔共产党（联合马列）主席奥利指出："我们赞赏中国提出的人类命运共同体理念，这为当今世界实现持久和平、稳定正义和维护以国际法为基础的国际秩序发挥了突出作用。"② 第三，推动了世界经济全球化和政治多极化进程。斯里兰卡共产党表示："从世界历史的广阔视野来看，中国共产党提出的'一带一路'倡议，以及构建人类命运共同体的理念，推动了新兴经济中心的蓬勃发展，维护了多边主义，巩固了世界秩序的多极化。"③ 第四，促进了中国与其他国家的双边合作与交流。俄罗斯联邦共产党表示："人类命运共同体理念是中俄建立和深化全面战略伙伴关系的良好基础。"④ 巴西共产党也表示："习近平总书记倡导的人类命运共同体的外交政策，有利于巴西的经济社会发展，进一步加强了两国和两国人民之间的友谊。"⑤

（三）解决全球治理与发展新难题

全球治理与发展是世界人民面临的共同问题，现行全球治理体系跟不上时代发展、不适应现实需要的地方越来越多，构建人类命运共同体为解决全球治理与发展新难题作出新贡献。第一，构建人类命运共同体的发展理念和发展模式抛弃了西方资本主义损人利己的发展老路。巴西共产党在接受中国《人民日报》采访时表示："中国构建人类命运共同体的政策，不仅正在改变殖民主义和新殖民主义时期盛行的剥削逻辑，而且正在改变当今帝国主义作为资本主义大国在国际政治中盛行的逻辑。中国没有采取帝国主义国家试图剥削发展中国家的人力和自然资源的干涉政策，而是走'一带一路'的道路，所有相关国家都采取双赢政策，建设基础设施，实现贸易双赢。"⑥ 第二，为广大发展中国家的发展提供全新选择。智利共产党原主席泰列尔表示："当前，美帝国主义推行霸权主义和强权政治，给多边主义带来严峻挑战。而中

① 《特稿：人类命运共同体何以获得全球认同》，人民网，http：//world. people. com. cn/n1/2018/0124/c1002-29782973. html。

② 刘建超主编《外国政党政要、各界代表祝贺中共二十大胜利召开贺电（函）汇编》（上），当代世界出版社，2023，第 106 页。

③ 姜辉主编《共同见证百年大党：百位共产党人的述说》（下），当代中国出版社，2021，第 685 页。

④ "Д. Г. Новиков-агентству Синьхуа：Общая миссия Китая и России состоит в том，чтобы заложить основы нового мира"，https：//www. google. com/url? sa = t&rct = j&q = &esrc = s&source = web&cd = &ved = 2ahUKEwiJ8N3WnLqFAxW6slYBHcq7DhcQFnoECA8QAQ&url = https% 3A% 2F% 2Fkprf. ru% 2Fparty-live%2Fcknews%2F213871. html&usg = AOvVaw3QasKCuhJLOl2E_v8PsOTq&opi = 89978449.

⑤ "Política externa da China：paz，desenvolvimento e cooperação"，https：//pcdob. org. br/noticias/politica-externa-da-china-paz-desenvolvimento-e-cooperacao/.

⑥ "Luciana Santos concede entrevista ao jornal Diário do Povo，da China"，https：//pcdob. org. br/noticias/luciana-santos-entrevista-ao-jornal-diario-do-povo-da-china/.

国坚持和平与发展，不干涉他国内政，提出构建人类命运共同体理念，主张合作开放共赢，给包括拉美在内的全世界带来了光明前景。”① 第三，为全球治理作出积极贡献。意大利共产党指出：“中国始终坚持人类命运共同体理念，同国际社会一道应对全球公共卫生威胁，支持联合国和世卫组织应对新出现的公共卫生危机，对改进和完善全球公共卫生治理体系发挥了核心作用。”② 埃及共产党总书记萨拉赫也指出：“中国提出了‘一带一路’倡议、构建人类命运共同体等诸多互利共赢的国际合作倡议和理念，与国际社会一道，对推动局势紧张和冲突争端地区热点问题的政治解决、实现公正与和平发挥着更加积极的作用，为各国解决发展、贫困、失业、恐怖主义等问题创造了有利的国际环境。”③

（四）开创国际共产主义运动新局面

中国共产党作为马克思主义政党和共产主义政党，始终为实现共产主义而奋斗，推动构建人类命运共同体的进程在客观上也开创了国际共产主义运动新局面。第一，构建人类命运共同体为世界反帝国主义运动作出贡献。英国共产党（马列）认为，在人类命运共同体理念的指导下，中国推动构建国际政治新秩序，这一行为“不仅符合中国的利益，而且符合世界上每个非帝国主义国家的利益，也符合每个国家的无产阶级的利益，因为现行美国领导的世界秩序是一个掠夺性的、侵略性的、帝国主义的世界秩序，它残酷地剥削和压迫世界大多数国家，并在寻求扩大或捍卫其统治地位时发动无休止的战争”④。黎巴嫩共产党指出，以人类命运共同体理念为指导，“中国共产党构建互利共赢的国际关系新秩序，拒绝干涉其他国家内部事务，为全世界摆脱美国领导的帝国主义和霸权主义作出重要贡献”⑤。第二，开辟实现社会主义发展的新模式。美国共产党指出，中国构建人类命运共同体的模式有别于传统的苏联社会主义模式。中国“发起了一系列国际发展倡议，远远超过了当年苏联的尝试。虽然中国仍主张工人阶级的国际主义，但并没有像苏联那样试图建立军事同盟或向反帝国主义组织提供直接军事援助。此外，中国的

① 刘建超主编《国际社会眼中新时代的中国共产党》，当代世界出版社，2023，第786页。

② “Le rotte della “Via della Seta” della salute”，https：//www. ilpartitocomunistaitaliano. it/2020/04/10/le-rotte-della-via-della-seta-della-salute/.

③ 宋涛主编《外国政党政要、各界代表祝贺中国共产党成立100周年贺电（函）汇编》（上），当代世界出版社，2021，第479~480页。

④ “Ella Rule：‘Xi Jinping's call to strengthen the party comes at the right moment’”，https：//thecommunists. org/2023/08/23/news/ella-rule-xi-jinping-strengthen-the-party-cpc-global-development/.

⑤ “سبعون عاماً على تأسيس جمهورية الصين الشعبية”，http：//lcparty. org/party-news/item/31233 - 2019 - 09 - 19 - 17 - 05-12.

军费开支仅是美国军费开支的四分之一”①。第三，有力提升社会主义制度的吸引力。尼泊尔共产党（马列）总书记梅纳利表示：“中国为推动构建人类命运共同体作出巨大努力。中国共产党领导的中国特色社会主义已成为共产主义运动的典范、照亮世界的灯塔、和平发展的‘压舱石’。”② 意大利共产党指出：“人类命运共同体理念在全球的广泛传播引起了公众对‘中国特色社会主义’的注意，使马克思主义思想活跃起来，它为受其启发的整个运动提供了新的生命。它有助于在全球范围内复兴社会主义的理想和观点，使其重新引起普遍关注。”③ 第四，提高共产党在当前国际政治中的地位和重要性。芬兰共产党主席瓦伊萨宁指出：“习近平总书记提出了共建美丽世界和人类命运共同体理念，使全世界工人阶级进一步团结起来，努力改造世界。中国共产党通过举办政治对话与研讨会等务实举措，搭建了世界共产党与工人党交流合作的网络，壮大了各国政党，激励学生、媒体和民众努力改变现状、追求更美好的未来。中国共产党用实际行动证明，在同反人类、反和平、反民主的思想观念以及攻击暴行作斗争的过程中，共产党不可或缺。”④

四　高度评价人类命运共同体理念的现实意义

国外共产党普遍认为，人类命运共同体理念内在的理论价值和取得的实践成效充分体现了中国共产党的国际情怀，展现了中国特色社会主义制度优势，并为国际社会提供了中国智慧和中国方案，具有广泛的现实意义。

（一）体现了中国共产党的国际情怀

中国共产党是为中国人民谋幸福、为中华民族谋复兴的党，也是为人类谋进步、为世界谋大同的党。首先，人类命运共同体理念的提出是中国共产党国际情怀的具体化、现实化。国外共产党认为，人类命运共同体理念体现了中国共产党的国际情怀。英国共产党总书记罗伯特·格里菲思认为：“只有对自身价值观充满自信的国家才能提出构建人类命运共同体的理念，这一理念说明中国

① “Peaceful coexistence yesterday and today: Realities and legacies”, https://www.cpusa.org/article/peaceful-coexistence-yesterday-and-today-realities-and-legacies/.

② 宋涛主编《外国政党政要、各界代表祝贺中国共产党成立100周年贺电（函）汇编》（下），当代世界出版社，2021，第871页。

③ “Il PCI al seminario internazionale dei Partiti marxisti organizzato dal PCC”, https://www.ilpartitocomunistaitaliano.it/2021/12/17/il-pci-al-seminario-internazionale-dei-partiti-marxisti-organizzato-dal-pcc/.

④ 宋涛主编《外国政党政要、各界代表祝贺中国共产党成立100周年贺电（函）汇编》（下），当代世界出版社，2021，第916页。

在经济、环境、社会、文化等各领域取得发展进步的同时，也更多地关注全人类的共同未来，愿将自身的发展进步与各方分享。”① 英国共产党（马列）主席艾拉·鲁尔也表示：“我们高度赞赏以习近平同志为核心的中共中央的领导，中国共产党为中国人民带来繁荣，也为世界上被压迫国家的发展提供重要支持。中国共产党树立了榜样，让所有人看到另一种世界是可能的。与中国保持友好关系比向美国臣服更符合国家整体利益。”② 其次，在实践中，中国共产党秉持人类命运共同体理念，展现出国际担当。老挝人民革命党中央委员会前总书记本扬表示：“中国共产党秉持人类命运共同体理念，同世界 200 多个政党共同呼吁加强国际抗疫合作，中方积极向有需要的国家提供宝贵支持和帮助，充分展现了负责任大党和大国的担当。”③ 俄罗斯联邦共产党中央委员会主席久加诺夫表示，中国还积极帮助其他国家，以实际行动印证了人类命运共同体理念，展现了中国共产党的国际情怀。④

（二）展现了中国特色社会主义制度优势

中国特色社会主义制度是具有鲜明的中国特色、明显的制度优势和强大的自我完善能力的先进制度。国外共产党认为，中国特色社会主义制度为人类命运共同体提供了制度保障，而人类命运共同体的成功实践又展现了中国特色社会主义的制度优势。老挝人民革命党中央委员会总书记通伦指出：“习近平总书记提出的‘一带一路’倡议和人类命运共同体理念，符合时代发展潮流，顺应各国共同愿望，获得了广泛赞誉和认同，正逐步付诸伟大实践。兄弟的中国人民取得的巨大成就，有力证明了以习近平同志为核心的中共中央领导的英明和正确决策，充分彰显了中国人民在中国共产党领导下的蓬勃生机和英雄气概，全面展现了中国特色社会主义制度的磅礴伟力和光明前景。”⑤

（三）提供了中国智慧和中国方案

人类命运共同体理念是新时代以来中国共产党将马克思主义基本原理同中

① 《多国共产党代表齐聚北京与中方共论人类命运共同体构建之道》，https：//news. cri. cn/zaker/20190228/a1037693-7fe0-a5ee-3664-d8b1fb9dfd93. html。

② “Comrade Ella：Our enemy is here at home，not in China”，https：//thecommunists. org/2021/11/23/news/comrade-ella-our-enemy-is-here-at-home-not-in-china-britain-uk-war/.

③ 参见青原《人类命运共同体理念的真实写照——国际社会团结合作抗击疫情评价综述》，《求是》2020 年第 8 期。

④ 《外国政党政要赞赏中方在抗疫合作中践行人类命运共同体理念》，https：//baijiahao. baidu. com/s?id = 1662412212974304955&wfr = spider&for = pc。

⑤ 宋涛主编《外国政党政要、各界代表祝贺中国共产党成立 100 周年贺电（函）汇编》（上），当代世界出版社，2021，第 108 页。

华优秀传统文化相结合的理论成果，该理念蕴含了数千年来中华民族智慧的结晶，为全世界的发展提供了中国智慧和中国方案，因而具有世界意义。黎巴嫩共产党认为，人类命运共同体等具有中国特色的理念为全人类发展作出重要贡献，具有深邃的历史意义。“它把中国置于人类历史发展的最前沿，并赋予它决定人类未来的重大责任。”① 老挝人民革命党表示：“习近平主席提出的‘一带一路’倡议和人类命运共同体理念得到了国际社会广泛认同和支持，为各国经济社会发展提供了强劲动力，为人类进步事业和世界和平发展繁荣贡献了中国智慧和中国方案，中国的国际地位和影响空前提升。”② 俄罗斯联邦共产党也认为，中国共产党“怀着希望、抱负和梦想，怀着对社会和文化进步的渴望，怀着对创造和改善周围世界的抱负，努力为后代建设一个美好的未来。人类命运共同体的概念可以成为各国人民为建设更加美好的世界而进行正义斗争的坚实思想基础”③。

五　分析探讨构建人类命运共同体的当前挑战与推进路径

构建人类命运共同体的理念自 2013 年提出以来，进展顺利，已经从中国倡议扩大为国际共识，从美好愿景转化为丰富实践。与此同时，受多种因素的影响，构建人类命运共同体也面临着一定的外部挑战。国外共产党认为，当前面临的挑战主要来自西方国家在政治、经济和舆论上的抵制。究其原因，主要是西方帝国主义国家的衰落，构建人类命运共同体冲击了其霸权地位。同时，部分国家民众对人类命运共同体的认同度也有待进一步提升。

（一）当前挑战

第一，帝国主义国家的阻挠是主要挑战。首先，侵略掠夺是帝国主义的本质特性，帝国主义国家不愿看到和平、发展、合作、共赢的人类命运共同体理念得到广泛认同。约旦共产党总书记法拉杰指出：“以美国为首的帝国主义国家并不愿看到中国全球影响力不断扩大，对中国模式向世界人民展现出的吸引力

① “كلمةالرفيقأدهمالسيدفيالجلسةالتينظمتهادائرةالعلاقاتالخارجيةفيالحزبالشيوعيالصينيضمنفعالياتالندوةالخاصةبالقضيةالفلسطينية.”, http：//lcparty. org/party-news/item/36551-2023-12-29-12-48-51.

② 宋涛主编《外国政党政要、各界代表祝贺中国共产党成立 100 周年贺电（函）汇编》（下），当代世界出版社，2021，第 839 页。

③ “Д. Г. Новиков-агентству Синьхуа：Общая миссия Китая и России состоит в том，чтобы заложить основы нового мира”，https：//www. google. com/url？ sa = t&rct = j&q = &esrc = s&source = web&cd = &ved = 2ahUKEwiJ8N3WnLqFAxW6slYBHcq7DhcQFnoECA8QAQ&url = https% 3A% 2F% 2Fkprf. ru% 2Fparty-live%2Fcknews%2F213871. html&usg = AOvVaw3QasKCuhJLOl2E_v8PsOTq&opi = 89978449.

感到不适，更不愿看到中国领导人在尊重各国主权独立、不干涉内政、互利共赢等原则基础上提出的构建人类命运共同体理念和‘一带一路’倡议赢得国际社会广泛认同。”① 其次，人类命运共同体秉持共同繁荣、开放包容的理念，与世界各国共享发展机遇，而这一行为影响到帝国主义国家的垄断利润。英国共产党（马列）指出：“中国对技术独立有着独特的理解，中国与其他国家分享发展机遇，这是帝国主义者对中国的崛起如此恐惧并将其视为威胁的主要原因。他们眼睁睁地看着自己垄断利润和控制欠发达国家的能力在他们眼前消失。尽管中国和中国共产党希望与世界和平相处、相互合作，但帝国主义列强的侵略性越来越大。”②

第二，部分国家民众对人类命运共同体的认同度有待进一步提升。西方民众由于其在家庭、学校和社会中长期受到自由主义、个人主义等资本主义意识形态的影响，他们在接受以集体主义为核心，主张实现全人类共同利益的人类命运共同体理念时，存在着一个理解和适应的过程。捷克与摩拉维亚共产党原副主席埃克斯纳表示：“当前的主要挑战是，对很多人而言，今天的世界恰恰不是这样的，甚至还是非常残酷的。因此，中国共产党提倡在当下应构建合作共赢（非敌对）的共同体。然而，单方面克服这一情况是不可能的——这也是实现这一目标的困难所在。”③ 芬兰共产党也表示：“对于构建人类命运共同体而言，主要的问题在于每个人的思想意识。未来属于那些相信每个人都可以发挥潜力并参与其中的进步的人们。此外，在世界上的各个国家、政党和公民个体中，总有一些旁观者，他们不是变革的推动者和未来的建设者。要建设一个更加美好的未来，这股势力是我们所要面对的障碍。”④

（二）推进对策

国外共产党普遍认为，构建人类命运共同体不是中国和中国共产党一方的责任和使命，需要世界各国齐心协力。为进一步推动构建人类命运共同体，国外共产党积极建言献策。

第一，要走社会主义道路才能最终实现人类命运共同体。美国共产党在参加第27届万寿论坛“人类命运共同体构建与世界社会主义发展”主题会议时表

---

① 宋涛主编《外国政党政要、各界代表祝贺中国共产党成立100周年贺电（函）汇编》（上），当代世界出版社，2021，第358页。

② “Joti Brar on the history and future of the Chinese communist party”，https：//thecommunists. org/2022/10/03/news/joti-brar-history-future-chinese-communist-party-cpc-20th-congress/.

③ 姜辉主编《共同见证百年大党：百位共产党人的述说》（上），当代中国出版社，2021，第221页。

④ 尤哈-佩卡·瓦伊萨宁：《领悟人类命运共同体理念真谛》，《光明日报》2020年7月26日。

示：“只有随着社会主义的发展，我们才能相互支持，满足全世界人民的需求，每个国家都可以与资源匮乏的国家共享资源，无论是物质、智力还是特殊技能，才能实现人类命运共同体。”① 黎巴嫩共产党指出：“中国提出的诸多倡议都是为了实现构建人类命运共同体这一目标。当前资本主义正处于危机之中，中国试图通过这些举措和目标来为人类提供新的替代方案，而唯一的选择和解决办法就是走社会主义道路。”②

第二，要坚持正确的价值观取向。习近平总书记指出：“‘大道之行也，天下为公。’和平、发展、公平、正义、民主、自由，是全人类的共同价值。”③ 英国共产党指出，构建人类命运共同体是人类文明发展进步的正确方向。“必须以和平、发展、公平、正义、民主、自由等人类共同价值观为指导，构建对人类未来具有强烈责任感的共同体，使不同社会制度、意识形态、历史文化和发展水平的国家可以在国际事务中共享利益、权利和责任，共同建设更加美好的世界。”④

第三，要发挥各国共产党和革命力量的先锋作用。斯威士兰共产党总书记库内内指出：“中国共产党不应仅靠自身力量反对帝国主义以确保达到这一目标，还应呼吁世界各地进步政府和革命力量共同努力。从本质上讲，如果世界进步力量不能一起同帝国主义进行激烈斗争，就不可能取得社会主义的胜利，也不可能达成构建人类命运共同体的目标。”⑤ 法国共产党代表多米尼克·巴里在参加“构建人类命运共同体与世界社会主义发展”第十三届世界社会主义论坛时指出，为推动构建人类命运共同体，“世界各国的共产主义者和进步主义者负有特殊的责任，我们要改变现有的国家界限，打开资本主义统治的缺口，建立全新的世界政治秩序”⑥。

第四，要团结起来，让世界各国人民齐心协力。西班牙共产党指出，不仅政府需要关注人类命运共同体这一倡议，民间社会的公共团体和经济团体也必须意识到，只有通过建立合作关系，通过地球上所有人的共同努力，我们才能摆脱正在面临的各种全球难题。只有这样，才能超越国界和种族，实现团结，走出困境，才能面对未来可能带来的挑战，才能构建一个具有

① “Building a shared community of struggle”, https：//www. cpusa. org/article/building-a-shared-community-of-struggle/.

② “كلمةالرفيقأدهمالسيدفيالجلسةالتينظمتهادائرةالعلاقاتالخارجيةفيالحزبالشيوعيالصينيضمنفعالياتالندوةالخاصةبالقضيةالفلسطينية.”, http：//lcparty. org/party-news/item/36551-2023-12-29-12-48-51.

③ 《习近平外交演讲集》第1卷，中央文献出版社，2022，第286页。

④ “‘Democracy, Justice, Development and Progress-the Pursuit of Marxist Political Parties’”, https：//www. communistparty. org. uk/democracy-justice-development-and-progress-the-pursuit-of-marxist-political-parties/.

⑤ 姜辉主编《共同见证百年大党：百位共产党人的述说》（下），当代中国出版社，2021，第917页。

⑥ “La paix, *bien commun* de l’humanité”, https：//www. pcf. fr/la_paix_bien_commun_de_l_humanite.

共同利益的伟大的人类命运共同体。[①] 以色列共产党也表示，“必须提高我们的能力，团结世界上其他国家。为此，必须扩大与这些国家的共同利益，努力缩小而不是扩大分歧。必须让他们相信，中国的主张符合他们的国家利益”[②]。

第五，要扩大人类命运共同体的理论宣传与研究工作。阿根廷共产党总书记维克托·科特认为：“中国共产党应积极拓展国际舆论空间，加强对中国特色社会主义、人民代表大会和人民政治协商会议机制、‘一带一路’倡议、构建合作共赢的新型国际关系、构建人类命运共同体等内容的宣传与阐释，并适时在国际上开展一些相关主题的讨论。”[③] 西班牙共产党主席森特利亚表示：“我们需要推动各类研讨‘一带一路’倡议的国际论坛和会议。在这项伟大工程中，要持续打造具有多元特色的国际社会，在互惠互利的基础上构建人类命运共同体，让地球上千千万万的人摆脱贫困。”[④]

六　评析

（一）人类命运共同体理念获得国外共产党广泛关注和充分肯定的原因

梳理国外共产党对人类命运共同体理念的认识与评价，可以发现人类命运共同体理念获得了国外共产党的广泛关注和充分肯定。不少国外共产党以实际行动为构建人类命运共同体作出了现实贡献。例如，俄罗斯联邦共产党通过大众网络媒体、党代表在国家杜马上的公开演讲以及举办科学和公共论坛来普及人类命运共同体理念。[⑤] 究其原因，首先，构建人类命运共同体关系到各国各党的切身利益。党的二十大报告指出：“构建人类命运共同体是世界各

---

① “‘THE COMMUNITY OF COMMON DESTINY’ AS A WAY OUT OF THE GLOBAL EMERGENCY CAUSED BY THE CORONAVIRUS-COVID19”, http：//solidnet. org/. galleries/documents/THE-COMMUNITY-OF-COMMON-DESTINY-AS-A-WAY-OUT-OF-THE-GLOBAL-EMERGENCY-CAUSED-BY-THE-CORONAVIRUS-COVID19-by-Jose-Luis-Centella. pdf.

② “מייקפומפאובאלארץכדילגייסאתישראללמלחמההקרהנגדסין”, https：//maki. org. il/% D7% 9E% D7% 99% D7%99%D7%A7-%D7%A4%D7%95%D7%9E%D7%A4%D7%90%D7%95-%D7%91%D7%90-%D7%9C%D7%90%D7%A8%D7%A5-%D7%9B%D7%93%D7%99-%D7%9C%D7%92%D7%99%D7%99%D7%A1-%D7%90%D7%AA-%D7%99%D7%A9%D7%A8%D7%90%D7%9C-%D7%9C/.

③ 姜辉主编《共同见证百年大党：百位共产党人的述说》（下），当代中国出版社，2021，第 712 页。

④ 宋涛主编《“摆脱贫困与政党的责任” 国际理论研讨会实录》，当代世界出版社，2021，第 115~116 页。

⑤ https：//www. google. com/url? sa = t&rct = j&q = &esrc = s&source = web&cd = &ved = 2ahUKEwiJ8N3Wn-LqFAxW6slYBHcq7DhcQFnoECA8QAQ&url = https% 3A% 2F% 2Fkprf. ru% 2Fparty-live% 2Fcknews%2F213871. html&usg = AOvVaw3QasKCuhJLOl2E_v8PsOTq&opi = 89978449.

国人民前途所在。”①构建人类命运共同体不是造福一国一党、只需一国一党推进的私事，而是惠及世界各国各党各人民、需要各国各党勠力同心的伟业。人类命运共同体的成功实践将有助于实现全人类共同福祉，国外共产党从自身发展出发自然要高度关注人类命运共同体。其次，经过10多年来的实践检验，国外共产党感受到人类命运共同体不是华而不实的“乌托邦”，而是切实可行的、造福全人类的宏伟大业。人类命运共同体是时代和历史发展的产物，顺应人民心意，符合历史大势。立足现实，放眼未来，国外共产党认识到人类命运共同体将拥有更加广阔的发展前景，并将为世界人民作出更大的贡献，因此高度肯定人类命运共同体理念。

（二）国外共产党研究分析人类命运共同体的视角宽广、方法独特

首先，国外共产党多层面、全方位地研究分析了人类命运共同体。虽然各国共产党对人类命运共同体的研究侧重点有所不同，社会主义国家共产党多从现实经济合作层面认识和研究人类命运共同体，发展中国家共产党多从反对美帝国主义霸权、构建世界政治新秩序方面认识和研究人类命运共同体。从宏观整体上来看，国外共产党对人类命运共同体的认识和研究涉及理论价值、主要内涵、实践成效、现实意义、当前挑战与推进路径等多层面，视角较为宽广。其次，相较于海外其他政党或学者，国外共产党作为以马克思主义为指导思想的政党，多从马克思主义的视角来认识和评价人类命运共同体，体现出视角的独特性。在认识人类命运共同体的理论价值方面，国外共产党不仅认识到人类命运共同体源自中华优秀传统文化，是中国共产党过去对外政策的继承和发展，还以马克思主义的视角认识到，人类命运共同体理念与马克思主义世界历史理论、共产主义国际主义原则的内在联系。在总结人类命运共同体的实践成效时，国外共产党不仅看到了人类命运共同体在世界政治、经济、文化、生态、治理等方面的贡献，还看到了构建人类命运共同体在推进国际共产主义运动、反对帝国主义霸权方面作出的重要贡献。在未来推进路径方面，国外共产党坚持马克思主义阶级观点，继续强调联合的重要性，主张在西方帝国主义持续施压的情况下建立广泛的统一战线。

（三）现实启示

第一，要进一步深化国外共产党关于人类命运共同体的相关研究。从现有文献材料来看，虽然国外共产党研究分析人类命运共同体的视角较为宽广、方

① 习近平：《高举中国特色社会主义伟大旗帜 为全面建设社会主义现代化国家而团结奋斗——在中国共产党第二十次全国代表大会上的报告》，人民出版社，2022，第62页。

法较为独特，但其深度还有待进一步提高。国外共产党关于人类命运共同体的研究不能止步于当前，还需要进一步深化。同时，国外共产党是海外重要政治力量，人类命运共同体理念是习近平新时代中国特色社会主义思想的重要组成部分。深化国外共产党关于人类命运共同体的研究将为深化对海外习近平新时代中国特色社会主义思想研究的认识作出贡献。

第二，要进一步讲好中国故事，做好对外传播工作。当前，国际动荡迹象显著增多，地缘政治冲突加剧，凸显出百年未有之大变局加速演进之势。以美国为首的西方国家为维持其全球霸权地位，不断打压遏制中国。在传播领域，这表现为部分西方民众不能客观全面地认识到中国的政策主张。美国共产党就曾指出美国对中国政策主张的歪曲："中国被西方媒体指责利用'一带一路'倡议设置债务陷阱，像其他殖民大国一样剥削发展中国家。"[①] 当前，要做到人类命运共同体理论和实践的齐头并进，既要让世界人民全面认识到人类命运共同体理念的深刻内涵，也要让世界人民切实享受到构建人类命运共同体的现实成效，要全力打破西方国家对中国的封锁和歪曲，为世界展现良好的中国形象。

第三，要进一步搭建人类命运共同体实践平台。实践是检验真理的唯一标准，构建人类命运共同体取得的实践成效有目共睹。当前，不仅要在理论层面深入阐述人类命运共同体理念，还要在各层面建立更多的交流与合作平台，鼓励世界各国人民共同参与到这一伟大事业中来，让国际社会和世界人民真切感受到这一理念背后所承载的美好愿景和坚定意志。

① "The long march to socialism with Chinese characteristics", https://www.cpusa.org/party_voices/the-long-march-to-socialism-with-chinese-characteristics/.

Table of Contents & Abstracts

Special Manuscript

Abstract: It is the major theoretical innovation of the 20th Party Congress and the latest major achievement of scientific socialism to put forward and elaborate the theory of Chinese-style modernization in general. The emergence of the Chinese-style modernization and its theoretical system is the result of history and practice, and was created on the Chinese land by the Chinese people under the leadership of the Communist Party of China. Reviewing the development process of China's modernization from the three perspectives of history, reality and comparison, we can draw the following basic facts: The real launch of China's modernization requires a fundamental political premise and institutional foundation. After years of exploration, China has successfully advanced and expanded Chinese-style modernization in the new era of socialism with Chinese characteristics, providing a new path and plan for creating a new form of human civilization and realizing modernization in the world.

Keywords: Chinese-style Modernization; Scientific Socialism; Marxism

Research on Marxism In Contemporary China

Abstract: Socialized production is a form of production organization with extensive participation of social subjects and a certain scale. The division of labor and cooperation across regions and clusters are significant features of socialized production. From the perspective of social production and reproduction, socialized production is mainly represented as a complex giant system composed of production, distribution, exchange and consumption. Entering the era of digital economy, the development of digital technology has promoted the socialized production beyond the previous industrial revolution in both scale and depth. The connotation of production, distribution, exchange and consumption presents new characteristics: digital technology empowers the production process, data elements extend the distribution methods, digital platforms construct exchange spaces, and the unity between production and consumption continues to strengthen. From the perspective of complex adaptive systems, the complexity of socialized production as a "totality" continues to increase. The ubiquitous aggregation of digital economy participates links a huge network of "small worlds"; the logic of platform operation makes the space-time dimension of social production and reproduction present obvious acceleration and compression compared with the past; and agile organization based on value symbiosis will become the institutionalized trend of complex governance in the future.

Keywords: Digital Economy; Socialized Production; Institutionalized Governance

Macro-control Thought with Chinese Characteristics in the New Era

Fang Hongsheng　Hu Wenquan / 35

Abstract: This paper discusses the background, development and evolution of the macroeconomic control ideology of the new era with Chinese characteristics, and discusses its theoretical and practical value. The new era of macro-control thinking with Chinese characteristics mainly includes the new development concept, supply-side structural reform, a macro-control system with a variety of policy instruments, a new mode of macro-control centered on micro-stimulation, a new way of combining cross-cyclical and counter-cyclical regulation, as well as the guidance and management of expectations, etc. This thinking not only has great practical value, but also has a significant practical value. This idea not only has great practical value, but also makes original theoretical contributions to macroeconomic regulation and control because it includes the theory of supply-side structural reform with Chinese characteristics in the new era, the theory of comprehensive regulation and the theory of expectation management.

Keywords: Chinese Characteristics; Macro-control; Supply-side Structural Reform; Comprehensive Regulation; Expectation Management

Development: The Generative Logic of Chinese Path to Modernization Chen Xiangqin / 59

Abstract: Development is not only the era theme in today's world, but also the eternal theme of modern society. We just regard Development as a "fundamental principle", and also as a "fundamental problem", has been initiated and widened Chinese Path to Modernization through the creative practices of revolution, construction and reformation which established the development precondition for contemporary China, conformed to the development principle of modern society and resolved the development difficulties of modern civilization. In this sense, the logic of development is the generative code of Chinese Path to Modernization. As the socialist modernization led by the Communist Party of China, is just during the period of establishing the foundation, following the principle, resolved the difficulties of Development, to achieve the double transcendence of both Soviet Socialist Model and Western Capitalist System, to realize the organic unification of modernization, socialism and national rejuvenation.

Keywords: Chinese Path to Modernization; the logos of development; the question of development.

Research on the Basic Principles of Marxism

Abstract: In response to Proudhon's The Philosophy of Poverty, Marx wrote The Poverty of Philosophy in a tit-for-tat manner. Both were concerned with and responded to real problems and tried to combine philosophy and political economy, but because of their very different dialectics, they ended up "going the same way" but "going different ways". In the face of Hegel's dialectical legacy, Proudhon incorporated all existing things into logical categories, and solved the internal contradictions of the categories with the abstract "positive-negative-synthesis". The application of the dialectic of series to political economy presents the opposition between facts and ideas and the contradictory movement of categories for the evolution of socio-economic forms. Marx reflected on and criticized Proudhon's dialectics, arguing that the crux of Proudhon's dialectics lies in the unconsciousness of the negative force of dialectics and the separation of theory and reality, and realized the presence of historical dialectics in the process of criticizing Proudhon's dialectics. Different methodologies reflect different historical horizons; Proudhon's history consistent with the order of ideas turns history into eternal truth, and Marx's dialectic is applied to the field of history to grasp the totality of real history. The dialectical approach to real history once again highlights Proudhon's "poverty of philosophy".

Keywords: Marx; Proudhon; Dialectic; Negation; Historicity

Abstract: The study of ideological theory is characterized by certain cognitive patterns and biases, primarily manifested in the rigidification of ideological theoretical categories and systems, and the "spiritualist" hue that covers ideological theory. Therefore, it is necessary to grasp the evolutionary process of ideological theory from the depths of social history. This not only involves clarifying the issue of the generation of the ideological concept in textual terms, making clear the intentions of Marxist statements of ideological views and arguments, but also explaining the discontinuities and disconnections in ideological research and the veil that hovers over it. Only through hierarchical research can we discover the ideological theory's inherent tension and the ideological transformation it contains, and gain a profound understanding of the philosophical critical spirit embedded in ideological theory and firmly grasp the epochal characteristics of Marxist ideological revolution and scientific unity.

Keywords: Ideology; Ideology Critique; Marxist Ideological Theory Ideology

Party History and Party Building Forum

An Analysis of the Methods of Building Rural Basic Organizations of the Communist Party of China in the Yan'an Period Liu Wugen　Zhu Hongtao / 103

Abstract: Peasants are the main force of the Chinese revolution. In the semi-colonial and semi-feudal society of China, how to organize the peasants, who accounted for the vast majority of the population, to overthrow the "three mountains" by strengthening the Party building in the rural areas is a major theoretical problem as well as a major practical problem. During the Yan'an period, the CPC explored the method of rural grass-roots Party building by strengthening the construction of rural Party branches as the organizational guarantee, improving the quality of rural cadres as the backbone support, strengthening the education and management of peasant Party members as the important content, and strengthening the style of construction of rural Party members as a powerful means, which not only accumulated valuable experience for the CPC to build up the theory of rural grass-roots Party building but also provided an important framework for the promotion of high-quality rural grass-roots Party building in the new era and new journey. It also provides important insights for the new journey in the new era to promote rural grassroots party building in high quality.

Keywords: Yan'an Period; Communist Party of China; Rural Grass-roots Organization Construction; Methods.

Methodological Reflections on Resisting Historical Nihilism: A Textual Analysis Based on Three Historical Resolutions Shi Wei　He Youying / 116

Abstract: The three historical resolutions are a true record of the historical journey of the Communist Party of China (CPC) 's century-long struggle, an objective summary of its historical achievements, and a programmatic document for the CPC to correctly deal with the relationship between history, reality and the future by applying the worldview and methodology of dialectical materialism and historical materialism, which provides methodological insights for resisting historical nihilism. In terms of principled attitude, the historical resolution thoroughly criticizes erroneous ideas at their root with the principle of seeking truth from facts, providing insight into the nature of historical nihilism; in terms of theoretical approach, the historical resolution views historical events and figures with dialectical thinking, providing insight into the metaphysical thinking trap of historical nihilism; in terms of spiritual orientation, the historical resolution faces up to the significance of history with a spirit of historical initiative, providing insight into In terms of spiritual orientation, the historical resolution confronts the significance of history in the spirit of historical initiative, providing insights for recognizing the ideological progress of historical nihilism.

Keywords: History Resolution; Historical Nihilism; Methodology

Great Country Forum

Abstract: The theory of education power is the concept that education power is a Chinese, the product of the innovation of Chinese education thought and the thought of China power, and an important achievement of the transformation of Chinese excellent traditional culture into contemporary Marxism. Building a strong education country is the will of the country, the will of the people and the trend of the world. The general strategy of the development of education in the new era is to give priority to the development, the general direction is the modernization of education, the general goal is to build a strong education country, the general task is to cultivate people by virtue, and the total pursuit is the satisfaction of the people. In the industrial age, Chinese education has realized the strategic transformation from small to large; in the intelligent age, Chinese education will realize the strategic transformation from big to strong. To the socialist system with Chinese characteristics to create education power new pattern, with the common development of all the people's common prosperity, with education quality development education power construction, education digital promote collaborative education mode change, fu can the all-round development and talent training, to 2035 construction become education comprehensive strength, training ability, international competitiveness and influence has outstanding status and strong influence of the world.

Keywords: Education Power; Education Modernization; Education Thought

Abstract: The construction of high-quality education system is a vivid practice of the sinicize of Marxism. As a comprehensive and integrated concept of policy discourse, theoretical discourse, practical discourse and Chinese discourse, the high-quality education system is an undecomposable overall expression. In the new era, as a complex systematic project, the high-quality development of education urgently needs to take the concept of Marxist system as the spiritual background, and realize the strategic transformation of "systematization" and the breakthrough of the return of "systematization". The "system breakthrough" in promoting the construction of high-quality education system has multiple dimensions and multiple paths, which is manifested as a breakthrough in thinking at the level of the dimension of form, a breakthrough in the scope at the level of basic elements, a breakthrough in the boundaries at the level of internal and external tensions, a breakthrough in the mechanism at the level of operation and guarantee, a breakthrough in the power at the level of the power source, and a breakthrough in the function at the level of the direction of educating people.

Keywords: High-quality Education System; System Breakthrough; Education Power; Chinese Pedagogy

Abstract: In the policy discourse of contemporary China, there are multiple connections between education and labor: in the education policy, it is reflected as "combining education with production and labor"; in the purpose of education, labor, along with morality, intellectuality, physicality, and aesthetics, constitutes the content of education for all-around development; in the content of education, it has been expanded from the class of production and labor to the class of labor and technology, and gradually developed into labor subjects including production labor and service labor; in the way of education, labor has also gradually changed from the implementation of political education to the implementation of political education. In terms of educational content, it has expanded from production and labor classes to labor and technology classes, and gradually developed into labor subjects including production labor and service labor, etc. In terms of educational methods, labor has also gradually developed from a carrier for the implementation of ideological and political education, moral education, and vocational education, etc., to an important means of implementing all-round development education. Therefore, labor has entered the level of the purposes and guidelines, contents and methods of education in China, and has become an important aspect in answering the basic questions of who, what and how to cultivate people. As an educational discourse with distinctive Chinese characteristics, labor is not only an important aspect of the Chineseization of Marxist educational thought, an important content of the superiority of socialist education, but also a basic category of socialist pedagogy with Chinese characteristics.

Keywords: Combination of Education and Productive Labor; Labor Education; Comprehensive Development; Labor Curriculum

Abstract: Faced with the change of industrial upgrading and the change of labor pattern, labor education in the new era shows a more comprehensive and integrated value concern. It not only emphasizes the integration of individuality and sociality, but also focuses on the unity of instrumentality and value, and involves the coordination of multiple dimensions of individuality and society, materiality and spirituality. However, in the practice of labor education, labor education is often regarded as the only way to cultivate labor literacy, and restricted to a curriculum practice, resulting in the narrowing and even alienation of labor education and its value. As a dimension of comprehensive human development, "labor" cannot be simply equated with or corresponded to labor education. Labor education in the new era must uphold a more open, comprehensive and diversified relational thinking. This kind of thinking requires us to build a "big" labor education system based on cross-border integration and ubiquitous design, and to promote the coordinated development of material labor and spiritual activities in the process.

Keywords: Labor Education in the New Era, Marxist View of Labor; Labor Literacy

Abstract: "Comprehensive human development" is the highest ideal of the classic Marxist writers, "human modernization" is the ultimate goal of Chinese modernization, and the key and core of human development lies in education. Looking back at the original meaning of "comprehensive human development" and the understanding of comprehensive human development in the education research field, it is not difficult to find that the understanding of the quality structure of modern human beings only stays in the framework of comprehensive development of morality, intelligence, physical fitness, aesthetics and labor, which is not enough to respond to the new requirements put forward by the times for human beings. Sorting out the modernization theory and the research on the quality of modern people in China's education practice, and analyzing the quality structure of talents under the framework of core qualities reflect the deepening and expanding of "modernization of human beings" to "comprehensive development of human beings". The repositioning of education in the perspective of "human modernization" includes: shifting from "human means" to "human ends"; shifting from education priority to "education, science and technology, talents"; and shifting from "education, science and technology, talents" to "education, science and technology, talents". This includes: the goal orientation of shifting from "human means" to "human ends"; the strategic orientation of shifting from the priority of education to the integration of education, science and technology, and human resources; and the future orientation of integrating education into the "association of free human beings" and maintaining the tension between individual subjectivity and symbiotic subjectivity.

Keywords: Comprehensive Human Development; Individual Subjectivity; Human Modernization; Marxism

Foreign Marxist Studies

Abstract: China's carbon neutral goal in the new era is of milestone significance, which not only injects new impetus for the global response to climate change, but also may bring about far-reaching changes in China's energy system as well as its economic development, and is China's solemn commitment to the world in the new era, as well as the inevitable choice to realize the sustainable development of the Chinese nation, which has aroused extensive attention from overseas scholars. Overseas scholars generally agree that the goal of carbon neutrality is a strategic choice for China to cope with the external environment and a requirement for the long-term governance of the CPC, and that the direction of the coal industry, the transition to clean energy, and the administrative system have a significant impact on the carbon neutrality work. Most of these studies are relatively objective and neutral, but there is still an obvious Western-centered logic. In the new era, China's "dual-carbon" efforts should cautiously respond to the disorders, biases and fallacies of overseas perceptions, and take a development path that suits its own needs. At the same time, it should be based on China's actual situation, further innovate and develop the discourse system of socialism with Chinese characteristics in the new era, so as to create favorable conditions for the enhancement of China's international discourse power.

Keywords: Overseas Chinese Studies; New Era China; "Double Carbon"; Carbon Peak Carbon Neutral; Overseas Cognition

Overseas scholars' Viewson Socialist Cultural Construction with Chinese Characteristics in the New Era

Abstract: Socialist cultural construction with Chinese characteristics in the new era is one of important parts of overall layout of Socialism with Chinese characteristics, which have aroused continuous and focused attentions of overseas scholars. Overseas scholars' research is conducted by the sequence of motivation, progress and influence of socialist cultural construction with Chinese characteristics. Overseas scholars firstly focus on analyzing the motivations behind socialist cultural construction with Chinese characteristics in the new era, then making assessment of its progress and influence on China and the world. Generally speaking, overseas scholars' research have four features as follow: Firstly, the dominance of US and EU scholars. Secondly, the research findings mainly take the form of journal articles and book chapters. Thirdly, the selection of research topics is obviously pragmatism-oriented and utilitarianism-oriented. Finally, overseas scholars' realization is becoming more and more affirmative and active. In sum-up, overseas scholars approve of the progress and influence of socialist cultural construction with Chinese characteristics in the new era, but maintain that there still exists several issues and challenges which cannot be ignored and must be solved. In addition, there are some kinds of misunderstanding, worries and false ideas of overseas scholars on socialist cultural construction with Chinese characteristics in the new era, all of which should be addressed in China's outward communication in the future.

Keywords: Overseas Scholars; New Era; Socialist Cultural Construction with Chinese Characteristics; Recognition Features

Recognition and Evaluation of "A Global Community of Shared Future" by Foreign Communist Parties

Abstract: After General Secretary of the Communist Party of China Central Committee Xi Jinping first put forward the important concept of a Global Community of Shared Future in March 2013, the study of issues related to a Global Community of Shared Future has attracted great attention from foreign communist parties. Foreign communist parties have studied and evaluated a Global Community of Shared Future at the levels of theoretical value, main connotation, practical effectiveness, practical significance, current challenges and promotion path. A timely, accurate and comprehensive grasp of the foreign communist parties' recognition and evaluation of a Global Community of Shared Future is an objective need for the Communist Party of China to strengthen the party's foreign work in the new era, and it also helps to deepen our understanding and research on a Global Community of Shared Future.

Keywords: Foreign Communist Party; A Global Community of Shared Future; Communist Party of China

征稿启事

《复旦马克思主义评论》是由复旦大学马克思主义研究院、马克思主义学院主办的马克思主义理论学科专业学术集刊，旨在深入开展马克思主义理论多学科、跨学科交叉研究，推动习近平新时代中国特色社会主义思想学理化研究、学术化表达、体系化构建。

本集刊主要刊载反映马克思主义特别是习近平新时代中国特色社会主义思想重大理论和现实问题最新研究成果、前沿动态的文章。

本集刊常设栏目有当代中国马克思主义研究、马克思主义基本原理、党史党建论苑、强国论坛等，也会适时开设新栏目。

本集刊每年出版两期。热忱欢迎各位专家学者赐稿。

附：稿件格式规范及相关要求

一、来稿格式规范

（一）论文要件及字体字号等

1. 大标题，三号黑体；副标题，四号楷体，居中。

2. 作者，小四楷体，居中。

3. 作者简介（30~50字），以当页脚注方式，注明姓名、单位、职称、职务、研究方向，小五宋体。

4. 中文摘要（300字以内）和关键词（3~5个），五号楷体，关键词用分号隔开。

5. 正文，五号宋体，默认单倍行距。

6. 英文内容，包括题目、作者姓名、摘要、关键词，置于正文前、中文摘要及关键词后。

（二）正文层次及字体字号

一级标题：一（用四号黑体）；

二级标题：（一）（用小四黑体）；

三级标题：1.（用五号黑体）；

四级标题：(1)（用五号宋体加粗）。

（三）引文注释方式

参考文献统一采用当页脚注形式，每页单独排序，序号采用①②③，置于引文结束处的右上角。

页下脚注格式如下：

①《马克思恩格斯文集》第1卷，人民出版社，2009，第211页。

②陈先达：《哲学与文化》，中国人民大学出版社，2015，第8页。

③王韶兴：《现代化国家与强大政党建设逻辑》，《中国社会科学》2021年第3期。

④〔英〕以赛亚·柏林：《卡尔·马克思：生平与环境》，李寅译，译林出版社，2018，第99页。

⑤张士海：《自我革命何以成为跳出历史周期率的第二个答案》，《光明日报》2022年1月21日。

⑥Wolfgang Streeck. "Engels's Second Theory：Technology，Warfare and the Growth of the State"，New Left Review，Vol. 132，2020，pp. 75-88.

⑦Linda Weiss. "Globalization and State Power"，Development and Society，Vol. 29，No. 1，2000，pp. 1-15.

⑧Yadullah Shahibzadeh. Marxism and Left-Wing Politics in Europe and Iran，Switzerland：Palgrave Macmillan，p. 35.

⑨David M. Kotz. Socialism and Capitalism：Lessons from the Demise of State Socialism in the Soviet Union and China，In Robert Pollin（eds.），Socialism and Radical Political Economy：Essays in Honor of Howard Sherman，Cheltenham and Northampton：Edward Elgar Publishing，2000，pp. 300-317.

引用中国古典文献，一般在引文后用夹注，如（《论语·学而》）。

（四）图表编排

1. 由于采用黑白印刷，电子制作图表时颜色不宜过于丰富。

2. 遵循“先文后图表”的方式，图表与文字对应，并注明资料来源。

3. 图表顺序编号，如图1、图2；表1、表2，并注明图表名称；图名统一放在图下中间位置，表名统一放在表上中间位置。

二、投稿方式

（一）稿件要求

1. 来稿篇幅一般不少于10000字，重复率控制在15%以内。

2. 请勿一稿多投。收到稿件后，本集刊将在三个月内答复是否采用，超过三个月未回复即可自行处理。

3. 稿件一经刊出，即付稿酬，并寄送样刊2册。

（二）投稿渠道

本集刊采用线下寄送或线上发送两种方式，来稿请附上作者简介及联系方式，包括手机或固定电话、E-mail、通信地址等：

1. 来稿请寄：上海市杨浦区邯郸路220号八号楼复旦大学马克思主义研究院《复旦马克思主义评论》编辑部，邮编200433。来稿必须为校对准确的打印稿。

2. 线上投稿邮箱：mkszypl@ fudan. edu. cn

《复旦马克思主义评论》编辑部

图书在版编目(CIP)数据

复旦马克思主义评论．2024年．第2辑：总第2辑／李冉主编．--北京：社会科学文献出版社，2024.12.
ISBN 978-7-5228-4788-7

Ⅰ．D61

中国国家版本馆CIP数据核字第20248TZ803号

复旦马克思主义评论　2024年第2辑　总第2辑

主　　编／李　冉

出 版 人／冀祥德
责任编辑／吕霞云
文稿编辑／茹佳宁
责任印制／王京美

出　　版／社会科学文献出版社·马克思主义分社（010）59367126
地址：北京市北三环中路甲29号院华龙大厦　邮编：100029
网址：www.ssap.com.cn
发　　行／社会科学文献出版社（010）59367028
印　　装／三河市东方印刷有限公司

规　　格／开　本：787mm×1092mm　1/16
印　张：16　字　数：306千字
版　　次／2024年12月第1版　2024年12月第1次印刷
书　　号／ISBN 978-7-5228-4788-7
定　　价／98.00元

读者服务电话：4008918866